前 言

FOREWORD

自2012年教育部在本科专业目录中增设网络与新媒体专业起，已过去了十年。

十年前，中国网民规模为5.13亿，互联网普及率为38.3%；十年后，中国网民规模已达10.11亿，互联网普及率达71.6%，同时，手机网民也超过10亿，数字生活、数字社会、数字中国就在眼前。

十年前，互联网还处在从PC端的图文叙事转向移动端的视频表达和社交传播阶段；十年后，互联网已进入5G、大数据、云计算时代，智能互联网、智能媒体、智能传播成为方向。

十年前，高校开设网络与新媒体专业的只有寥寥几家；十年后，截至2020年国内共有240余所院校开设了网络与新媒体专业。

十年，于人类历史长河只是浪花一瞬，但于网络与新媒体领域，却是天翻地覆，沧海桑田。

随着互联网、移动互联网的发展，网络与新媒体专业应运而生，又因新技术、新应用、新业态的涌现不断地改革着课程设置，调整着课程内容，设计着课程模式。众所周知，在一门专业学科里，概论课程是基础性课程，涉猎面广，学理性强，需要较强的概括、归纳和逻辑表达，具有一定的稳定性和一贯性。但是，网络与新媒体的概论课程却需要因网络世界的风云跌宕而快速地更新迭代。

网络与新媒体专业自开设以来，概论、教程、导论、业务、运营等各类教材不断涌现，内容也是随着技术的发展日新月异。早期的概论教材重在介绍互联网的诞生、技术的开发与应用、主要网络产品的特点和传播特征等，属于对基础知识、网络常识的介绍与阐释。当下的概论教材，编写方式十分多样：有的包罗万象，涵盖技术、传播、伦理、安全、法规、人才、素养、问题等方方面面，内容繁杂；有的偏重技术与基本原理的介绍；有的专于某一门类，如专门讲移动新媒体；有的专门服务于某些特定类别的院校。

本书从历史逻辑、理论逻辑和实践逻辑三个维度确立框架，特点鲜明，脉络清晰，结构明晰。全书共八章，第一章“互联网的源起与发展”，从互联网历史起笔，按照历史发展轨迹划分全球互联网与中国互联网的不同发展阶段及发展内容、发展成果，重点落笔在当前智能互联网时代，5G、云计算、大数据对网络发展的影响，通过汇聚人工智能在新闻采集、生产、分发、接收、反馈中的运用，展现出网络与新媒体的智能化趋势。

第二章“网络与新媒体的特征、功能与媒体形态”，归纳总结了自网络与新媒体出现以来的传播形态的特征及其功能，梳理了网络与新媒体多样化的媒体形态。在互联网普及率日益增长的背景下，网络与新媒体的功能也在逐步强大，承载着新闻资讯传播、文化教育传承、商务消费生活、沟通分享互动、影视娱乐游戏、政务发布服务和工具软件应用等七大功能。

第三章至第六章“网络与新媒体的传播”“网络与新媒体的政治价值与影响”“网络与新媒体的经济价值与运营营销模式”“网络与新媒体文化及网络亚文化”，分别从传播、政治、经济、文化的横切面论述网络的价值、作用与影响，既有对基础理论的论述，也有对实际应用的分析。

第七章和第八章是对网络与新媒体的现实观照。第七章“网络与新媒体的问题与治理”，梳理了网络空间目前存在的网络安全问题、网络内容传播问题、网络犯罪问题、网络成瘾问题、网络伦理问题和数字鸿沟问题等。网络与新媒体的空间治理已成为全世界都需要面对的挑战性难题。

第八章“数字媒介素养”期望从“士不素养，不可以重国”的素养层面提出未成年人、中老年群体、政府官员群体的数字媒介素养建构问题，以此清朗网络空间环境，重塑网络生态文化。“未成年人数字媒介素养”不仅关乎个人的健康成长与成才，更关乎互联网世界的未来、国家和民族的希望；“中老年群体数字媒介素养”旨在普惠数字红利，让中老年群体也能享受互联网提供的生活服务，增强幸福感；而“政府官员数字媒介素养”则是互联网时代领导干部、公务人员的“必修课”。

本教材是著者在 8 年国家重点新闻网站工作经历、15 年国家一流学科院校实践教学基础上不断打磨而完成的一本力求理论与实践包容、知识与应用均衡、历史与发展兼顾的教材，努力做到学生易学、老师易教、社会爱好者易用。每一章的思维导图将帮助读者充分理解和领会各章节的思路脉络和重点内容。

需要说明的是，全书力求在史、论、术三方面确立架构和体系，但互联网历史尚

普通高等学校
应用型教材
·新闻传播学·

詹新惠 / 著

网络与新媒体概论

INTRODUCTION TO INTERNET AND NEW MEDIA

中国人民大学出版社
·北京·

浅，只能将技术的推陈出新作为阶段划分的依据和节点，宏观视野下的历史价值坐标还较为模糊。论之层面存在类似的问题，网络与新媒体之道尚未独立形成，大多需要依托新闻学、传播学、社会学基本原理与相关理论，互联网传播规律尚在探求之中。术乃互联网诞生以来之长线，优劣利弊都源于术之应用，但术依然在变化万千、变幻莫测之中。鉴于此，作为一本概论类教材书，本书的写作出版才刚刚开始。

目录

CONTENTS

网络与新媒体概论

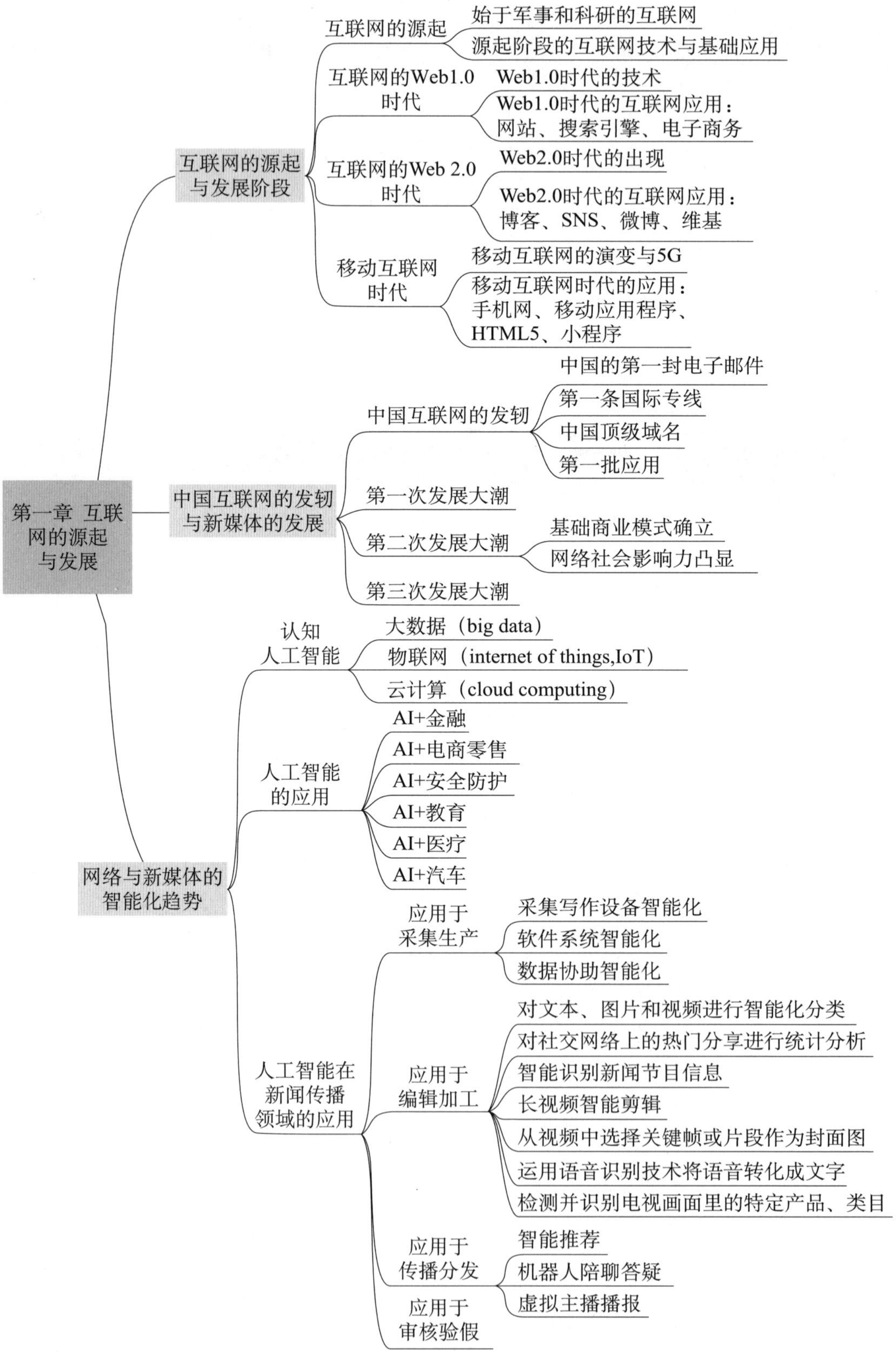

第一章 互联网的源起与发展
互联网的源起与发展阶段
互联网的源起
始于军事和科研的互联网
源起阶段的互联网技术与基础应用
互联网的Web1.0时代
Web1.0时代的技术
Web1.0时代的互联网应用：网站、搜索引擎、电子商务
互联网的Web 2.0时代
Web2.0时代的出现
Web2.0时代的互联网应用：博客、SNS、微博、维基
移动互联网时代
移动互联网的演变与5G
移动互联网时代的应用：手机网、移动应用程序、HTML5、小程序
中国互联网的发轫与新媒体的发展
中国互联网的发轫
中国的第一封电子邮件
第一条国际专线
中国顶级域名
第一批应用
第一次发展大潮
第二次发展大潮
基础商业模式确立
网络社会影响力凸显
第三次发展大潮
网络与新媒体的智能化趋势
认知人工智能
大数据（big data）
物联网（internet of things,IoT）
云计算（cloud computing）
人工智能的应用
AI+金融
AI+电商零售
AI+安全防护
AI+教育
AI+医疗
AI+汽车
人工智能在新闻传播领域的应用
应用于采集生产
采集写作设备智能化
软件系统智能化
数据协助智能化
应用于编辑加工
对文本、图片和视频进行智能化分类
对社交网络上的热门分享进行统计分析
智能识别新闻节目信息
长视频智能剪辑
从视频中选择关键帧或片段作为封面图
运用语音识别技术将语音转化成文字
检测并识别电视画面里的特定产品、类目
应用于传播分发
智能推荐
机器人陪聊答疑
虚拟主播播报
应用于审核验假

第一章

互联网的源起与发展

互联网诞生于1969年，并凭借自由、开放、平等、共享的精神成为改变世界的新技术。中国在1994年接入国际互联网，从最初的复制、模仿到特色、自创，再到今天部分领域的创新、引领，中国社会在互联网的驱动下从数字化生存进入数字化生活。

第一节 互联网的源起与发展阶段

1969年，互联网作为冷战的产物在美国诞生。早期，互联网主要被应用于军事领域，随着技术的进步、更多应用的开发和社会各方面需求的产生，互联网逐渐从军事领域走向科技和商业领域，今天应用广泛的网站、客户端、社交平台等产品不断出现，并且一批知名的互联网公司诞生了。

一 互联网的源起

网络与新媒体的源起，要追溯到20世纪五六十年代军事和科学研究的需要。对互联网技术的开发和基础应用则从连接信息孤岛开始。

（一）始于军事和科研的互联网

1957年10月4日，苏联发射了世界上第一颗人造地球卫星，此事震惊了美国。是年底，美国国会拨出款项成立国防部高级研究计划署（Advanced Research Projects

Agency，ARPA，中文名为“阿帕”)，研发新型通信技术。但是，用于研究的大型计算机是一个个信息孤岛，彼此之间没有连接。因此，研究人员认为有必要设计出一种由一个个分散的节点组成的指挥系统，当部分指挥点遭破坏后，其他节点仍能正常联系、工作，并且这些节点之间能够绕过那些被破坏的节点而继续保持联系。

1969 年，基于“分组交换”系统技术构建的阿帕网（ARPANET）开始运作。该网络最初连接了加州大学洛杉矶分校（UCLA）、斯坦福国际咨询研究所（SRI）、加州大学圣塔芭芭拉分校（UCSB）以及犹他大学（U of U）的四个站点。当年的 10 月 29 日，第一条只有五个字母的信息“LOGIN”在相距 500 多公里的 UCLA 与 SRI 两个节点之间开始进行传送，但遗憾的是只传送了两个字母，系统就崩溃了。

从 1970 年开始，加入阿帕网的节点不断增加。1973 年，全美已有 40 台设备连接到阿帕网上，如图 1-1 所示。这些设备之间可以互相发送电子邮件（E-mail），进行 FTP 的数据文本传输。同年，阿帕网首次利用卫星技术与英国、挪威实现跨大西洋连接。1974 年，“互联网”（internet）一词首次出现在英国人温顿 • 瑟夫（Vint Cerf）等三人写作的论文中，他们还在论文中提出了两个核心概念：互联网协议（IP）和传输控制协议（TCP），这个简称为 TCP/IP 的协议后来成为所有计算机间数据分组和传输的标准规范。

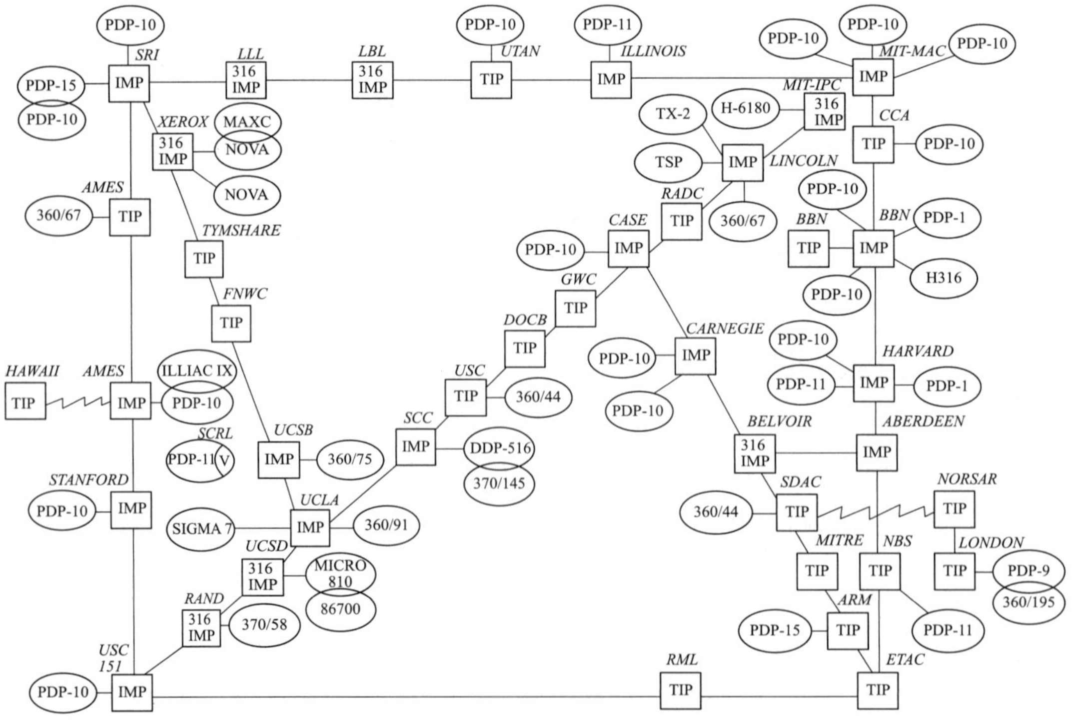

图 1-1　1973 年接入 40 台设备的阿帕网地图

资料来源：计算机历史博物馆官方网站（https：//www. computerhistory. org/）。

纵观历史，互联网是政府和军事机构主导的一项研究和发明。基于这样一种源起和背景，阿帕网在最初的近十年里发展相对缓慢，具体应用只有电子邮件、网络新闻组、电子公告牌等。

（二）源起阶段的互联网技术与基础应用

互联网诞生初期，技术开发的方向主要在于建立规范和标准，以及实现简单的通信传输。当时的主要协议和应用包括以下几个：

TCP/IP 协议。所谓协议，就是计算机之间进行通信时使用的一种“语言”，计算机需要借助该协议才能与其他计算机进行“对话”，实现信息的交换，而不同的网络间只有采用统一的协议才能实现互联互通。1974 年，TCP（transmission control protocol）——传输控制协议和 IP（internet protocol）——网际协议诞生，TCP 协议定义了数据如何在网络间传输的标准，IP 协议定义了电子设备如何连入因特网的标准。1983 年，TCP/IP 协议被阿帕网正式采用，成为计算机网络互联的核心技术。

FTP（file transfer protocol），即文件传送协议，是 TCP/IP 协议组中的协议之一，用于计算机与计算机之间的文件传输。FTP 包括两个组成部分：其一为 FTP 服务器，用于存储文件；其二为 FTP 客户端，用户使用它访问服务器上的资源，比如开发网站时利用 FTP 协议把网页或程序上传到 Web 服务器上等。一般情况下，利用 FTP 进行文件传输要有该 FTP 服务器授权的账号，即得到用户标识和口令后才能登录 FTP 服务器，享受其提供的服务。

E-mail（电子邮件），是基于 SMTP（简单邮件传输协议）、POP3（邮局协议版本 3）、IMAP（Internet 邮件访问协议）等协议诞生的互联网最早期的应用。1971 年，雷·汤姆林森（Ray Tomlinson）发出了世界上的第一封邮件，他在键盘上选择了“@”作为用户名与地址之间的间隔，原因是一方面这个符号比较生僻，不会出现在任何一个人的名字当中，另一方面它的读音有着“at”（在）的含义。电子邮件具有传播速度快、方便快捷、成本低廉、多样化传输和相对安全等特点，是至今为止互联网上最常用的基础应用。

20 世纪 70 年代末 80 年代初，由于美国国家科学基金会（National Science Foundation，NSF）介入，定位于军事目的的阿帕网被分成两部：一部分是仍然服务于军事和国防的军事网（MILNET）；另一部分则是利用 TCP/IP 通信协议建立的名为 NSFNET 的广域网，鼓励大学和研究机构接入，并开放给民间商用。民用部分的阿帕网逐渐发展成为后来的“互联网”。

二 互联网的 Web1.0 时代

Web1.0 时代，又称为传统 PC 时代，主要表现为以 PC 机（personal computer）为硬件终端，以在网上浏览信息、产生流量、获得广告为特征。万维网、浏览器是 Web1.0 时代的基础技术，信息资讯网站、搜索引擎、电子商务和网络游戏是 Web1.0 时代的主要业务类型。Web1.0 时代的知名互联网公司有国外的雅虎、谷歌（Google）、亚马逊和国内的新浪、百度、阿里巴巴等。

（一）Web1.0 时代的技术

随着互联网接入的节点越来越多，如何使诸多主机和节点间便捷联通、相互连接成为重要的技术问题。万维网和浏览器成为解决这一问题并推动互联网进入 Web1.0 时代的基础性技术。

1989 年，英国工程师和计算机科学家蒂姆·伯纳斯-李（Tim Berners-Lee）提出万维网的概念。他设想了一个“全球互联的信息资源系统”，“任何人们认为重要的信息和参考资料，都在该系统中拥有一席之地”。要想实现这一系统，就必须要有相应的功能组件，包括可以看到文本、音频、视频等多媒体信息的页面，用于浏览页面的程序，以及存储页面的电脑空间。

万维网（world wide web，WWW），是互联网上集文本、声音、图像、视频等多媒体信息于一体、由无数个互相链接的超文本组成的全球信息资源网络系统。这个系统用统一资源标识符（URI）标识每一个有用的资源，用超文本标记语言 HTML（hyper text markup language）实现资源内容的呈现，用超文本传输协议 HTTP（hyper text transfer protocol）实现资源向用户的传送。因此，统一资源标识符、超文本标记语言、超文本传输协议是万维网的三个核心要素。

万维网实际上是无数个网络站点和网页的集合，它们一起构成了互联网最主要的部分。1993 年 4 月 30 日，研制万维网的欧洲核子研究组织（CERN）宣布万维网不收取任何费用，对接入、访问万维网的所有人免费开放。

如果将万维网比喻为信息宝库，那么浏览器就是通向宝库的路径或打开宝库的钥匙。浏览器是一种可检索并展示万维网信息资源的应用程序，用户在浏览器中输入一个网址，便可以打开该网站，点击浏览页面上的信息，并通过超链接进入互联网上的所有网站。浏览器不仅是用户获取互联网上信息资源的入口，也是信息展现和交互互动的便捷通途。

蒂姆·伯纳斯-李早在 1990 年就在实验室里做出了世界上第一个网页浏览器，但到 1994 年该浏览器才开始商用。这一年，美国网景（Netscape）公司发布了 Beta 版的 Netscape 浏览器，虽然收费，但还是推动了互联网的普及。1995 年，微软为了对抗网景浏览器可能带来的操作系统市场变化，推出了捆绑 Window 95 操作系统的免费浏览器 Internet Explorer（IE）。这一举措不仅普及了浏览器的应用，也在客观上推动了互联网的快速发展。

（二）Web1.0 时代的互联网应用

Web1.0 时代三个最基础、最主要也最有价值的互联网应用是网站、搜索引擎和电子商务。

1. 网站

网站（website），是指由域名、空间服务器、DNS 域名解析、网站程序、数据库等组成，使用 HTML 等工具制作完成的一种网页集合体。网站可以展示各种信息资讯，可以提供相关网络服务，网民们可以开展在线交易、实现交流互动。用户需要通过浏览器访问网站，进入相应的页面，获取自己需要的资讯或其他服务。网站是 PC 互联网时代最主要、最基础的应用，也是至今使用最广泛且延续到移动端的应用之一。

1990 年末，互联网上的第一个网站 info.cern.ch 横空出世，它运行在欧洲核子研究组织（CERN）的计算机上，内容是关于万维网计划的。网站地址是“http://info.cern.ch/hypertext/WWW/TheProject.html”，目前该网址还能打开访问，如图 1-2 所示。

知名网站雅虎（Yahoo!）1994 年创立于美国，早期业务是目录式搜索服务，是全球第一家提供因特网导航服务的网站。随着业务的发展，雅虎开始提供电子邮件、新闻等多语言版本的全球服务，成为美国著名的互联网门户网站，在当时被评为“内容最丰富、最具娱乐价值、画面最吸引人且最容易使用的网络站台”。有报道这样描述雅虎当时的价值：“在美国西部的淘金热潮中，不管淘金的人们是否发财，那些制造圆锹、十字镐、牛仔裤的公司，都真正发了大财。”Yahoo! 便是第一批在互联网上“制

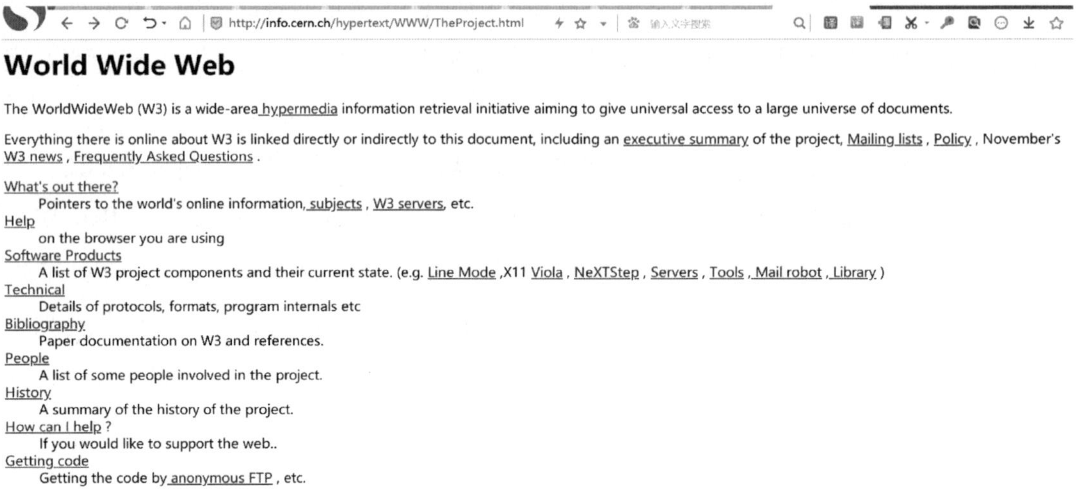
http://info.cern.ch/hypertext/WWW/TheProject.html

World Wide Web

The WorldWideWeb (W3) is a wide-area hypermedia information retrieval initiative aiming to give universal access to a large universe of documents.

Everything there is online about W3 is linked directly or indirectly to this document, including an executive summary of the project, Mailing lists , Policy , November's W3 news , Frequently Asked Questions .

What's out there?
Pointers to the world's online information, subjects , W3 servers, etc.
Help
on the browser you are using
Software Products
A list of W3 project components and their current state. (e.g. Line Mode ,X11 Viola , NeXTStep , Servers , Tools , Mail robot , Library)
Technical
Details of protocols, formats, program internals etc
Bibliography
Paper documentation on W3 and references.
People
A list of some people involved in the project.
History
A summary of the history of the project.
How can I help ?
If you would like to support the web..
Getting code
Getting the code by anonymous FTP , etc.

图 1-2 互联网上的第一个网站首页截图

造圆锹、十字镐、牛仔裤的公司”。

2. 搜索引擎

搜索引擎（search engine），是指根据一定的策略、运用特定的计算机程序从互联网上采集信息，再对信息进行组织和处理，为用户提供信息检索服务的应用系统。早期的互联网搜索引擎比较简单。1994 年，第一代基于互联网的搜索引擎 Lycos 诞生，它以人工分类目录为主，将人工输入的信息索引分类存放在网站的各种目录下，便于用户通过多种方式寻找网站。雅虎最早也是采用这种模式建立的。

随着网络应用技术的发展及网上内容的增多，出现了第二代用关键词直接对内容进行检索的搜索引擎，代表网站是谷歌。这类建立在网页链接分析技术基础上的搜索引擎成为 PC 互联网时代最有价值的应用，也是网民在 PC 端使用最频繁的应用。

3. 电子商务

电子商务（electronic commerce），是指在互联网上以电子交易方式进行的交易和相关服务活动，是传统商业活动各环节的电子化和网络化。1995 年成立的亚马逊公司，是互联网上最早开始经营电子商务的公司之一。它采用 B2C 模式，是一家以销售书籍为主、面向终端用户的网上书店，目前已成为全球商品品种最多的网上零售商和全球第二大互联网企业。

随着网络用户不断增多、网上支付日益便捷，电子商务的模式也逐渐多样化，出现了企业对企业（business-to-business，B2B）、企业对消费者（business-to-consumer，B2C）、消费者对消费者（consumer-to-consumer，C2C）、线上对线下（online-to-offline，O2O）四大类模式。电子商务已成为今天传统商业活动与互联网结合的最直接的方式。

三 互联网的 Web2.0 时代

Web2.0 时代，又称为“可写”“可参与”的互联网时代。Web2.0 是指以平台开放、去中心化、用户生产内容、实时交互共享为特征，以 Blog、Tag（社会化标签）、SNS、维基等应用为核心，依据六度分隔、XML、AJAX 等新理论和技术实现的双向传输的互联网。国外的脸书（Facebook）、推特（Twitter）、维基百科（Wikipedia），国内的微博、知乎、贴吧是 Web2.0 时代网站和网络应用的典型代表。

（一）Web2.0 时代的出现

2004 年 Web2.0 概念第一次被提出，其核心在于用户主导、用户参与和用户体验。用户既是网站内容的浏览者，也是制造者；既分享传播内容，又协同共享信息知识；既寻求个性化内容，追求去中心化，又因相同的兴趣爱好而形成圈层集聚。中国互联网协会对 Web2.0 的解释是：Web2.0 是互联网的一次理念和思想体系的升级换代，由原来的自上而下的由少数资源控制者集中控制主导的互联网体系转变为自下而上的由广大用户集体智慧和力量主导的互联网体系。

Web2.0 的出现是技术进步、用户需求和互联网特性共同作用的结果。

从技术进步角度看，一方面互联网上各类社交开放平台和应用快速发展，提供了信息的发布和存储空间；另一方面用户发布信息的技术门槛降低，不懂网站制作、不懂网页设计也可以自主、自由地发布、存储信息。同时，数码照相机、数码摄像机、移动电话、个人电脑、网络接入设备等硬件设备进入寻常百姓家，任何一个普通人都可以像专业记者一样发布突发事件、身边事物的文字、照片、视频等。用户从信息消费者变为信息提供者的技术条件已然具备。2005 年 7 月 7 日，伦敦发生连环爆炸，遭袭现场的目击者用手机拍下了发生爆炸时的照片，这些照片通过互联网迅速传遍世界，也为警察破案提供了大量现场证据。从这一案例中可以看出，普通用户一旦拥有了工具和技术，又处于合适的时机和场景，就会成为新闻事件的第一报道者。

从用户需求角度看，“人们行为的动力在于对满足他们从基本生存需求到自我实现需求的渴望。人们参与的动机在于对某一群体归属感的获得，在于通过做出贡献而建立自尊（self-esteem）并获得承认，在于为创建自我形象以及自我实现而学习新技能、寻找新机会”[①]。用户之所以很容易参与社会活动，很容易去分享交流表达，是因为参与能让其获得尊重和满足，获得认同和力量。在韩国，OhmyNews 网站凭着“Every citizen is a reporter”（每一位公民都是记者）的响亮口号，成功创造了一个韩国全体公民参与发声的网络新闻媒体，并在 2002 年协助卢武铉登上总统宝座。作为回报，卢武铉将当选后的第一次专访机会给了 OhmyNews。英国《卫报》将其称为“全世界对国内事务影响最大的新闻网站”。

从互联网特性的角度看，自由、开放、平等、共享是互联网的本质，也是互联网的精髓。互联网强调信息的自由、低成本、高效率流动，强调平台的技术开放、软件开放、空间开放，强调用户平等、积极、分享式的参与。这意味着互联网赋予用户一种权力和能量，而用户也在互动、体验和共享中感受到互联网的精髓，成为互联网的主导者。

（二）Web2.0 时代的互联网应用

Web2.0 时代的互联网应用主要有博客、SNS、微博、维基。

1. 博客

博客（blog），又译为网络日志、部落格或部落阁等，是一种通常由个人管理、不定期张贴新的文章的网络空间，也被认为是一种表达个人信息、情感、言论和思想，内容按时间顺序排列，并且不断更新的个人出版方式。博客的网络空间一般由博客运营服务商提供，任何人都可以登录注册，然后按照网站提供的制作模板，完成博客的创建、发布与更新。站在技术的角度，博客的开放性源代码降低了网民使用互联网的技术门槛，个人以“四零”式——零技术、零编辑、零门槛、零成本——的“代价”实现了个人信息的简易发布，也使互联网从“可读”发展到“可读、可写、可交流”。

1998 年 1 月 17 日，美国人马特·德拉吉（Matt Drudge）在自己的博客中首先发布了一条震惊世界的消息：“在最后一分钟，晚上 6 点，《新闻周刊》杂志毙掉了一个重大新闻。这条新闻注定动摇华盛顿的地基：一个白宫实习生与美国总统有染。”2001 年美国“9·11”恐怖袭击事件让博客步入主流视野，以至于有文章认为，“博客，DIY 的新闻工作者；‘9·11’，业余的博客人士击败专业新闻工作者”。

---

① 阎亚婷. 草根博客之分析与探讨 [J]. 新闻前哨，2007，6：75-76.

2. SNS

SNS (social network service)，一般被称为社交网络服务，它是依据六度分隔理论，在线上低成本、高效率地认识朋友的朋友，以此扩展个体社交关系、建立社会性朋友圈的一种网络社交方式。SNS 的实现需要三个前提：一是便捷、易用、多样化的交流工具；二是自由、平等、开放的交互平台；三是愿意参与、沟通、分享、连接的庞大用户群。

SNS 涉及的范围很广，包括休闲、娱乐、婚介、商务、职场、校园交友、社会活动等。不同的 SNS 的构成基础不同，有的基于兴趣爱好趋同，有的对同一话题有认同的观点和价值观，有的服务于某一类群体，有的是线下已有朋友圈的网络化等。知名的互联网公司脸书就是从校园交友起步，最终发展成为综合、全面、覆盖所有人群的 SNS 平台。

SNS 的表现样态很多，文字、图片、视频、知识问答、直播社交等等，不一而足。每一种样态在国内外都有典型的代表，如图片类的 Instagram，视频类的 YouTube、优酷、快手，知识问答类的 Quora、知乎。

3. 微博

微博 (micro blog)，又称微型博客、迷你博客，是一种基于用户关系的信息分享、传播以及获取的平台。在微博中，用户可以通过互联网网页、手机终端以及其他客户端组件，更新 140 字左右的文字信息，并实现与关注者和浏览者的即时互动。

最早的微博是 2006 年在美国诞生的推特，它以“矩阵式信息裂变传播”的创新模式横空出世。用户之间即使不认识，其发布的信息也能以广播的形式传递给其关注者及关注者的关注者，从而形成了一个更为开放、更长更广的传播链的社交体系。

2008 年 5 月 12 日 14 时 28 分 4 秒，中国四川汶川发生大地震，推特在约 14 时 35 分 33 秒披露了这一震撼性的消息，其信息传播速度远远超过了传统的新闻媒体；2008 年美国总统大选，奥巴马竞选团队为奥巴马在推特开通账户，随时通报奥巴马现在在哪里、做什么，与粉丝进行实时互动。

4. 维基

维基 (wiki)，源于夏威夷语“wee kee wee kee”，意思是“快点快点”，中文中通常将其译为“维客”或“维基”。

维基是一种超文本系统，支持面向社群的协作式写作，同时也包括一组支持这种写作的辅助工具。在维基中，用户可以在不知道 HTML、网页设计等技术参数的情况下创建词条，对文本内容进行实时的编辑、修改，添加文字图片和视频，并保留每次修改的记录。自由编辑是维基的精髓。

成立于2001年的维基百科，是一个基于维基技术、Copyleft自由内容、协作式创作编辑的典型代表。从图1-3的维基百科网站首页截图中可以看到，它是目前互联网中最大的参考工具书，名列全球十大最受欢迎的网站，由全球网民共同构建，至今大家仍在添加、更新多语种版本的词条。国内的百度百科、互动百科等也是类似的维基类产品。

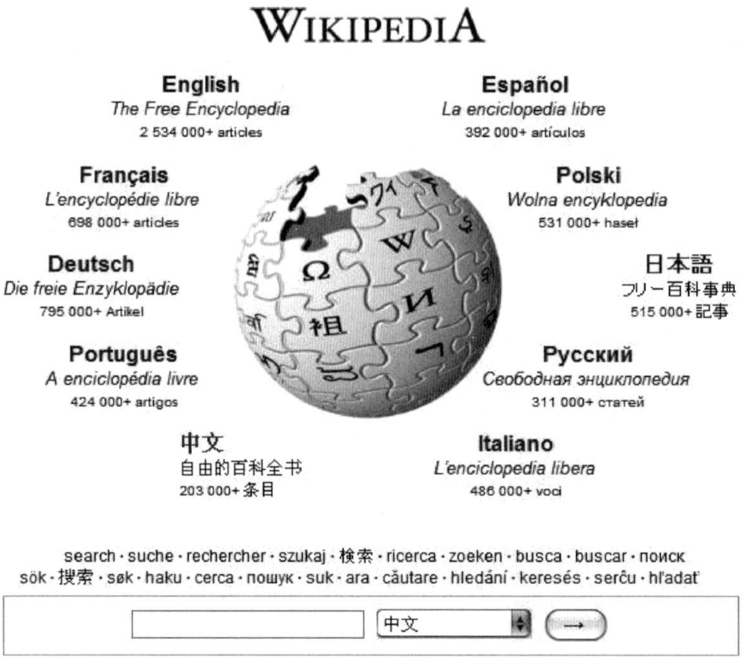

图1-3 维基百科网站首页截图

四 移动互联网时代

随着宽带无线接入技术和移动终端的飞速发展，人们迫切希望能够在移动过程中随时随地获取信息和服务，移动互联网应运而生。移动互联网是一种通过智能移动终端，采用移动无线通信方式获取业务和服务的新兴业务，包含终端、软件和应用三个层面。终端包括智能手机、平板电脑、电子书阅读器等；软件包括操作系统、中间件、数据库和安全软件等；应用包括休闲娱乐类、工具媒体类、商务财经类等应用。移动互联网是互联网的技术、平台、商业模式和应用与移动通信技术结合并付诸实践的产物，也是社会、经济、技术发展到一定阶段后满足用户需求的结果。随着无线通信技术的快速升级、移动智能终端广泛普及和移动应用服务全面创新，移动互联网时代就此到来。

（一）移动互联网的演变与5G

移动互联网的核心是移动通信技术。从1973年世界上第一部民用手机的诞生开始，移动通信技术发展至今已历经四代，目前第五代移动通信技术正处于试商用阶段。

第一代移动通信技术（1G）是指模拟、仅限语音的蜂窝电话标准，制定于20世纪80年代。当时的第一代模拟移动手机运用模拟调制技术，只能进行语音通信，且通话效果不稳定，保密性差，电池容量有限，待机时间短。

第二代移动通信技术（2G）采用数字信号，使用GSM或CDMA标准技术进行数字语音传输，提高了通话质量。同时，由于GSM网络可以进行移动低速数据传输，相应的数据业务开始出现，包括SMS短信、MMS彩信和WAP上网业务等。从1G到2G，移动通信技术实现了从模拟信号到数字信号的革命性变革。

第三代移动通信技术（3G）有了专用、高速的数据信道，不仅能处理图像、音乐、视频流等多媒体信息的传输，提供包括网页浏览、电话会议、电子商务、移动交流等多种信息服务，而且信号的质量、数据接收的效果，尤其是视频播放的流畅度获得了较大幅度的提高，数据通信速率好比从乡村公路变成了省级公路。随着3G的推出，出现了手机电视、手机电子杂志、手机游戏、手机搜索等多种手机应用。

第四代移动通信技术（4G）是多功能集成的宽带移动通信系统，最大的数据传输速率超过100Mbit/s，是3G移动速率的50倍。在功能上，基于4G的移动终端已不能被简单划归“电话机”的范畴，它已经具备了一台小型电脑的性能，手表、照相、摄像、游戏、检索、移动学习、MP3播放、视频播放、移动支付、Office办公、移动存储等一应俱全。同时，4G手机的智能性更高，能根据环境、时间以及其他设定的因素来适时地提醒手机的主人此时该做什么事，或者不该做什么事。同时，4G手机还能够远程遥控家庭智能电器，这一功能将彻底改变人们的生活方式甚至社会形态。

第五代通信技术（5G）又被称为下一代无线网络，其主要优势在于高数据速率、低通信延迟、高密度连接。5G的数据传输速率最高可达10Gbit/s，比4G快100倍，这意味着手机用户在不到一秒时间内即可完成一部高清电影的下载，较低的延迟可以帮助5G移动网络实现多人移动游戏、工厂机器人、自动驾驶汽车以及其他需要快速响应的任务，而高密度连接能够让终端用户始终处于在线状态。目前，5G 还处在试商用阶段，将来能够支持该技术的设备不只有智能手机，还包括智能手表、健身腕带、智能家庭设备、无人驾驶汽车等。

从第一代通信技术到第五代通信技术，移动互联网发生了从模拟到数字再到智能的革命性变革。下一步，随着 5G 网络技术的应用与普及，移动互联网将覆盖到工业、医疗、安全等领域，车联网、物联网、智慧社区、智慧城市等将成为现实。借助 5G，人类将创造出更多的生产方式和商业模式，促进社会的发展与进步。图 1－4 简单展示了移动互联网技术的业务演变过程。

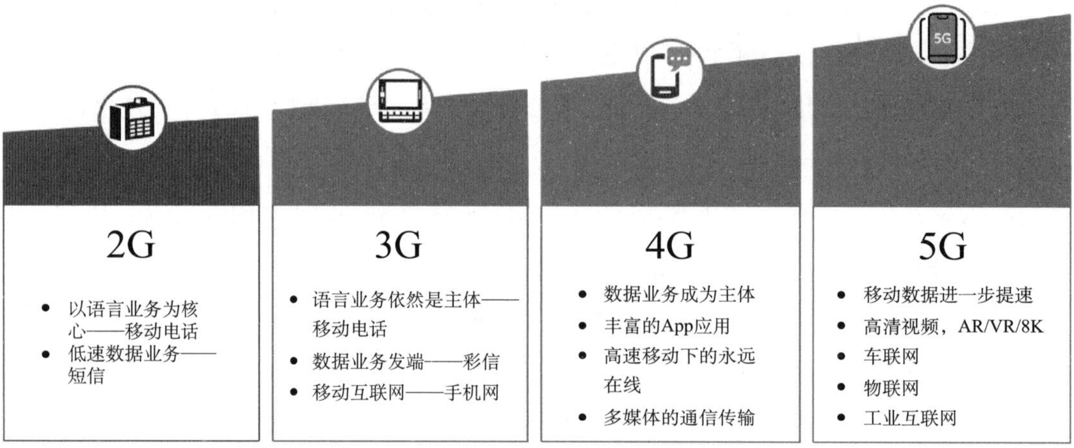

图 1－4　移动互联网技术的业务演变过程

（二）移动互联网时代的应用

到目前为止，移动互联网时代的主要应用有手机网、移动应用程序、HTML5 和小程序。

1. 手机网

手机网又称 WAP 网站、3G 网（进入 3G 时代后的称呼），是基于无线应用协议（wireless application protocol，WAP），用无线标记语言编写的适宜在手机上浏览的网站。由于手机的屏幕尺寸较小，电池续航能力和 CPU 处理能力有限，用手机上网浏览 Web 互联网会出现打开速度慢、网页浏览步骤烦琐、无法看全新闻内容等问题。因此，手机网是一种针对手机特点开发出的易于在手机端浏览的网页，能够将信息内容流量、音视频服务和手机端的其他业务如定位、电子支付、即时通信、移动办公等多种业务融合，让用户随时随地体验到无线互联网。

2. 移动应用程序

移动应用程序（application，App）是基于移动终端的 iOS、Android 或其他操作系统的各类服务软件，涉及新闻、教育、游戏、工具、社交、旅行、健康、生活、商务等领域。每一个移动应用程序都具有相对的独立性，一般由内容提供商、服务运营商或第三方个体设计研发，可以定制化开发、个性化设计，用户必须将应用程序下载到个人手机上，才能进行在线或离线使用。

移动应用程序是手机用户使用移动网络服务的主要入口，有免费和付费两种，其“寄生”的操作系统则有封闭和开放两种模式。苹果公司采用封闭模式，提供从手机终端、iOS 操作系统和苹果应用商店百万种应用程序的闭环式产品和服务，部分应用程序需要付费才能下载；谷歌公司采用开放模式，Andriod 操作系统允许所有应用程序开发者通过 API 接口上传软件程序，供用户免费下载使用。据我国工业和信息化部消息，截至 2021 年 7 月底，我国国内市场上监测到的 App 数量为 291 万款，其中，本土第三方应用商店 App 数量为 155 万款，苹果 App Store（中国区）App 数量为 136 万款。①

3. HTML5

HTML5，简称 H5。它是超文本标记语言（HTML）的第五版，是标准通用标记语言下的一个应用，也是一种技术标准规范，具备跨平台性、适配性、本地存储、性能集成、高效连接等多种特性，被认为是最具变革价值的下一代互联网的核心语言。

受终端设备影响和网络带宽限制，移动端内容的表现形式单一，在 H5 产品出现之前，文本与文本列表、图片与图片集是移动端内容的主要形态，窄小的屏幕让用户很容易对单一的文本和图片产生视觉疲劳。而 H5 技术可以包容文字、图片、图表、音频、视频等，使用户代入场景、角色、情境，并运用滑动、触碰、点击、翻转、超链接丰富了内容的表现形式和交互方式。

由于 H5 技术的超强包容性，H5 产品应用范围广泛、花样繁多。抛开终端和技术的某些限制因素，理论上 H5 产品能够应用于目前所有的领域，包括新闻传播、商务营销、生活娱乐、政务管理等。特别是 H5 新闻传播方面，经济、政治、民生、娱乐、历史、军事、财经等各种性质的新闻都可以运用 H5 技术制作并展示。2019 年“两会”报道中，多类 H5 新闻产品如“央广女主播的朋友圈”“两会喊你加入群聊”“两会入场

---

① IT 之家．我国国内市场 App 数量为 291 万款，游戏类占比 24% [EB/OL]．(2021-09-03) [2021-09-09]．https：//www.ithome.com/0/573/267.htm.

券”“你的政府工作报告关键词”等被用户广泛转发，几乎“刷屏”。

4. 小程序

小程序（mini program），是一种不需要下载安装即可使用的应用。用户方面，小程序做到了“触手可及”，通过“扫一扫”或简单搜一下即可打开，不占内存，对手机性能要求不高，使用门槛较低；商家方面，小程序开发成本低，适用于多样化的低频场景，能够快速连接线上线下，微电商效益显著。小程序或许不会完全替代 App，但会与现在的“两微一端”一样，成为商业公司的标配。

2017 年我国的第一批小程序在微信上线。2018 年 7 月，百度在 AI 开发者大会上宣布百度智能小程序正式上线；10 月，淘宝“轻店铺”开始内测；11 月，QQ 轻应用、头条小程序先后上线。2019 年 2 月，网易云音乐“音乐小程序”悄然上线；3 月，小米、中兴、华为等十家手机厂商一起推出了与小程序本质相同的快应用；同月，360 推出 PC 端小程序。随着 BAT（指百度、阿里巴巴和腾讯）三大巨头和国内主要手机生产商入局小程序，早期并不被看好的小程序再次处于风口浪尖，被认为是移动互联网的下一波浪潮。

互联网行业知名人士玛丽·米克尔（Mary Meeker）在《2019 年互联网趋势报告》中认为，小程序是中国互联网商业模式与产品创新的领先技术，BAT 的小程序生态系统各具特色，已探索出一套基于现有业务的运营模式，并将成为移动互联网新的经济增长点。比如腾讯的小程序一方面继续深耕游戏领域，另一方面突破到了新零售和电商领域；支付宝小程序则主要聚焦在商业和生活服务领域；百度智能小程序直接把百度的全域流量开放给开发者，实现了“搜索即服务”的新闭环。

第二节 中国互联网的发轫与新媒体的发展

中国互联网的发轫与全球互联网的早期应用几乎一致，即起步于 1987 年第一封电子邮件的发出。1994 年 4 月中国正式接入国际互联网之后，网络与新媒体建设开始迈入信息高速公路的快车道，用户数量全球第一，海量信息包罗万象，互联网产品和应用全方位多样化，移动支付遍地开花，网络与新媒体全面融入中国民众的日常生活，全社会正在进入数字科技和数字化生活时代。

一 // 中国互联网的发轫

中国互联网发轫的第一步是电子邮件，在这之后陆续接入第一条国际专线，完成中国顶级域名注册，开发出网站、BBS论坛等第一批应用。在中国互联网的起步阶段，科技界与教育界的研究学者发挥了至关重要的引领作用，政府部门为推动互联网在国内的崛起、普及和发展发挥了关键性作用。

（一）中国的第一封电子邮件

1987年9月14日晚，在北京车道沟10号中国兵器工业计算机应用技术研究所的一栋小楼里，13位中、德科学家围在一台西门子7760大型计算机旁进行电子邮件的测试，并向世界发出了中国的第一封电子邮件。

这封电子邮件的主题是“First Electronic Mail from China to Germany”，正文只有一句话，用英文和德文两种语言书写而成：“Across the Great Wall we can reach every corner in the world.”（越过长城，走向世界。）（见图1-5）。邮件接收地是德国卡尔斯鲁厄大学的服务器。

但是，由于一个数据交换协议有点小漏洞，邮件并未发送出去。在花了一周时间对计算机的系统和硬件设施进行重新检查确认后，1987年9月20日20时55分（北京时间）这封电子邮件再次被发送，随着计算机屏幕上闪现出“发送完成”的字样，中国与国际互联网的连接由此开始了。

这是中国通过北京与德国卡尔斯鲁厄大学之间的网络连接，向全球科学网发出的第一个声音，它拉开了中国人使用互联网的序幕。2003年，这封电子邮件的打印版在时隔16年之后被相关人士找到并带到中国，现存于中国互联网络信息中心。

（二）第一条国际专线

从1990年开始，中国几次与美国国家科学基金会（NSF）取得联系，商谈中国接入互联网骨干网的相关事宜（NFS是互联网骨干网的实际控制者）。直到1994年，NFS最终认可中国接入国际互联网的要求。

1994年4月20日，由中国科学院计算机网络信息中心研究员钱华林主持开发设计的中国国家计算机与网络设施工程（The National Computing and Networking Facility

(Message # 50: 1532 bytes, KEEP, Forwarded)
Received: from unika1 by irault.germany.canet id aa21216; 20 Sep 87 17:36 MET
Received: from Peking by unika1; Sun, 20 Sep 87 16:55 (MET dst)
Date: Mon, 14 Sep 87 21:07 China Time
From: Mail Administration for China <MAIL@ze1>
To: Zorn@germany, Rotert@germany, Wacker@germany, Finken@unika1
CC: lhl@parmesan.wisc.edu, farber@udel.edu,
jennings%irlean.bitnet@germany, cic%relay.cs.net@germany, Wang@ze1,
RZLI@ze1
Subject: First Electronic Mail from China to Germany

"Ueber die Grosse Mauer erreichen wie alle Ecken der Welt"
"Across the Great Wall we can reach every corner in the world"
Dies ist die erste ELECTRONIC MAIL, die von China aus ueber Rechnerkopplung in die internationalen Wissenschaftsnetze geschickt wird.
This is the first ELECTRONIC MAIL supposed to be sent from China into the international scientific networks via computer interconnection between Beijing and Karlsruhe, West Germany (using CSNET/PMDF BS2000 Version).

University of Karlsruhe	Institute for Computer Application of
-Informatik Rechnerabteilung-	State Commission of Machine Industry
(IRA)	(ICA)
Prof. Werner Zorn	Prof. Wang Yuen Fung
Michael Finken	Dr. Li Cheng Chiung
Stefan Paulisch	Qiu Lei Nan
Michael Rotert	Ruan Ren Cheng
Gerhard Wacker	Wei Bao Xian
Hans Lackner	Zhu Jiang
	Zhao Li Hua

图 1-5　中国第一封电子邮件打印版

of China，NCFC)，通过美国 Sprint 公司接入互联网的 64K 国际专线开通，实现了与互联网的全功能连接。从此中国被国际正式承认为真正拥有全功能互联网的国家。

（三）中国顶级域名

1990 年 11 月 28 日，中国的顶级域名 .CN 正式完成注册，使用该域名的国际电子邮件服务开通，钱天白、钱华林分别担任 .CN 域名的行政联络员和技术联络员（钱天白与钱华林并称为中国互联网“二钱”）。从此，中国在国际互联网上有了自己的身份标识。由于当时中国尚未实现与国际互联网的全功能连接，.CN 顶级域名服务器暂时设在德国卡尔斯鲁厄大学。

1994 年 5 月 21 日，在德国卡尔斯鲁厄大学的协助下，中国科学院计算机网络信息中心完成了中国国家顶级域名服务器的设置，终结了中国的顶级域名服务器一直放在国外的历史。

（四）第一批应用

随着国际专线的开通，1994 年 5 月 15 日，中国科学院高能物理研究所设立了国内第一个 Web 服务器，并推出中国第一套网页，网页内容除介绍中国高科技发展状况外，还有一个特别的栏目“Tour in China”。该栏目提供了包括新闻、经济、文化、商贸等在内的更为广泛的图文并茂的信息，后改名为“中国之窗”。

1994 年 5 月，国家智能计算机研究开发中心开通曙光 BBS 站，这是中国的第一个 BBS 论坛。

1995 年 1 月，由国家教育委员会（现更名为教育部）主管的《神州学人》杂志，经中国教育和科研计算机网（CERNET）接入互联网，向广大在外留学人员及时传递新闻和信息。这是中国第一份中文电子杂志。

在中国互联网发轫阶段，国家各部委、教育部门和科研机构成为互联网基础设施建设的主要力量。在今天使用的中国公用计算机互联网（CHINANET）建成之前，人们主要使用的是由国家投资，教育部主持的中国教育和科研计算机网。1994 年 9 月，邮电部电信总局与美国商务部签订中美双方关于国际互联网的协议。随后，中国电信开始筹建中国公用计算机互联网全国骨干网，其于 1996 年 1 月建成开通。至此，中国互联网从教育、科技领域向公众、商业开放，踏上了全面发展的征程。

中国互联网的发展历程与国际互联网的发展演变息息相关。从发展阶段上看，中国互联网也同样历经 Web1.0、Web2.0 和移动互联网时代。Web1.0、Web2.0 阶段中国紧紧追随国际的脚步，到移动互联网时代几乎同步于全球互联网，并在某些领域有所超前。从发展业务上看，中国互联网经历了从模仿复制国外的技术、产品、商业模式到根据中国用户的特征和市场的特点有限地改造、变革和创新，再到自主研发、不断创新、创造引领。在这一历程中，中国互联网经历了三次发展大潮。

二 第一次发展大潮

中国互联网的第一次发展大潮是从 1995 年到 2002 年。

互联网发展犹如建设信息高速公路，第一次发展大潮的重点是建设网络畅通、业务形态多样的基础设施。只有路修成了、修好了，路上有车了，才会有更多的网民使用网络，共同推动网络的普及与推广。

1995 年，在北京中关村白颐路南端的街角处，瀛海威时空树起了一块巨大的广告牌，上面写着“中国人离信息高速公路还有多远——向北 1 500 米”[①]（见图 1－6），揭开了中国互联网筑路修网的序幕。

图 1－6　互联网公司瀛海威时空 1995 年在中关村树立的广告牌

也是在这一年，《中国贸易报》《神州学人》先后开通网站，成为最早上网的报刊。之后，中国新闻社、广东人民广播电台和中央电视台也分别在 1995 年和 1996 年创办网站，成为通讯社、广播电台和电视台上网的先锋。1997 年 1 月 1 日，中国共产党中央委员会机关报《人民日报》上网，某种意义上起到了率先垂范的作用。到 1999 年底，国内上网的报纸已接近 1 000 家，上网的电台和电视台也超过了 100 家。由此可见，媒体网站率先走在了互联网大潮的前头。

在业务形态上，互联网第一次发展大潮以模仿、复制国外已有的业务模式为主。1999 年前后，以综合性内容服务为核心、模仿美国雅虎的中国门户网站新浪、搜狐、网易先后创建，并在美国纳斯达克上市，成为第一批中国网络概念股。其他类型的网站也相继诞生，有模仿谷歌的百度，有模仿亚马逊的 8848、阿里巴巴、当当，有模仿韩国游戏网站的盛大、联众，有模仿 ICQ 的腾讯。门户、搜索、电商、游戏、社交和娱乐成为中国互联网的基础业务模式。

2003 年 1 月《第 11 次中国互联网络发展状况统计报告》显示，尽管 2002 年底上网用户总数只有 5 910 万，但用户经常使用的网络服务已有 29 项，包括信息查询的内

---

① 熊剑辉．中关村风云 40 年［EB/OL］．（2018－07－21）［2020－07－11］．https：//www.sohu.com/a/242550139_505837.

容服务，电子邮箱和软件上传或下载等工具应用，网上购物、炒股、拍卖等商务活动，BBS论坛、社区、讨论组等网络交互，MP3、Flash欣赏等多媒体娱乐，如图1－7所示。这意味着互联网的业务已经全面萌芽、开花，中国未来若干年里几乎所有的互联网产品形态都在这一时期落地、生根。

9. 用户经常使用的网络服务（多选题）：

■ 电子邮箱：	92.6%
■ 新闻组：	21.3%
■ 搜索引擎：	68.3%
■ 软件上传或下载服务：	45.3%
■ 信息查询：	42.2%
■ 网上聊天（聊天室、QQ、ICQ等）：	45.4%
■ BBS论坛、社区、讨论组等：	18.9%
■ 免费个人主页空间：	6.8%
■ 电子政务：	1.9%
■ 网上游戏：	18.1%
■ 网上购物：	11.5%
■ 短信服务：	8.8%
■ 网上教育：	8.9%
■ 电子杂志：	9.5%
■ 网络电话：	1.0%
■ 网上医院：	0.7%
■ 网上银行：	3.6%
■ 网上炒股：	5.5%
■ 网上拍卖：	0.9%
■ 票务、旅店预定：	0.8%
■ 视频会议：	0.3%
■ VOD点播：	5.6%
■ 网上直播：	3.6%
■ 多媒体娱乐（mp3、Flash欣赏等）：	13.4%
■ 远程登录：	1.1%
■ 信息发布：	3.3%
■ 网上推广：	0.9%
■ 网上销售：	1.2%
■ 信息化系统（ERP、CRM、SCM）：	1.2%
■ 其他：	0.1%

图1－7 2002年网民常用的网络服务

但是，互联网的商业盈利模式在这一时期并未形成。面对2001年全球性的互联网泡沫，中国互联网公司也未能幸免。三大门户网站股价跌至低点，网易股票甚至一度停牌，其他互联网公司也难以获得风险投资以维持业务发展，一批互联网公司相继倒闭。中国互联网在 2002 年陷入低谷。

在商业网站经受互联网泡沫煎熬之际，传统媒体网站受国家重点新闻网站发展战略之惠，迎来了一轮契机。来自政府层面的财政资助、政策扶持和资源倾斜为新闻网站建设铺设了道路，人民网、新华网、央视网等国家级网站和东方网、红网、南方网等省一级新闻网站迅速壮大，创建品牌，打造影响力。以人民网为例，1999 年人民网还是《人民日报》网络版，网站员工只有 40～50 人；2000 年 7 月，《人民日报》网络版更名为人民网，9 月 106 兆专线开通，10 月新域名（www. people. com. cn）启用；2001 年 6 月 5 日，近 1 200 平方米的开放式工作平台投入使用，同时启用的还有音视频演播室、BBS 嘉宾访谈室等，并推出俄文、阿拉伯文网站。① 此时，网站员工已达 200 人，网站开设有 13 个频道，7 种语言版本，1 000 多个新闻专题。

三 第二次发展大潮

中国互联网的第二次发展大潮是从 2003 年到 2010 年。

处于低谷的中国互联网为了走出困境，不断寻求差异化路径，探寻各种生存之道和商业模式。第二次发展大潮的特点是互联网基础商业模式基本确立，网络应用渗透到社会、政治、经济、生活的方方面面，价值和影响力日益凸显。

（一）基础商业模式确立

首先是移动手机短信带动互联网公司赢得彩信、彩铃的利润。以网易为代表的 SP（短信服务提供商）抓住了中国移动大力发展短信业务的契机，以小额代收费的模式为网站增收。短信业务不仅为互联网公司带去了收益，更让互联网公司赢得了喘息的机会，为进一步的发展赢得了时间和空间。

新闻信息浏览一直是用户上网的主要应用。随着网民数量的不断增加，新闻资讯的用户浏览量（page view，PV）和唯一访问者（unique vistor，UV）数量也日渐上升，广告主开始意识到网络广告的作用和价值。特别是重大新闻、重要事件发生之时，互联网快速、及时、全方位的报道能够带动访问量的增长，提升广告投放的效果。三大门户网站都将网络广告作为重要、直接的盈利手段。以 2005 年为例，2005 年中国网

① 唐维红．聚五洲讯息 展华夏风采：写在人民网创办五周年之际［N］．人民日报，2002-01-06（1）．

络广告市场规模为31.3亿元，其中新浪以6.8亿占据中国网络广告市场21.7%的份额，其次为搜狐和网易，收入分别是4.7亿和2.5亿。门户网站的网络广告累计占比超过50%。①

电子商务在第二个发展期强筋健骨、日益活跃。1999年，网络上曾进行过一次“72小时网络生存测试”，但由于电子商务、配送物流的滞后，测试几乎以失败告终。2003年的“非典”疫情、2004年的支付宝服务为电子商务发展带来了机遇，一批B2B、B2C、C2C电商网站崛起，京东、当当、淘宝、天猫、一号店、唯品会等综合或垂直类电商平台创造了多种盈利模式，2009年的“双十一”大促活动成为电子商务大发展的有效印证。

2004年，以游戏为业务核心的腾讯、盛大、九城分别在香港交易所和纳斯达克证券交易所上市，另两家网络游戏公司完美时空、巨人网络在这一年成立，并在成立三年后上市。无论是早期的点卡收费模式，还是后来的网游免费、装备付费模式，网络游戏不仅支撑起了中国互联网产业的半壁江山，而且至今依然收益丰厚，成为数字经济的主要收入源之一。

截至2008年6月底，我国网民数量达到了2.53亿，首次超过美国，跃居世界第一位。网络人口成为中国互联网发展的巨大红利。根据2011年1月《第27次中国互联网络发展状况统计报告》，截至2010年12月，国内上网用户总数已达4.57亿，排名前五的网络应用的用户规模都在3亿以上，如图1-8所示。图1-8中的每一类应用都有1～2家占据优势地位的知名互联网公司，这种细分市场的布局一直延续至今。

（二）网络社会影响力凸显

与互联网业务和产业发展相一致的是，网络新闻影响力日渐凸显。互联网改变了信息传播的模式，让信息世界更加开放、透明；改变了信息获取的方式，让更多分散的信息得到展现和整合，让每一个人的知识和智慧都得到了共享；改变了信息的节点传播，互联网及移动互联网的永远在线（always online）让信息处于动态流淌之中；改变了信息的运作方式，互联网协同、合作、众筹的扁平化模式，打破了封闭、垄断、单向、割裂、依赖于层级体系的控制式传统管理。

---

① 新浪科技．艾瑞发布2005年网络广告报告 新浪份额第一［EB/OL］．（2006-02-09）［2020-02-15］．http：//www.techweb.com.cn/news/2006-02-09/39647.shtml.

	2010 年	
应用	用户规模（万）	使用率
搜索引擎	37 453	81.9% ↑
网络音乐	36 218	79.2% ↓
网络新闻	35 304	77.2% ↓
即时通信	35 258	77.1% ↑
网络游戏	30 410	66.5% ↓
博客应用	29 450	64.4% ↑
网络视频	28 398	62.1% ↓
电子邮件	24 969	54.6% ↓
社交网站	23 505	51.4% ↑
网络文学	19 481	42.6% ↑
网络购物	16 051	35.1% ↑
论坛/BBS	14 817	32.4% ↑
网上银行	13 948	30.5% ↑
网上支付	13 719	30.0% ↑
网络炒股	7 088	15.5% ↑
微博客	6 311	13.8%
旅行预订	3 613	7.9% →
团购	1 875	4.10%

图 1－8　2010 年各类网络应用用户规模及使用率

资料来源：中国互联网络信息中心．第 27 次中国互联网络发展状况统计报告 [EB/OL]．（2011－01－18）[2021－09－30]．http：//www.cnnic.cn/hlwfzyj/hlwxzbg/hlwtjbg/201206/P020120612484952635717.pdf.

在 2003 年至 2010 年之间，先后有党的十七大、北京奥运会、中华人民共和国成立 60 周年、上海世博会等重大新闻，还相继发生过“非典”疫情肆虐、南方雪灾、四川汶川地震、青海玉树地震、甘肃舟曲泥石流等突发事件。每一次报道就是网络媒体经历的一次洗礼，也是网络媒体走向成熟、走向主流的一个台阶。网络媒体的正能量在一次次重大、突发事件的报道中展现得淋漓尽致。

四 第三次发展大潮

中国互联网的第三次发展大潮是从 2011 年至今。

2009 年，国内 3G 牌照的发放拉开了移动互联网时代的帷幕，也预示着中国互联网第三次发展大潮的到来。已经在PC互联网时代占据赛道的互联网公司开始转战移动互联网领域，同时，一批新型互联网公司直接越过PC互联网，寻找移动互联网的流量入口和应用服务。在第三次发展大潮中，移动互联网的基础设施建设、产品应用和运营模式的建立几乎同步推进，用户的网络行为和习惯也随之发生改变。

在基础设施建设方面，距离3G推出仅过去了三年，2012年底中国移动宣布4G网络正式商用。同时，终端手机发生了颠覆性的革命：苹果公司开发的iPhone4智能手机极大提升了移动端的使用体验，国内手机厂商随后推出千元智能手机，清除了移动互联网推广普及的最后一个屏障。随着手机数据资费不断下降、Wi-Fi和带宽提速，手机网民规模在2021年6月达到10.07亿，成为移动互联网发展的人口红利。

在产品应用方面，基于移动终端的手机新闻、手机电视、手机阅读、位置服务、移动搜索、移动支付、移动电子商务等移动互联网业务蓬勃兴起，也出现了一批占据细分市场的移动互联网应用，包括美团、今日头条、快手、哔哩哔哩（bilibili）、陌陌等。其中的典型代表是微信，它不仅拥有超10亿用户，占据移动互联网的流量入口，而且成为垄断型平台，几乎满足了用户在线阅读、生活、社交、商务、政务等全方位的需求。

在运营模式方面，移动互联网首先承袭了PC互联网时代成熟、有效的运营模式和盈利手段，其次进一步推动和发展PC时代已有用户积累但尚未形成规模的商业模式，最后开发了新的商业模式和盈利手段。以网络视频业务为例，在PC互联网时代，广告是其主要的、单一的盈利手段；进入移动互联网时代，盈利手段逐渐多样化，如视频植入式广告、会员付费、短视频电商、直播电商、自制剧和自制综艺节目的版权售卖等。

需要特别强调的是开放平台这一移动互联网时代的新模式和新应用。从产业链角度看，开放平台作为一项创新技术，能够实现开发方、平台方和用户方的三赢。随着用户需求逐渐多元化，单个公司已无法满足所有用户的所有需求，平台方提供开放接口既为第三方开发者打开连接庞大用户群的通道，也为用户集纳、聚合丰富多彩的应用，满足用户个性化的需求，增加用户的黏性，并因此获得更多的流量、市场份额和经济收益。开发方不需要购置硬件搭建平台，不需要投入大量的资金培植用户，只需有技术研发和创新能力就可以“借船出海”，借力大公司的平台快捷创业，实现研发成果的转化和获得直接的经济效益。用户则不必再注册一个个网站，查询一个个应用，需求的多样化与个性化能够同时得到满足。平台＋App实现的“数据＋用户”“内容＋渠道”整合模式，让每一个拥有超量级用户或垄断渠道资源的互联网站、移动公司都有机会走向平台化，有的甚至把开放应用平台作为战略发展方向和新的经济增长点，构造一种“借力经济”。当然，这种开放平台在占据海量数据之后也会带来寡头垄断的隐患。

从2021年6月发布的《第48次中国互联网络发展状况统计报告》中可以看到，排名前五的网络应用的使用率都在80%以上，即时通信更超过97%（见图1－9）。这意味着网络应用高度普及，微信、微博、移动支付、短视频、直播等成为典型应用，新媒体进入资讯、商务、政务与生活的“互联网＋”阶段，用户5A（anyone，anytime，anywhere，anything，anyway）式连接一切，生活化、移动化的网络服务覆盖面广、辐射力强，整个中国社会从数字化生存进入数字化生活状态。

	2021.6		
应用	用户规模（万）	网民使用率	增长率
即时通信	98 330	97.3%	0.2%
网络视频（含短视频）	94 384	93.4%	1.8%
短视频	88 775	87.8%	1.6%
网络支付	87 221	86.3%	2.1%
网络购物	81 206	80.3%	3.8%
搜索引擎	79 544	78.7%	3.3%
网络新闻	75 987	75.2%	2.3%
网络音乐	68 098	67.4%	3.5%
网络直播	63 769	63.1%	3.4%
网络游戏	50 925	50.4%	-1.7%

图1－9　2021年6月主要互联网应用的用户规模及使用率

资料来源：中国互联网络信息中心．第48次中国互联网络发展状况统计报告［EB/OL］.（2021－09－15）［2021－09－30］. http：//www.cnnic.net.cn/hlwfzyj/hlwxzbg/hlwtjbg/202109/P020210915523670981527.pdf.

与前两次发展大潮显著不同的是，移动互联网具有的个性化、定制化特征让个体从PC互联网时代的“观众”变成了“演员”，技术赋能让个体有了充分的展示机会和发展空间，一部分用户“出演”了自媒体、微电商、直播秀、创客、威客、拍客等各种角色，普通用户则通过点赞、分享、评论、弹幕、参与话题等互动方式体现着自身的价值，互联网平台也高度重视用户创造，推出各种激励措施和资金扶持计划，UGC（user generated content，用户生产内容）、PGC（professional generated content，专业生产内容）、PUGC（professional user generated content，专业用户生产内容）不仅成为公共平台上网络内容的重要组成部分，而且借助强力渠道得到广泛传播后，还可外化为个人价值，负载个人品牌及影响力。这些内容彻底改变了移动互联网时代的传播格局。

第三节 网络与新媒体的智能化趋势

2016 年 3 月，基于搜索技术与深度学习方法的人工智能围棋系统 AlphaGo 以 4∶1 的优势战胜了世界围棋高手李世石，引发了全球的关注与讨论。这一事件让人工智能第一次走进了寻常百姓视野中，有学者将 2016 年称为“人工智能元年”。

一 认知人工智能

1956 年，人工智能（artificial intelligence，AI）概念在达特茅斯学术会议上首次被提出。美国斯坦福大学人工智能研究中心教授尼尔逊认为“人工智能是关于知识的学科——怎样表示知识以及怎样获得知识并使用知识的学科”，麻省理工学院温斯顿教授则认为“人工智能就是研究如何使计算机去做过去只有人才能做的智能工作”。通俗地理解，人工智能是指研究如何应用计算机的软硬件模拟人类某些智能行为的基本理论、方法和技术，其本质是对人的意识与思维的信息过程的模拟，使用机器代替人类实现认知、识别、分析、决策等功能。

尽管人工智能这一概念在 20 世纪 50 年代就提出了，但人工智能的蓬勃发展却发生在 21 世纪的第二个十年里。人工智能的驱动力来自技术、数据和场景。近十年中，算法、算力、数据、云计算、传感器、物联网等的飞速发展，带动人工智能进入了一般性应用阶段。特别是移动互联网让大量结构化、真实的数据被采集、清洗和积累，在大数据基础上进行精准用户画像，并实现精准用户匹配，满足用户的个性化定制需求，让普通用户感受到人工智能的力量。

人工智能产业链包括技术支撑层、基础应用层和方案集成层。技术支撑层主要由 AI 芯片、传感器、超级计算机等硬件和大数据、算法模型等构成，前者负责运算，后者负责提供语料和训练数据。基础应用层主要由计算机视觉、语音识别等感知层和语义识别等认知层构成，通过数据标注，使它们成为机器深度学习、做出分析判断的基础。方案集成层是指面向工业、制造业、金融、医疗、汽车、仓储、物流等不同应用场景的产品或解决方案。

人工智能在诞生 40 多年之后的飞越式发展，主要得益于大数据的爆发、传感器建构的物联网，以及算法、算力、云计算的支持。

大数据（big data），麦肯锡咨询公司下属的麦肯锡全球研究院给出的定义是："一种规模大到在获取、存储、管理、分析方面大大超出了传统数据库软件工具能力范围的数据集合，具有海量的数据规模、快速的数据流转、多样的数据类型和价值密度低四大特征。"[①] 更进一步归纳，大数据具有 5"V"（volume，variety，velocity，value，veracity）特点——数据体量巨大、数据类型繁多、处理速度快、价值密度低、数据真实性高。美国互联网数据中心指出，互联网上的数据每年将增长 50%，每两年将翻一番，目前世界上 90%以上的数据是最近几年才产生的。2011 年 5 月麦肯锡全球研究院出版了一份专门的研究报告《大数据：下一个创新、竞争和生产力的前沿》（*Big Data：The Next Frontier for Innovation，Competition，and Productivity*）。他们认为："数据，已经渗透到当今每一个行业和业务职能领域，成为重要的生产因素。人们对于海量数据的挖掘和运用，预示着新一波生产率增长和消费者盈余浪潮的到来。"

物联网（ internet of things，IoT），是指通过各种信息传感器、射频识别、全球定位系统、红外感应器、激光扫描器等装置与技术，实时采集已监控、连接、互动的物体，通过各种网络接入，实现物与物、物与人的泛在连接，实现对物品和过程的智能化感知、识别和管理。全世界的工业设备、汽车、电表上有着无数的数码传感器，随时测量和传递着有关位置、运动、震动、温度、湿度乃至空气中化学物质的变化，每时每刻都在源源不断地产生海量的数据信息。

云计算（cloud computing）的概念是 2006 年 8 月由谷歌首席执行官埃里克·施密特（Eric Schmidt）在搜索引擎大会首次提出的，其基本理念是通过互联网来提供动态、易扩展且经常是虚拟化的资源。互联网中的闲置资源就好比空气中的水汽，通过技术手段可以将其凝聚成用于存储的资源池，随着网络的互联、互通、互动，资源池就如同云彩一样四处飘移。不同的是资源池比云彩更智能化，能根据人们的需求随时变化，哪儿需要下雨就能立即在哪儿降落。

① 张安法．大数据时代要有大数据思维［EB/OL］．（2015-06-25）［2021-09-09］．http：//www.cbdio.com/BigData/2015-06/25/content_3340827.htm.

二 人工智能的应用

理论上说，人工智能能够被应用到各个基础行业，如AI+金融、AI+电商零售、AI+安全防护、AI+教育、AI+医疗、AI+汽车等（见图1-10）。在金融领域，可以通过机器学习、语音识别、视觉识别等方式来分析、预测、辨识交易数据、价格走势等信息，实现智能投资、智能客服、智能风控和智能金融监管；在电商零售领域，主要利用大数据分析技术智能管理仓储与物流，提供智能导购和智能客服，以节省仓储物流成本，提高购物效率，简化购物程序；在安全防护领域，将视频智能分析技术和机器人应用到日常安防中，实现智能监控、人脸识别、机器人安保；在教育领域，利用大数据建立算法模型，提供智能评测、个性化和定制化教育；在医疗健康领域，借助大数据分析智能比对诊断病例，实现机器人辅助康复和远程诊疗等。

行业	应用场景				
金融	智能支付	智能风控	量化投资	保险科技	
汽车	自动驾驶算法	激光雷达	ADAS系统	车载交互	
大健康	智能影像诊疗	药物挖掘	健康管理	医学数据挖掘	导诊机器人
安全防护	智能摄像机	人像识别	车辆大数据	虹膜识别	人脸闸机
互联网服务	语音转写	翻译	修图	鉴黄	智能推荐
零售	自助结算	自动售货机	仓储管理	物流管理	
企业服务	智能营销	智能客服	IT基础设施	供应链管理	智能招聘
教育	自适应系统	智能评测	拍照搜题	智能排课	教育机器人
工业制造	AI芯片	视觉检测	预防性维修	生产优化	机器人视觉

图1-10　当前人工智能应用的部分行业与应用场景

目前，各领域对人工智能的应用都还处在布局与探索阶段，几家主要的互联网公司各自进行人工智能的开发与推进。百度推出百度大脑、无人驾驶汽车、百度智能云等智能平台服务，2017年李彦宏在北京五环上“驾驶”无人驾驶汽车被罚款成为年度热点；腾讯成立人工智能实验室（AI Lab）、腾讯优图和微信-香港科技大学人工智能联合实验室，基于计算机视觉、语音识别、自然语言处理和机器学习四个垂直领域，开展内容、社交、游戏和平台工具的场景服务，实现了微信语音转文字、视频音乐新闻的推荐和排序、QQ 音乐的千人千面算法推荐机制和天天 P 图的“疯狂变脸”等细分场景应用；阿里巴巴推动“NASA 计划”，布局 ET 医疗大脑、ET 工业大脑、机器学习平台和生物识别等；科大讯飞专注于语音识别技术，致力于将语音识别嵌入到所有企业和消费者的使用场景中。

当前，人工智能已在工作与生活领域得到了一些基础性应用，包括智能输入法、智能翻译、智能音箱、人工智能助理、人脸识别、算法推荐等。接下来将选择四个有代表性的人工智能产品来介绍人工智能的应用和效果。

智能输入法能够通过搜索引擎技术分析提取 TB[①] 级数据语料，并对语料进行整理训练，让机器学习如何还原人们由思维到表达的真实过程。体现在智能输入法中，一是能根据用户长期的输入习惯自动匹配词语；二是提供拼音纠错、长词联想等实用功能；三是根据用户正在浏览的网页推荐更加精准的输入备选；四是实现语音输入，点击说话即可转化成文字。这些都极大地方便了用户的输入，提高了工作效率。

智能音箱是人工智能与传统音箱结合的产物，其基本原理是用户用自然语言与机器（即音箱）交流，音箱通过识别用户的语音指令完成相应的任务，其基本内核都是音箱＋人工智能语音系统＋物联网服务＋内容，覆盖的技能包括音乐、新闻、有声读物等内容资源，天气、电话、定时、日程提醒等工具应用，聊天、问答、百科等人机交互。简而言之，过去用户需要通过手机来完成的任务，现在动动口就可以做到，如点播音乐、收听新闻、设置日程、查询信息等，大大提高了生活的便捷性。

算法推荐，是指运用大数据和数学算法建立模型，运用机器大规模地进行信息分发，实现从“人找信息”到“信息找人”的自动化、智能化过程。算法推荐系统的大数据，主要包括三个维度的：一是内容，包括图文、视频、UGC 小视频、问答、微头条等，每种内容都有各自的特征；二是用户特征，包括兴趣标签、职业、年龄、性别、机型等显性特征和用户潜藏的隐性特征；三是环境特征，包括不同的时间、地点、场景、环境下用户对信息的使用、检索、浏览等。此外，还可以整合用户的其他数据，如社交数据、生活数据、消费数据等，为用户画像，从而实现对用户的精准化、个性化推荐。

个人智能助理的典型产品是微软公司推出的“微软小娜 Cortana”，它会记录用户的行为和使用习惯，利用云计算、搜索引擎和“非结构化数据”分析，读取和“学习”

---

① 即太字节，1TB＝1 024GB。

包括手机中的文本文件、电子邮件、图片、视频等在内的各种数据，理解用户的语义和语境，从而了解“用户的喜好和习惯”，“帮助用户进行日程安排、问题回答等”，实现人机交互。手机用户与小娜之间的互动，不是简单的基于存储的问答，而是智能化的对话。

三 人工智能在新闻传播领域的应用

虽然人工智能还处在发展的初级阶段，但新闻传播领域已经对其有了多方面探索并进行了初步应用。2019 年 12 月，新华社首个智能化编辑部正式建成并投入使用，它以人工智能技术为基础，以人机协作为特征，对新闻生产进行全环节、全流程、全系统再造，旨在大幅提高新媒体产品创意创新能力和生产传播效率。目前，人工智能在新闻传播的采集生产、编辑加工、传播分发和审核验假等方面都有落地应用。

（一）人工智能应用于采集生产

2015 年 9 月 10 日，腾讯财经发布了一篇名为《8 月 CPI 同比上涨 2%创 12 个月新高》的文章，文章的写作者为 Dreamwriter。这名作者是腾讯财经开发的自动化新闻写作机器人，根据算法在第一时间自动生成稿件，瞬时输出分析和研判，一分钟内将重要资讯和解读送达用户。

2018 年，新华社的“媒体大脑”在“两会”期间参与了多个热点新闻的制作发布。一是从 5 亿网页中梳理出“两会”热词并在 15 秒内生产出第一条“两会”MGC（machine generated content，机器生产内容）视频新闻；二是对比近 5 年的《政府工作报告》，在一天之内推出“两会”热点观察；三是用人工智能的超高效率解析《最高人民法院工作报告》和《最高人民检察院工作报告》，第一时间生产相关主题的 MGC 视频。

人工智能在新闻采集生产上的应用主要表现在三个方面。一是采集写作设备智能化，如机器人写稿、摄影摄像机智能化、智能录音笔自动转写等；二是软件系统智能化，如智能传感监测系统、AI 定点抓取软件、直播现场采集系统、AI 技术自动拍摄系统等；三是数据协助智能化，如挖掘搜集大量材料提供给写作者，在社交网站自动收集新闻线索，为报道自动匹配图表、图片或视频等，起到丰富完善新闻报道的作用。

（二）人工智能应用于编辑加工

2019 年 10 月 1 日，天安门广场举行了一场盛大的阅兵仪式。中央电视台引入了 AI “剪辑师”，从三军仪仗队亮相开始，AI 引擎就能将阅兵式中的步兵、装甲车辆、花车、游行队伍的大量多机位镜头剪辑成精彩集锦，自动编辑 70 余个机位的画面内容，从队伍出现到剪辑完成平均耗时 90 秒，共计生成成品 86 个，其中步兵方阵 15 个，机械化方阵 32 个，花车群众巡游 39 个视频，无一漏剪，极大简化了编辑工作，提高了编辑效率（见图 1－11）。

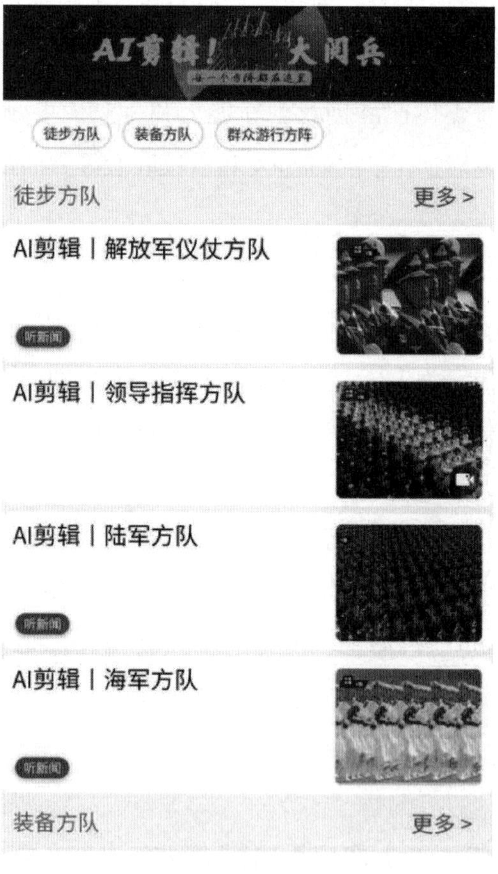

图 1－11　中央电视台 AI 剪辑师智能剪辑的庆祝中华人民共和国成立 70 周年阅兵式视频

在加工编辑方面，通过机器学习人工智能可以完成多项工作：

（1）对文本、图片和视频进行智能化分类，为内容做标注、打标签，自动添加相关内容、专题和互动内容。

（2）对社交网络上的热门分享进行统计分析，筛选有价值内容，截图、编辑排版和发布。

（3）智能识别新闻节目信息，自动根据节目特征将一个完整新闻节目拆分出若干个独立的新闻条目，为新闻后期精细加工提供原料。

（4）理解一个长视频，把长视频里最精彩的片段抽取出来，制成一个个短视频用于回放。

（5）通过对视频内容的理解以及结合画面美学，选择最优的关键帧或关键片段作为视频封面图。

（6）运用语音识别技术将语音转化成文字，为直播新闻现场即时播报添加文字字幕。

（7）检测并识别电视画面里的特定产品、类目，对接广告商品库信息，自动触发对应商品广告，提高广告点击转化率。

中央电视台在中华人民共和国成立70周年的报道中，利用语音智能合成技术制作节目《课本里的新中国》，节目中收录了11位总台著名播音员和主持人朗诵经典课文的片段，用户可以任意选择主播合作完成朗诵。这种方式不仅创新了诵读经典、表达情怀的传统模式，而且满足了用户个性化的需求，让经典更接地气。

（三）人工智能应用于传播分发

将人工智能应用于内容的传播分发时有三种情形：第一种是智能推荐，第二种是机器人陪聊答疑，第三种是虚拟主播的新型播报。

1. 智能推荐

进入移动互联网与大数据时代，用户的个性化需求凸显。以编辑为核心的大众传播模式需要与以用户为核心的个性化、定制化的传播模式结合才能达到更好的传播效果。社交媒体的火爆、微信传播链的构建为人工智能收集用户数据创造了条件。智能推荐在对每个用户进行精准画像和对每篇文章进行定义与标签式的画像后，借助机器深度学习让这两个画像自动匹配，然后向用户推送个性化、符合其个人偏好的内容。

智能推荐大多采用大数据＋算法＋算力的方式，拥有一个庞大的待推荐内容资源池，为个性化用户不断滚动更新内容，且根据个人阅读权重进行实时调整，快速并及时地向用户推荐有需要的、感兴趣的新闻资讯。今日头条、抖音、快手目前都采用算法推荐的智能分发方式拉长用户的阅读、视听时长，增强用户的黏性和依存度。

2. 机器人陪聊答疑

机器人陪聊答疑是一种在线服务型语音交互产品，其原理与智能推荐一样，机器人背后是一个强大的信息资源池，用户通过语音或文字输入的方式提出信息需求或问题，机器人对内容进行智能搜索后得出答案，再将答案推送给用户。

微软公司的“微软小冰”就是这样一款陪聊机器人，它构筑了包括诗歌、金融财报、有声读物、音乐等在内的内容数据库，可以进行基于文本、语音和视觉的内容生成。2019 年 8 月 15 日，第七代小冰发布，产品形态涵盖社交对话机器人、智能语音助理、人工智能内容创作和生产平台等。

2019 年 10 月央视网与百度智能云联合推出一款“AI 帮你找”智能产品，产品依托百度的 AI 技术，将智能语音、智能搜索、智能标签、知识图谱、人脸识别等人工智能技术与央视庞大的视频资源库结合，用户可以通过语音或文字输入的方式精准查找央视直播、节目点播、视频中的某个人物及视频片段、相关延伸视频等内容，帮助用户更便捷地在海量数据中进行快速高效的资源检索。

3. 虚拟主播播报

虚拟主播就是使用虚拟形象和语音合成技术，以视频的方式进行新闻内容传播、发布的主播。

2018 年 5 月 2 日，央视虚拟主持人“康晓辉”亮相屏幕，与央视记者共同主持特别报道《直播长江》，如图 1－12 所示。节目期间，“康晓辉”还用央视主持人、其原型康辉老师的声音说了一段轻快的绕口令，向观众展示了自己高超的“专业实力”。虚拟主持人的形象是通过智能人脸检测生成的，由相关软件精确捕捉真人的面部肌肉运动节点并标记特征点（眼睛、口鼻、眉毛、面部轮廓等），获取面部表情系数并将表情同步至 3D 虚拟形象面部，从而制成 3D 虚拟形象。虚拟主持人的声音则是基于讯飞语音合成技术提供的音库，由语音合成应用平台合成的，具有多种情绪、掌握多种方言、外语。

2019 年 5 月，人民日报社打造的首款人工智能虚拟主播“果果”亮相，每天早上 7 时在“人民智播报”公众号①向观众播报国内外热点事件。据介绍，这款多语种虚拟

① “人民智播报”公众号目前已无法查询到，但部分单条视频可检索到，最近一期节目发布于 2020 年 5 月 19 日。

图 1-12　中央电视台虚拟主持人“康晓辉”

主播利用了语音合成、人脸识别、人脸建模、图像合成、机器翻译等多项人工智能技术，支持多语言新闻自动播报，且支持文本到视频的自动输出，能够便捷地实现从文本到视频的转换。只要用户在控制系统中输入一篇新闻稿，5 分钟后，人工智能系统便会自动生成一段“果果”的新闻播报视频。

（四）人工智能应用于审核验假

互联网时代，对网络上海量、庞杂的文本、图片和视频的审核验假不仅难度大，而且只能依靠人工来完成。进入人工智能时代，大数据和云计算为审核验假的智能化创造了条件，一方面筛选过滤内容，对各种文本、图片、视频等进行识别，鉴“黄”鉴“恐”鉴“暴”，逐渐降低人工审核成本，另一方面还能识别、甄别假新闻。

在审核校对方面，人工智能可以应用在以下方面：

（1）可以采用 NLP 自然语言理解算法有效识别色情、暴恐、涉政、广告、辱骂等文本垃圾。

（2）可以建立声学模型与语言模型，识别语音中存在的涉黄、涉政、广告等违规信息。

（3）可以从公网抓取视频数据对自有版权的视频资源进行鉴别，防止自有版权内容被侵权。

（4）可以通过神经网络算法和实时更新的亿级图像样本库，对图片和视频进行识别以及对色情程度进行量化。

（5）可以通过深度学习算法与相关信息、舆情、预警和分析体系及实时更新的样本图库的结合，快速定位暴恐人物、典型元素和场景以及敏感政治人物。

（6）可以运用人脸识别技术进行政治人物、敏感人物，以及名人明星等人物的面部识别。

（7）可以结合行为分析和时间序列对比技术，对直播和视频中的不良场景如画面模糊、抽烟、画中画、赌博、斗殴等进行精准识别。

（8）可以根据音视频“指纹”，对视频库里的海量视频进行自动查重，对存在版权风险的视频进行播放控制，降低侵权风险。

在甄别假新闻方面，国内外社交平台、互联网公司都在引进人工智能技术：

（1）2019 年推特收购 AI 公司 Fabula AI，意图借助“图深度学习”AI 技术，为推特构建更可靠的假新闻过滤系统。

（2）2019 年电脑软件公司 Adobe 借助人工智能技术识别图片中修过的部分，对“俊男靓女”们赖以为生的瘦脸算法进行还原，使假脸无所遁形，同时还能识别谣言里的合成图像。这成为 AI 识别假新闻图片的重要技术。

（3）脸书与外部 AI 技术公司合作，根据外部核查的结果，为虚假内容打上警示标签，同时也会根据用户的反馈添加“假新闻”标签。如果通过技术核查证实了新闻是虚假的，以及用户在评论或反馈中提到该消息是不真实的，脸书则不会再让该条新闻出现。对于音视频内容，可运用“Who Said What”识别音视频片段中的引用内容，帮助核对相关信息是否真实。

（4）2019 年 4 月阿里巴巴发布的“AI 谣言粉碎机”，依靠深度学习和神经网络技术，通过对信息的多维度和多角度分析，对包含发布信息、社交画像、回复者立场、回复信息、传播路径在内的综合信息进行判定，首次把谣言识别和社交用户观点识别打通，并做交叉分析，最快能够在 1 秒内判定新闻的真实性。目前其应用在特定场景中的准确率已经达到 81%。

【本章思考题】

1. 试析移动互联网的发展演变进程及 5G 对社会的影响。
2. 试析影响中国互联网发展进程的因素。
3. 联系个人的学习和生活，举出一两个智能技术在学习和生活中的应用。
4. 结合新闻传播，举出一两个智能技术在新闻传播实践中的应用。

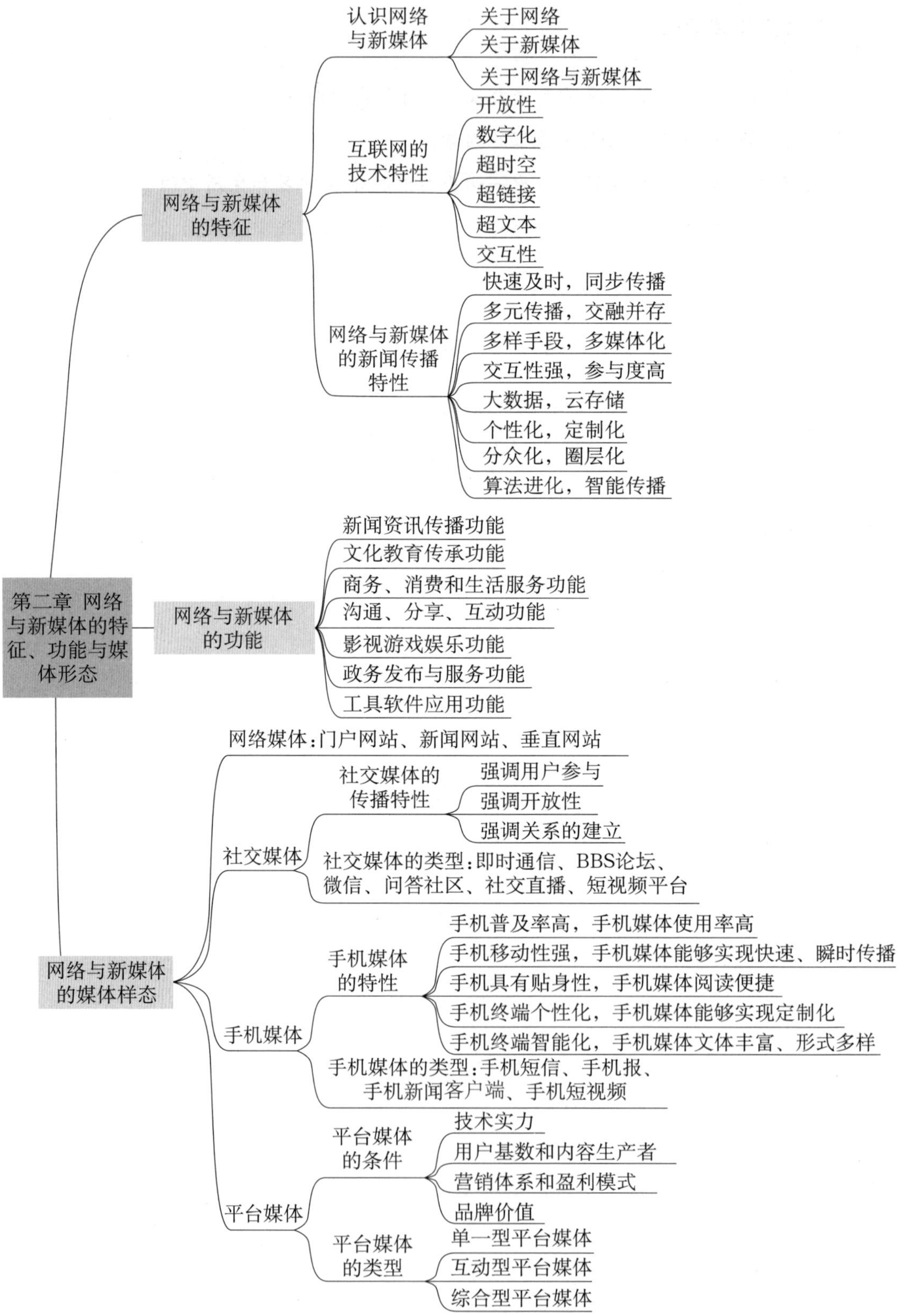
第二章 网络与新媒体的特征、功能与媒体形态
网络与新媒体的特征
认识网络与新媒体
关于网络
关于新媒体
关于网络与新媒体
互联网的技术特性
开放性
数字化
超时空
超链接
超文本
交互性
网络与新媒体的新闻传播特性
快速及时，同步传播
多元传播，交融并存
多样手段，多媒体化
交互性强，参与度高
大数据，云存储
个性化，定制化
分众化，圈层化
算法进化，智能传播
网络与新媒体的功能
新闻资讯传播功能
文化教育传承功能
商务、消费和生活服务功能
沟通、分享、互动功能
影视游戏娱乐功能
政务发布与服务功能
工具软件应用功能
网络与新媒体的媒体样态
网络媒体:门户网站、新闻网站、垂直网站
社交媒体
社交媒体的传播特性
强调用户参与
强调开放性
强调关系的建立
社交媒体的类型:即时通信、BBS论坛、微信、问答社区、社交直播、短视频平台
手机媒体
手机媒体的特性
手机普及率高，手机媒体使用率高
手机移动性强，手机媒体能够实现快速、瞬时传播
手机具有贴身性，手机媒体阅读便捷
手机终端个性化，手机媒体能够实现定制化
手机终端智能化，手机媒体文体丰富、形式多样
手机媒体的类型:手机短信、手机报、手机新闻客户端、手机短视频
平台媒体
平台媒体的条件
技术实力
用户基数和内容生产者
营销体系和盈利模式
品牌价值
平台媒体的类型
单一型平台媒体
互动型平台媒体
综合型平台媒体

第二章

网络与新媒体的特征、功能与媒体形态

互联网具有超时空、超链接、交互性、开放性等技术特征，极大地满足了新闻报道的时效快、覆盖广、受众效果好等需求，催生了网络媒体、社交媒体、手机媒体、平台媒体等多种媒体形态。随着移动互联网的广泛普及，媒体的功能从单一的新闻传播走向多功能、多价值，包括资讯传播、文化教育传承、生活服务、沟通分享、影视娱乐、政务发布和工具应用等。

第一节 网络与新媒体的特征

互联网是计算机技术、网络技术和数字通信技术相结合的产物，了解网络与新媒体的特性，需要先认识什么是网络与新媒体，认识互联网的技术特性。我们看到，网络与新媒体的技术特性与新闻传播的要求几乎无缝对接，在新闻传播层面得到最大化的发挥和呈现，开放性、超文本、超链接、超时空、交互性、数字化的特征极大地体现出新闻资讯传播所要求的快速及时、大范围覆盖、实时互动等特性。

一 认识网络与新媒体

虽然网络与新媒体是新闻传播学的学科方向，并作为一个专业列入教育部教学规划，但是在实际的学科研究和业界业务探索中，很难看到将此二者并列相提的论述。如何理解“网络与新媒体”这一概念？这一概念是分别指代两种内涵还是应将二者融合在一起去认识和理解呢?

(一)关于网络

网络(network)是指由节点和连线构成,使各类孤立的机器或个体相互关联而形成的一个传输、接收并共享信息的系统。“网络”一词的使用广泛而久远,生活层面中常见的有交通网络、服务网络,社会层面中常见的有人际网络、政治网络,传播层面中有电信网络、有线电视网络、计算机网络(俗称“三网”)。

计算机网络是用通信线路和通信设备将分布在不同地点的多台计算机系统互相连接起来,按照共同的网络协议,实现互联互通、软硬件资源共享的系统。目前计算机网络进入以高速、多业务、大数据量为核心的高速互联网时代,拥有有线网络和无线网络,以及以传感器为连接的物联网。正在发展中的还有车联网、语义网、智能互联网等。

网络是一种架构,也是一个系统,构建整个架构需要无数个节点以及运行于系统中的各种应用。节点就是我们现在看到的各类终端,传统的有电脑、笔记本电脑、平板 PC 二合一电脑、手机、平板电脑、电视屏等,新兴时尚的有各种可穿戴设备,包括眼镜、手表、手环、项链、运动鞋等。应用则包罗万象,有传统 PC 端的网站、论坛、博客、微博、电商、游戏,也有移动端的各类 App 产品,以及开放平台上数以百万计的插件。今天的互联网似乎是一个筐,什么都能往里装,新媒体只是这个筐里的一个产品。

(二)关于新媒体

一直以来,对于新媒体这一概念,人们众说纷纭、各执一词,业界和学界都尚未给出一个标准化的定义,当下已有的对新媒体进行的界定又都不能成为各方认同的定义。在此简单罗列一些曾有的“新媒体”定义。

美国《连线》(*WIRED*)杂志对新媒体的定义:“所有人对所有人的传播。”

联合国教科文组织对新媒体的定义:“以数字技术为基础,以网络为载体进行信息传播的媒介。”

“新媒体是基于计算机技术、通信技术、数字广播技术等,通过互联网、无线通信网、数字广播电视网和卫星等渠道,以电脑、电视、手机、PDA、MP4 等设备为终端的媒体。能够实现个性化、互动化、细分化的传播方式,部分新媒体在传播属性上能够实现精准投放、点对点的传播，如新媒体博客、电子杂志等。"①

其实，无论是定义还是"论"说，都是互联网发展早期的论争，现在已不再纠缠也不再强调一定要给予"新媒体"一个清晰的界定。因为技术在不断发展，过去理解的新媒体包括网站、社区、DVD 和 CD－ROM 媒体等媒介形态，现在 DVD 和 CD－ROM 几乎绝迹，而各种新的应用层出不穷；过去如日中天的门户网站、博客、播客等，现在也逐渐式微甚至遭遇退出舞台的尴尬。但关于新媒体，一个基本的共识是其存在两个显著特征：一是技术的特征，包括网络技术、数字技术、移动技术、云计算技术、智能技术等已经出现或未来前瞻的技术；二是媒体的属性，无论是网站、客户端还是其他应用，都必须具备媒体的功能、价值、传播链和传播效果等。

（三）关于网络与新媒体

分别认识和理解了网络与新媒体后，那么对于教育部设置的"网络与新媒体"专业，就可从以下两个方面进行理解。

第一，网络是基础设施，新媒体是建立在基础设施之上的一类应用。正如早期把网络比喻为信息高速公路，那么新媒体就是跑在高速公路上的车。在这条高速公路上，除了新媒体这辆车，还有电子商务、游戏、搜索引擎等各种车辆。从技术角度看，网络这一基础的信息高速公路在不断得到翻修、提升，速度越来越快，路面越来越宽，条件越来越好。因而，跑在信息高速公路上的新媒体"车"就越来越多，样式越来越新，越来越需要适应这条路的发展。

第二，网络被认为是基于有线网络的、以 PC 计算机为终端的 Web 网上的各类网站及社交媒体；新媒体被认为是基于移动网络的、以手机或平板电脑为终端的 WAP 网及各类应用。网络与新媒体被认为是分属两个阶段的不同的互联网网站或应用，都属于以互联网技术、数字技术作为支撑的新传播平台或新媒介形态。

总之，对于网络与新媒体的理解要本着动态的思维，从网络与数字技术动态发展的逻辑出发，了解网络与新媒体的内涵与外延。因此，不需要拘泥于一定要给其一个固定不变的含义，把握住网络与新媒体的技术特征、传播特性反而更为重要和有意义。

---

① 互联网实验室．中国新媒体发展研究报告（2006—2007）简版［EB/OL］．（2018－08－22）［2020－02－17］．https：//max. book118. com/html/2018/0818/8133103065001120. shtm.

二 互联网的技术特性

自互联网诞生之日起，网络与新媒体就被贴上了“自由、平等、开放、共享”的标签，人们也开始认识和发掘其特性。从目前对网络技术、计算机技术和数字通信技术的开发角度看，互联网具有六大技术特性。

第一，开放性。这是互联网最本质的特性，也是其他一切技术特性的基础。网络的开放性表现在系统开放、传播开放、用户开放三个层面。系统开放，包括不同硬件共存、不同软件系统共存、不同网络共存；传播开放，包括时空开放、信源开放、信道开放、内容开放和反馈开放；用户开放，包括进入无限制、退出无限制、表达无限制、互动无限制。

第二，数字化。这是互联网实现互联互通的前提。所有复杂多变的信息都可被转变为可以度量的数字、数据，再以这些数字、数据建立起数字化模型和二进制代码。这样所有的声音、文字、图像都被转化为了数字化的形式，且可以对其进行数字化的记录、传输与处理，因而有了多种表现形式融为一体的超媒体。互联网的数字性，带来了网络与新媒体信息存储的海量性。在服务器数量可以无限量增加的前提下，将所有内容压缩为数字或数据后，就能进行无限存储，使互联网空间好似无边无际的海洋。如果没有数字化这一特征，便不会有今天的大数据。

第三，超时空。互联网不受时间和空间的限制，只要拥有一根网线、一台计算机，世界上任何一个角落的任何人都可以通过互联网接收和传播信息。而随着无线网络技术的发展，4G、5G 的应用，我们已经可以抛弃网线，通过无线网络随时进入网络世界。曾经的“地球村”构想在今天已经成为现实，互联网构成了一个跨地域、跨国界、跨文化、全球一体的传播空间。

第四，超链接。超链接是网络与新媒体中两个元素、对象之间借助网络技术实现连接关系的一种基础技术。超链接可以存在于网站与网站之间，一般采用绝对 URL 的超链接方式；也可以存在于同一个网站内一个目标与另一个目标之间，目标可以是一页文本、一张图片、一个视频文件、一个电子邮件地址，甚至可以是一个应用程序，一般采用相对 URL 的超链接方式。网站与网站之间建立连接后才能形成互联网，网页与网页之间建立连接后才能构成网站。超链接需要借助一些计算机的语言符号来实现。

第五，超文本。超文本是一种根据信息之间的关系非线性地存储、组织、管理和浏览信息的计算机技术，它的本质是在文本内部和文本之间建立关系，然后采用超链接的方式，实现不同空间的文字信息间的快速访问、实时交互，从而将原本单一的文本变成可以无限延伸、扩展的超级文本、立体文本，将原先的线性文本变成可以通向四面八方的非线性文本，最终构成一个庞大的文本网络。读者可以在任何一个关键节点上停下来进入一个文本，然后再通过点击超链接进入另一个文本，理论上，这个过程是无穷无尽的。

第六，交互性。互联网的交互性体现在两个方面：一方面是人与机器的互动，另一方面是人通过机器与他人的互动。在这种双向的信息交流活动中，用户不仅是网络信息资源的消费者，同时也是网络信息资源的生产者和传播者。网络技术的发展为网民提供了便利的交互手段：电子邮件、社区论坛、即时通信、留言评论、博客、播客、威客、掘客等等，手段越来越丰富，形式越来越简单，使用越来越便利。

三　网络与新媒体的新闻传播特性

互联网的媒体属性是其诸多功能性属性之一，互联网的技术特性在与新闻传播规律结合后，形成了网络与新媒体的新闻传播特性，主要表现为以下几点。

第一，快速及时，同步传播。互联网的开放性与超时空特性决定了网络与新媒体的新闻传播具有及时快速的 5A 特征，即任何一个人在任何时间、任何地点通过任何方式向外传播任何事实。而且，由于光纤通信线路传递数字信号的速度能达到 30 万千米/秒，因此，所有的文字和图片传播几乎都可以做到“秒杀”，用户只要联网就可在第一时间知晓当前所发生的一切新闻事件。随着 5G 网络的普及，未来能够实现“秒杀”的还有视频和 VR、AR、MR。

第二，多元传播，交融并存。互联网将人际传播、群体传播、组织传播、大众传播等各种传播方式融于一体，借助它，不仅可以实现面向全社会的开放性大众传播，而且可以实现“点对点”的人际传播（如电子邮件、即时通信）、小范围的群体传播（如论坛、贴吧、朋友圈、微信群等）、组织机构或单位的组织传播（如微博账号、微信服务号等）。

第三，多样手段，多媒体化。互联网是对电脑、电视、录音机、电话机、游戏机、传真机等媒体性能的汇总，或者说是各种传统媒介的大熔炉，它将以往各自独立的、单一性的传播手段如文字、声音、图表、图片、视频等融合为一体，并根据需要从一种手段转换到另一种手段，或者让几种手段融合，做到图、文、声、像并茂，实现多媒体的融合传播。现在的传播手段中，除了常见的文字、图片、音视频外，还有可视化图表、HTML5、动新闻、数据新闻、游戏新闻、GIF 动图、短视频、直播等。

第四，交互性强，参与度高。网络与新媒体传播与传统的印刷传播、电讯传播的最大不同之处就在于交互性。一方面，互联网的各种技术应用如新闻留言、论坛、博客、微博、社区等便于用户发表意见、提交看法、反馈信息，实现传统媒体很难达到的高度互动；另一方面，网络传播中传受双方的角色位置可以方便、频繁地变换，传受者之间的界限日益模糊。

第五，大数据，云存储。互联网将全世界的计算机连为一体，技术创造的网络时空，几乎可以将全世界的新闻信息全部容纳其中，构建一个巨大无比的在线数据库。进入 Web2.0 时代，传播主体多元化，“人人皆为信息源”的态势更使得网络信息如江河入海，海量无限，生生不息。同时，云计算技术的出现让网络与新媒体的海量大数据可以实现云端存储，减少媒体机构的存储负担。对大数据进行挖掘和分析，将新闻资讯与用户的阅读行为、阅读习惯、阅读偏好结合，还可以实现智能、精准的新闻资讯推送。

第六，个性化，定制化。随着新技术的发展和对算法推荐的应用，网络与新媒体在满足用户个性化需求方面越来越具有优势。我们过去将新闻传播称为大众传播，这种一对多的模式自然无法照顾每个用户的个性化需求，也没有条件使用户自由定制新闻资讯。目前，虽然 PC 端能够满足用户自定义的内容还不是很多，但在移动端，基于“人手一机”的手机普及率现状，也基于移动端的高度贴身性，用户更希望能进行内容的个性化定制，阅读自己喜欢的内容，并随时进行互动反馈等。

第七，分众化，圈层化。这一特征的形成，主要因由是平台技术的支持、社交的低成本与便利性、社会角色的网络呈现等。用户群体在网络环境中极易因为兴趣、身份、区域的不同而分化为各类圈群或圈层，各类社交平台则提供了低门槛的建群方式，如面对面建群、发起群聊、建立群话题等，非常易于用户直接进入相应圈群，从而形成一种圈层连接。在圈群中，社交方式简单、社交成本低廉、社交进出自由、社交话题松散，这些特征都有利于圈群中的成员进行互动，进而增强了圈群的黏性与信任度。此外，每一个体在社会上都扮演着不同角色，线下的角色分工必将随着数字化生活、网络化生存的到来而迁移到线上，组成一个个形色各异的圈层。

第八，算法进化，智能传播。5G 的发展和应用让每一个物件都可以成为传感器，让每一个环境都可以变成数据源，用户的每一个行为和痕迹都可以被纳入数据库，海量、多样化的大数据推动着算法不断进化，结合云计算提升的算力，网络与新媒体传播逐渐从传统的编辑传播、经验传播走向场景化的机器传播与智能传播。

以上八个特性，在PC端和移动端都有体现，但由于两种终端的特征不同，在表现形式上也有所差异。比如，在快速同步传播上，移动端的速度显然要快于PC端，这种快不单指发布快，还包括用户能更快地接收到新闻资讯，更快地进行实时交互。但是，在多样化的手段上，PC端与移动端各有优势：PC端手段更多，展现层次更丰富，用户体验效果更佳；移动端手段较少，但在手段中可以加入更多交互，呈现出另一种沉浸式的传播效果。智能传播在移动端的优势更明显，但PC端也在尝试通过技术实现匹配分发。手机的高度普及让用户形成了在碎片化时间、场景化地点浏览新闻资讯的习惯，用户在移动端的停留时间也更长，因而，移动新闻传播的覆盖面与到达率都在扩大和提高，传播效果也愈加优化。

第二节 网络与新媒体的功能

互联网诞生之初，便有一些问题被反复提及：互联网是什么？新媒体又是什么？有人说是媒体，有人说是工具，还有人说是交易渠道。经过多年来人们对互联网、新媒体的使用和实践，可以看到，互联网的功能不是单一的，它是多功能的综合体，具有多平台的价值属性，包括新闻资讯传播，文化教育传承，商务、消费和生活服务，沟通、分享、互动，影视游戏娱乐，政务发布与服务，以及工具软件应用等功能。

一 新闻资讯传播功能

新闻资讯传播功能是网络与新媒体的基本功能。在历年的《中国互联网络发展状况统计报告》里，网络新闻、移动新闻都是用户使用互联网时的主要选择，一直位列前五名。特别是移动互联网出现以来，随时随地浏览信息的便捷性更强化了网络与新媒体的新闻资讯传播功能。

在网络与新媒体中，新闻资讯信息的来源较为广泛，包括传统媒体内容的数字化、网络化和移动化，新闻网站、门户网站和垂直网站的整合与原创内容，政务新媒体和自媒体的细分化内容。相应的发布渠道和内容产品也较为丰富多样，PC 端主要有网络媒体、商业网站、电子报纸、电子杂志、网络广播、网络视频、网络文学、网上图书馆、网络新闻直播等，移动端的有手机新闻客户端、手机报、手机网、手机电视、手机电台、手机阅读、手机图书馆、移动直播等，还有以资讯发布为主的第三方平台，如微博、微信、今日头条号、抖音、知乎等。

相比传统媒体，网络与新媒体的新闻资讯传播功能更强大，快速、及时、海量的优势让网络与新媒体的新闻资讯成为用户的“日消品”“快消品”。用户不仅是浏览新闻资讯、消费信息的个体，而且能不断创造内容，并成为新闻资讯的二次、三次传播者，这在一定程度上拓展了新闻资讯的广度和深度，延伸了新闻资讯的传播链条，更强化了网络与新媒体的新闻资讯传播功能。

二 文化教育传承功能

在中国文明网里有个叫作“我的家乡戏”的栏目，栏目收集了近百种全国各地、各民族的戏剧剧种，每一个剧种下方首先是两句简单的点睛推介，然后以文字、图片、声音等形式对该剧种的知识、常识、历史、背景资料进行全面介绍，最后是一些家乡戏经典曲目或片段的音视频唱段。中国传统文化中的百余剧种在“我的家乡戏”栏目里一目了然，可浏览、可收听、可点播，图 2－1 即为中国文明网“我的家乡戏”栏目页面。这不仅是对传统戏剧文化的保护和传承，更是打开了一扇教育之门，让年轻用户有了在线了解戏剧知识、学习演唱家乡戏的机会。

图 2－1 中国文明网“我的家乡戏”栏目

在网络与新媒体中，承载文化教育传承的平台和方式多种多样，包括以下几类：

（1）传统文化的数字化、网络化、移动化。

（2）历史、文化、知识的在线数据库。

（3）文化教育类网站、客户端、公众号和小程序。

（4）在线图书馆、博物馆、文史馆、档案馆。

（5）在线教育课堂、公开课、在线大学。

（6）网络文学、网络小说。

（7）知识问答、知识百科、知识游戏、名人知识堂。

（8）答题直播、课程直播。

网络与新媒体在文化教育传承方面，具有传统传播方式无可比拟的优势。海量的网络空间几乎可以容纳人类社会所有的知识文化和文明成果，超文本的形态可以让文化、知识数据以数字化、多媒体、虚拟现实等多样化形式呈现，而超链接的技术则让人类知识跨越了时间、地域、语言等界限，并使互联网成为时时刻刻可以调阅的身边的大百科全书。

三 商务、消费和生活服务功能

商务、消费和生活服务功能是网络与新媒体特有的、能够较大程度改变社会经济和民生生活的功能。这一功能的特点主要表现在以下三个方面。

一是以数字技术、网络技术为手段，以建立信息化和网络化的工业互联网为核心，把原来传统农业、工业、商业的生产、销售、采购、营销等移植到互联网上来，打破国家与国家、地区与地区间有形无形的壁垒，使生产达到全球化、无形化、个性化、定制化。同时，还可以将采购供应链和营销渠道等商务交易站点建立在虚拟的数字化空间里，借助网站或应用来展示商品，利用多媒体特性来强化商品的可视性和自主选择。

二是利用互联网开放性、超时空的特性来满足个人与个人、个人与企业、企业与企业的异地交易、远程交易、网络营销等消费需求。主要应用包括 B2B、C2C、B2C、在线支付、网上和手机银行、在线招聘、旅游查询预订等等。随着在线支付方式和支付平台的多样化，用支付宝、微信支付、手机银行、京东白条、花呗等完成支付的无现金消费习惯逐渐形成，物流、配送解决了交易最后一公里的障碍。互联网的消费功能不仅便利了民众的生活，而且成为数字经济的重要支撑。

三是移动互联网与地图结合让本地化的生活场景服务得以实现，外卖、打车、买菜、电影演出、超市便利店等几乎都提供了线上服务，就连火爆餐厅的就餐排队、预约订座也可以通过小程序、公众号来实现。以前热门旅游景点需要现场购买门票、排长队等候进入，现在只需扫描一个二维码或者进行简单的身份验证就可以快速进入，景点前的排队“长龙”不复存在了。

四 沟通、分享、互动功能

沟通、分享、互动功能是网络与新媒体最本质的功能，也是今天网络与新媒体拥有巨大影响力的根本原因。

网络与新媒体的基本特性之一是互动连接，连接使网络与新媒体中个体与个体、个体与群体、群体与群体之间实现了多元化、多样性、多向度的互动传播。同时，数字技术、网络技术为这些互动传播活动提供了平台、产品和工具，兼跨 PC 端和移动端的有电子邮件、即时通信、论坛、留言、社会化网络社区、博客、播客、微博、知识问答、互动答题等，移动端还有独有的微信朋友圈、微信群、摇一摇、社交直播、扫一扫等。

沟通、分享、互动功能让网络与新媒体成为“活体”，不仅激发出身处其中的每一个人的知识、价值和智慧，而且个体、群体还能在互动中相互影响、相互作用，运用互动完成用户的拉新、促活、留存，而有更多用户加入的网络与新媒体自然能够生产出更多的原创内容，有了更多人参与的互动话题便能够传播更多的互动议题，整体上提升网络与新媒体的互动力和影响力。

之所以说沟通、分享、互动是网络与新媒体最本质的功能，是因为互动平台已经不再是功能单一的交流工具，而是成为多功能的集合体。比如以微信为代表的手机即时通信，图、文、音视频聊天是其基本功能，微信群、朋友圈是第一层的群体交互功能，订阅号之下的资讯、娱乐及服务号之下的微商、企业机构是第二层的推送功能，京东购物、美团外卖等是集成了第三方业务的生活服务功能。如此一来，作为互动产品的手机即时通信已然成为综合化的平台，成为移动互联网的重要入口。

五 影视游戏娱乐功能

根据中国互联网络信息中心发布的《第 48 次中国互联网络发展状况统计报告》，

网络娱乐类应用是用户规模较大、种类较多的领域，包括网络视频（含短视频）、网络音乐、网络游戏、网络文学和游戏直播等。特别是网络视频，用户规模仅次于即时通信，网民使用率达到 93.4%。由此可见，影视游戏娱乐功能是一种用户覆盖面广泛、使用频次较高、使用时间较长的功能。

从互联网的技术特性上看，用户在网络与新媒体端的消费娱乐内容可选性更强，体验更好，愉悦度更高，互动更直接，这些都强化了网络与新媒体的娱乐功能。以视频平台为例，庞杂的电视剧、电影、综艺、动漫等核心产品能满足不同层级用户的多样化需求，以 IP（intellectual property，知识产权）为中心，平台向游戏、电竞、音乐等品类拓展，形成视频内容与音乐、文学、游戏、电商等领域协同的娱乐内容生态，便于用户一站式享用娱乐资源，而弹幕直接扩大了用户互动交流的空间，提升了享用娱乐内容的愉悦感，同类视频、音乐的推荐则增强了智能化和搜寻好内容的效率。

在互联网的内容产品里，能够让用户付费的主要是娱乐产品，包括视频网站和音乐网站的会员费，游戏装备购买、娱乐直播的付费打赏。QuestMobile 发布的《QuestMobile 2019 付费市场半年报告》显示，2019 年 6 月爱奇艺、腾讯视频、优酷付费用户活跃率分别为 24%、22.6%和 19.6%，付费用户 14 日留存率分别为 58.3%、57.5%、42.9%。从用户愿意付费到付费后留存下来，说明用户对网络与新媒体的娱乐功能是满意的，娱乐功能对于用户而言是不可或缺的。

六 政务发布与服务功能

《第 47 次中国互联网络发展状况统计报告》显示，截至 2020 年 12 月，我国互联网政务服务用户规模达 8.43 亿，占网民整体的 85.3%。我国共有政府网站 14 444 个，主要包括政府门户网站和部门网站，经新浪平台认证的政务机构微博为 140 837 个，各级政府共开通政务头条号 82 958 个，开通政务抖音号 26 098 个。以国家政务服务平台为总枢纽的全国一体化政府服务平台不断完善，国家政务服务平台陆续接入地方部门各级各类 500 多万项政务服务事项和 1.1 万项便民服务应用，已经成为“一网通办”的重要支撑。

《国务院办公厅关于推进政务新媒体健康有序发展的意见》指出，政务新媒体是移动互联网时代党和政府联系群众、服务群众、凝聚群众的重要渠道，是加快转变政府职能、建设服务型政府的重要手段，是引导网上舆论、构建清朗网络空间的重要阵地，是探索社会治理新模式、提高社会治理能力的重要途径。

根据联合国发布的《2020 联合国电子政务调查报告》，我国电子政务发展指数为 0.794 8，排名从 2018 年的第 65 位提升至第 45 位，电子政务水平和能力全方位提升。目前，政务新媒体建成了以中国政府网为龙头，政务移动客户端、政务小程序、第三方平台政务资讯（政务微博、政务微信订阅号与服务号、政务抖音号、政务头条号等）、在线政务留言板与问政、政务在线直播和第三方平台城市服务等协同发展的政务新媒体矩阵，提供政务公开、解读回应、政民互动、网上办事的一体化在线政务服务功能。图 2-2 显示的就是包括国务院客户端、国务院客户端小程序、中国政府网微博、中国政府网微信以及中国政府网头条号在内的国务院政务新媒体矩阵。

为了强化网络与新媒体的政务服务功能，2019 年 4 月国务院办公厅制定发布了《政府网站与政务新媒体检查指标》和《政府网站与政务新媒体监管工作年度考核指标》，对政务新媒体的日常工作进行常态化监督管理，逐步解决部分政务新媒体存在的信息发布不严谨、建设运维不规范、监督管理不到位等问题。

七 工具软件应用功能

利用互联网的开放性提供各类软件、各种工具及相关网络服务，是网络与新媒体的基本功能，也是互联网从诞生伊始到今天唯一不变的功能。实现这一功能的主要应用包括搜索引擎、Tag、收藏、分享、Widget 个性化定制、BT 下载、FTP 文件传输等等。对于移动终端来说，还有更多的工具性功能，如语音通话、视频通话、手机短信、拍照及照片上传、拍视频及视频上传、通讯录的云存储、手机搜索、手机定位、手机地图、手机上网、蓝牙共享、二维码、短视频剪辑。

工具软件应用功能随着技术的进步、用户的需求、产品的更迭而发生着变化。有些工具软件是“常青树”，用户永远需要，比如搜索引擎等；有些逐渐被淘汰，比如 FTP 文件传输、BT 下载；有些发生了升级迭代，比如收藏变成了网盘、云盘；有些则彻底改变了互联网业态，比如二维码、短视频剪辑。

目前，生活中最常用的二维码已从工具变成了连接器，“扫一扫”代替了名片、现金、查询、促销、参会等，被用于人际交往、消费交易、获取资讯和优惠券、参会签到等。其实，二维码技术始于 20 世纪 80 年代末，具有“高密度编码、信息容量大、

图 2－2　国务院政务新媒体矩阵

编码范围广、容错能力强、译码可靠性高、成本低、易制作、持久耐用”等优点，但作为一种全新的信息存储、传递和识别技术，被广泛应用于各行各业还是在手机的相机功能普及起来后。2006 年，天津的《每日新报》推出扫描报纸端二维码阅读多媒体内容的业务，但由于当时智能手机尚未普及，带有摄像头的移动终端较为稀缺，二维码项目黯然夭折。而如今，二维码已经彻底改变了移动互联网的生态，成为连接一切的连接器。

第三节 网络与新媒体的媒体样态

1998 年 5 月，联合国新闻委员会提出，在加强传统的文字和声像传播手段的同时，应多多利用最先进的第四媒体——互联网。自此，互联网作为继报纸、广播、电视之后的“第四媒体”的身份正式得到承认。经过二十多年的发展，互联网作为“第四媒体”的内涵不断丰富、细化，出现了网络媒体、社交媒体、手机媒体和平台媒体等媒体样态。每一种媒体样态都有各自的技术特点与传播规律。

一 网络媒体

网络媒体是最早在互联网上传播新闻资讯的、最基础的样态，以网站的形式呈现。网站是根据一定的互联网规则，使用 HTML 语言制作的用于展示特定内容的网页集合。网页是一个网站的基本构成单元，包括内容、图形、图像、图示、音视频、链接、色彩、特效等元素。网页是网络媒体发布信息、传播信息的载体，类似报纸的版面。

相比传统媒体，网络媒体的优势是传播范围广、存留时间长，能实现文字、图片、音视频、AR、VR 等传播符号的有机结合，具有信息量大、发布速度快、互动性强、方便检索查询等特点。网络媒体以大众传播为主，需要大量编辑人员人工参与内容的生产和发布，编辑通过整合新闻、制作专题、开展直播、编排内容位置，以及运用动静、色彩等页面语言等来设置议题，表达思想。

网络媒体的网站类型有门户网站、新闻网站、垂直网站。

门户网站，是指提供某类综合性互联网信息资源和信息服务的应用系统，通过对内容、服务的自我集成或超链接，提供网络与新媒体的所有功能，是用户上网的入口。进入门户网站，类似进入“网络超市”，其业务类型包罗万象，有新闻、搜索引擎、邮箱、影视娱乐、电子商务、网络社区等，用户可以自主选择、自由跳转、自如表达。门户网站凭借内容和用户的双重聚合产生了亿级的流量和庞大的用户群，用流量和用户数吸引广告投放，广告是门户网站的主要盈利来源。国内知名的门户网站有新浪、搜狐、网易、腾讯。随着移动互联网的兴起，门户网站逐渐式微，转向移动端的手机网和手机新闻客户端。

新闻网站，是指经国家有关部门批准，获得互联网新闻信息服务许可证、依法建立的互联网站。广义的新闻网站包括传统媒体创建的网站、发布新闻资讯的门户网站、行业网站、垂直网站和政府网站，狭义的新闻网站特指中央新闻单位、中央国家机关各部门新闻单位以及省、自治区、直辖市和省、自治区人民政府所在地的市直属新闻单位依法建立的互联网站。具体包括中央级的国家重点新闻网站、省级新闻网站和依托传统媒体建设的新闻网站。新闻网站是目前互联网上新闻原创内容的主要生产者，网络舆论的引导者，网络信息内容生态的主要建设者。但新闻网站也存在内容同质化、盈利手段单一、互动参与度低的问题。

垂直网站，是指针对某一特定领域、某一特定人群或某一特定需求提供有一定价值的信息和相关服务的网站，多为行业细分网站，比如房地产网站、医疗健康网站、教育网站、旅游网站、电商网站等，母婴、女性、大学生等特定人群的网站和视频、音乐等特定需求的网站也都属于此类。垂直网站专注具体、深入的纵向服务，力求做到在特定领域内信息全面，内容深入，周到、细致地服务某一群体，但不收集这个领域外的闲杂信息，也不提供领域外的服务。垂直网站的用户领域化、对象化，分类广告和会员费是其主要的盈利来源。

二　社交媒体

相较于传统的网络媒体，社交媒体有两个关键词：UGC（user generated content，用户生产内容）和 CGM（consumer generated media，消费者生产媒体）。用户积极、有效的参与，为互联网提供了海量但庞杂的新闻资讯；基于各类新闻资讯及用户间建立的互动、关系，诞生了各种带有自媒体性质的社交媒体产品，有即时通信、BBS 论坛、博客、SNS、视频分享等。

（一）社交媒体的传播特性

作为一种以互动为前提的网络应用，社交媒体具有鲜明的属性与传播特征。

第一，社交媒体强调用户参与，鼓励人们发布、评论、反馈和分享。一切源于用户，一切回归用户，用户在奉献内容的过程中获得信息、建立关系。用户的高强度参与，造就了社交媒体的传播特征，即基于口碑的人际传播、群体传播成为主要传播方式。

第二，社交媒体强调开放性。从信源开放、信道开放到参与方式开放，社交媒体借助开放来获得更广泛的传播和更大量的用户，不仅提升了网络传播速度，更扩大了网络传播的覆盖面。比如，网络危机公关在传统网络媒体时代遵循的是“黄金 4 小时法则”，而到了社交媒体时代则缩短为“1 小时定律”；传统网络媒体从 0 到 1 亿用户用了五年时间，而社交媒体只花了不到一年的时间。

第三，社交媒体强调关系的建立，以个体为原点向外一层层延伸、拓展“follow”（关注）与“fans”（粉丝）的关系。各种类型的关系连接，使得社交媒体的网络传播有更高的黏度与可信度，有更强的裂变式传播效果。

其实，社交媒体还有更多的特性，如草根性、便利性、及时性、融合性等，但很显然，用户、参与、开放、关系、连接是社交媒体的根本特性，也是社交媒体作为内容生产与传播平台的出发点与落脚点。

（二）社交媒体的类型

社交媒体的类型越来越多样化，从一对一、多对多的人际传播、群体传播产品到今天的混合传播、融合传播的社交媒体产品。常见的社交媒体类型主要有即时通信、BBS 论坛、博客、SNS、微博、微信、问答社区、社交直播和短视频平台。①

即时通信是通过下载客户端来进行点对点或点对面发送、接收信息的一种互动方式。早期的即时通信只是单纯的聊天工具，现在已逐渐集成了电子邮件、博客、音乐、电视、游戏和搜索等多种功能，发展成集交流、资讯、娱乐、搜索、电子商务、办公协作和企业客户服务等为一体的综合化信息平台。移动互联网随时随地的特性让即时通信的应用更加广泛。因此，无论是 PC 端还是移动端，即时通信都是网民的第一应用。

BBS 论坛是一种所有人经过注册都可以进入并发布内容的互动空间，可以进行一对一的交流，可以进行一对多的互动，也可以进行多对多的发言。BBS 论坛可以被看

① 博客、SNS、微博已在第一章第一节的“Web2.0 时代的互联网应用”中得到了介绍，此处不再重复。

作公共集会在网络上的延伸，用于在网络上表达公共意见、传递公共舆论。网络的匿名性使BBS论坛的表达更广泛、直接，网络存储的海量性使表达的意见得以长期保存、随时检索，网络中的“巨型”网民使意见的形成和传递更快速、高效。国内著名的BBS论坛有强国论坛、天涯社区、西祠胡同、铁血社区等。BBS论坛是Web1.0时代众声喧哗的主要舞台，一度成为反腐败的“主战场”。但在移动互联网时代到来后，BBS论坛逐渐衰微。

微信是一种可以让个人、企业和组织在移动端进行内容发布、服务管理和交流互动的移动应用程序。借助这一程序，个人、企业或者组织可以建立微信公众账号（包括订阅号、服务号、企业号），向特定群体发送文字、图片、语音、视频等，对外用于新闻传播、宣传推广、用户服务、商务营销等，对内实现组织传播、内部管理和服务。微信以强关系连接为传播属性，一方面具有传播主体多样化和自主性强、内容多媒体化、传播方式实时裂变等与微博类似的特性，另一方面具有以语音为特色的多媒体传播、以圈群为对象的病毒式传播和以推送为特征的精准传播的特点。根据《2019微信数据报告》，截至2019年9月，微信月活跃账户数超过11亿，是互联网上的超级App。

问答社区是一种类似于论坛中分论坛、细分频道的互动社区。在问答社区中，一方面用户可以在线发起问题，由具备专业知识的人或群体对问题进行回答；一方面用户可以围绕某一感兴趣的话题设置讨论组，和自己关注的人、关注自己的人共同探讨、交流。问答社区连接各行各业，用户不分三六九等，通过关注话题、关注问题、关注回答三个层次重建了人与人、人与信息、信息与信息之间的关系，分享着彼此的知识、经验和见解，基于问答的内容生产方式和独特的社区机制，成为互联网上的公共知识平台，也是自主原创信息的重要来源之一。国内知名的问答社区知乎用“谈笑有鸿儒，往来无白丁，无微博之乱耳，无SNS之劳形”描绘了知乎的社区氛围，分享、认同、尊重、满足是问答社区的DNA。

社交直播是一种个人用户利用网络直播软件和直播运营商提供的平台，在直播间中以视频的方式进行在线表演，并与关注者交流、沟通和分享的社交互动行为。社交直播的表演者称为主播，表演的内容从技艺展示、知识课堂、生活现场到产品介绍，不一而足。从传播角度看，社交直播更偏向一对多的大众传播，即主播对关注者或偶然进入直播间的陌生用户的大众传播，但由于社交直播的关注用户之间也能形成圈群，因此这种直播就在一定程度上带有了社交属性。社交直播沟通性更强，传播效果更直接，因而有了今天特别火爆的“电商带货”和“送礼物”的盈利模式。

短视频平台是一类从 PC 端视频分享升级到移动端的新型视频社交媒体，也是博客的短视频版。短视频影像直观，内容多样化、草根化、个性化，制作门槛和成本都很低，用户在短视频平台开设账号，上传时长在 5 分钟以内、记录个体的日常生产、生活点滴的视频影像，易于用户在移动端收看，特别是对那些在写作和阅读文字内容方面有障碍的用户群体而言，碎片化的短视频吸附力更强，此类用户对其的使用率更高。

三 手机媒体

手机被认为是继报纸、广播、电视和互联网之后的第五媒体。手机从 1973 年诞生至今已近 50 年，经历了第一代模拟手机、第二代数字手机和第三代、第四代智能手机，目前正进入高度智能化、数据化的第五代手机阶段。手机媒体特性鲜明，功能强大，从单纯的通信、通话发展到集通信、数据、音乐、视频、游戏、阅读、支付等为一体的多功能终端，应用于新闻传播时，其媒体形态也越来越丰富。

（一）手机媒体的特性

手机媒体是基于移动互联网的技术框架和手机这一终端介质的媒体样态，虽然应用类型多样化，但都具有传播共性。

第一，手机普及率高，手机媒体使用率高。根据我国工业和信息化部无线电管理局（国家无线电办公室）发布的《中国无线电管理年度报告（2019 年）》，2019 年我国移动电话用户总数达到 16 亿户。4G 用户总数达到 12.8 亿户，手机上网接入流量达到 1 220 亿 GB。透过这些数据可以看到，手机用户群体规模庞大，几乎覆盖所有阶层、地区、身份、职业的人群，他们的手机媒体使用率也很高。

第二，手机移动性强，手机媒体能够实现快速、瞬时传播。手机作为一种无线通信工具，在基站全面铺设的情况下能接收到手机信号就可以随时随地联网、通信，特别是在一些报纸不能送达、无法收看电视节目的偏远地区。手机媒体的传播、更新速度几乎以秒计算，且不受时间周期的限制，在遇到重大、突发事件时，手机媒体还可以滚动播报，同步跟踪新闻事件的发生、发展，提升新闻的时效性。

第三，手机具有贴身性，手机媒体阅读便捷，能够随时随地接收与浏览信息。手机被喻为“带着体温的媒体”，是众多媒介中用户黏度最高、与用户几乎零距离的媒介。保罗·莱文森在《手机：挡不住的呼唤》一书中说，人类有两种基本的交流方式：说话和走路。手机之前的一切媒介，都将这两种功能分割开了。唯独手机能够使人一边走路一边说话，一边走路一边阅读。人类因此从固定的机器前、禁闭的室内解放出来，在世界的任何地点、角落获取新闻信息。

第四，手机终端个性化，手机媒体能够实现定制化。抛开用户的隐私不谈，一机一号的手机能够记录用户的阅读时间、阅读内容、阅读习惯并基于此分析出用户的特征、兴趣和爱好。手机媒体还可以通过用户调查、评论留言、在线交流等互动性强的服务来了解用户的状况。掌握了用户的情况和相关数据后，手机内容提供商就可以依此来为用户提供个性化的新闻。而与此同时，用户也可以在自己的手机上进行内容的专项定制，阅读与大众化的、一般性的新闻信息不同的新闻。

第五，手机终端智能化，手机媒体文体丰富、形式多样。智能手机意味着可以在手机上流畅地阅读，手机新闻文体丰富，文本结构多层次，既可以是单一的文字、图片、音视频、Flash 动画，也有多媒体立体新闻，既有简单的标题新闻、导语新闻、一句话快讯等，也有深度新闻、专题新闻、背景新闻等。

（二）手机媒体的类型

手机媒体的类型丰富，主要有手机短信、手机报、手机网、手机新闻客户端、手机短视频等，它们正在成为手机新闻传播的主要形态和渠道。①

手机短信是一种一对一或一对多的、用文字进行信息发送、传播的手机端最简单的、最早的手机媒体类型。1992 年 12 月，世界上第一条手机短信诞生。手机短信新闻容量小，且可以直接推送，无论用户在何种网络环境都可以有效接收，触达率高，是手机媒体发展早期最常用的信息传播方式。随着手机媒体类型的多样化，以及垃圾短信泛滥带来的负面影响，手机短信衰微，目前较常见的使用场景是政府机构通过手机短信发布天气灾害预警信息、政务信息，行业企业推送产品信息、服务通知等。

手机报是一种基于手机彩信（multimedia messaging service，MMS）技术的、提供多媒体信息服务的手机媒体类型。它的特色是可以传递包括文字、图像、声音、数据等在内的各种格式的信息，实现即时的端到端的信息传送。基于彩信模式的手机报，

---

① 手机网已在第一章第一节的“移动互联网时代的应用”中得到了介绍，此处不再重复。

文字容量可达 1 000 字，图片则为 50K 大小以内，由电信运营商直接发送到用户手机终端，用户可以离线观看。2004 年中国第一家手机报《中国妇女报·彩信版》推出，标志着手机报成为手机媒体的一种类型。2020 年 2 月，为抗击新冠肺炎疫情，《人民日报》联合中国移动公司将旗下的“人民手机报新闻版”免费推送给用户。类似这种针对重大事件制作的特殊手机报还有汶川大地震中的抗震救灾手机报、奥运会期间的奥运手机报以及 2010 年的世博手机报。

手机新闻客户端是基于手机 iOS、Android 或其他操作系统为智能手机用户量身打造的新闻类应用程序，能满足手机用户在移动状态下实时浏览新闻、资讯和参与互动交流的需要。手机新闻客户端具有不同于其他移动端阅读的显著特点：内容经过精挑细选、全面综合，新闻更新快速、即时推送，互动纷繁多样、实时分享，界面简洁明了、操作方便。手机新闻客户端从 2008 年出现至今已发展到智能化阶段，利用大数据和人工智能技术开展以人工推荐＋算法推送的内容分发，将智能推荐与精准营销结合满足用户的个性化需求。推送是突发新闻在新闻客户端上的快捷通道。手机新闻客户端的典型代表有中央级主流媒体的《人民日报》、新华社和央视频等，省级媒体的澎湃新闻、界面新闻、封面新闻等，门户网站的新浪新闻、搜狐新闻、网易新闻、ZAKER 等，算法类的今日头条、一点资讯和天天快报等，以及多媒体类的梨视频、喜马拉雅、央视影音等。

手机短视频是对短则 30 秒，长则不超过 20 分钟的视频短片的统称。短视频内容广泛，视频形态多样，涵盖小电影、纪录短片、DV 短片、视频剪辑、广告片段等，通过 PC、手机、摄像头、DV、DC、MP4 等多种视频终端摄录或播放。短快精、大众参与性强、随时随地随意随性是短视频的特点。短视频新闻信息量大，所包含的声画部分可以将文字无法直接描述或者易产生歧义的地方直接表现出来，连续的画面内容比静态图片更直观和丰富，尤其适合对突发事件的现场报道和快速发布。短视频新闻适合碎片化消费场景，意味着用户甚至可以在移动过程中完成新闻信息的接收。2013 年初土耳其记者利用短视频应用 Vine 记录了美国驻土耳其大使馆外的一次自杀式袭击，虽然视频只有 6 秒，但包含了所有的重要细节。

四 平台媒体

2014 年 2 月，美国社交媒体 Sulia 的 CEO 乔纳森·格里克（Jonathan Glick）发表

了《平台型媒体的崛起》(Rise of the Platishers) 一文，综合“platform”(平台商) 和“publisher”(出版商) 两词之义，第一次提出了合成词“platisher”(平台型媒体)。随后有学者对“平台型媒体”做出解释，认为其指的是既拥有媒体的专业权威性，又拥有用户平台所特有的开放性的数字内容实体。但在国内，平台型媒体或平台媒体的外延较为泛化，并不单指内容实体，而是指所有提供网络开放空间的运营机构。

(一) 平台媒体的条件

环境的自由开放、技术的赋能让互联网的参与门槛降低，产生了一种新的网络样态——第三方平台。第三方平台是指提供技术支持和网络空间，允许用户在遵守平台规则的前提下利用平台空间进行活动的网络场域。第三方平台类型多样，包括以天猫、淘宝、京东为代表的电商类，以今日头条、学习强国为代表的信息内容类，以抖音、快手、优酷为代表的视频类，以支付宝、美团为代表的生活服务类，以维基百科、知乎、百度百科为代表的知识类，以微信、微博为代表的社交类。

平台媒体就是从事内容生产、提供新闻信息的第三方平台，运营方自身不生产新闻和内容，而是为机构、企业、组织或个人提供新闻登载和发布的开放空间，但需要具备一定的新闻发布或登载资质，并担负相应的审核和监管职责。博客平台、微博平台、微信平台和部分客户端创设的账号如头条号、一点号、凤凰号、网易号、人民号等都属于平台媒体。

平台媒体的核心关键词是“开放”。所谓开放，包括空间开放、技术开放、用户开放和利益开放。特别是在利益开放方面，平台媒体要建立激励机制，鼓励、扶植专栏作家和草根用户进行内容创作，为平台内容生产者提供分析和统计工具，帮助其提高内容生产效率，提升内容品质，实现以内容为基础的利益共享。

成为平台媒体需要具备以下四个条件。

一是技术实力，即能否提供一套用户简易使用的零门槛的发布、编辑和分享内容软件，能否保障亿级用户同时在线不宕机，能否对用户与内容进行智能化匹配，能否研发出实时数据分析系统，帮助用户用数据驱动内容生产。

二是要有足够大的用户基数和一定数量的内容生产者。用户数量和内容生产者数量之间的关系好比鸡和蛋，只有用户数达到千万级甚至亿级才能吸引到广泛的、优质的内容生产者；同样，只有内容生产者提供出高品质的内容才能进一步吸引新用户。

三是能为内容生产者设计一套依托海量用户和多元渠道的营销体系和盈利模式，

激励内容生产者创作出高品质的内容。今日头条、百度、腾讯、抖音等平台都不时发布创客内容激励计划，直接为优质内容生产者发放奖励。

四是品牌价值。越是知名品牌，越易于吸纳优质内容生产者，也能通过公信力、影响力和信誉度背书，为平台创造良好声誉。《人民日报》的“人民号”便是典型代表，其依托《人民日报》的品牌号召力，已经吸引了各级主流媒体、党政机构、企事业单位、优质自媒体等超 2 万家媒体入驻。

平台媒体，在于打造一个完善的、成长潜能强大的生态圈，用它独树一帜的精密规范和机制系统，有效激励多方群体进行互动，最终达成平台媒体的愿景。

（二）平台媒体的类型

平台媒体可分为单一型平台媒体、互动型平台媒体和综合型平台媒体。

单一型平台媒体指内容较为单一，聚焦于某一类别或某一种表现形式的平台媒体。比如聚合新闻资讯和自媒体内容的今日头条，聚合视频的优酷，聚合短视频的抖音，聚合音频的蜻蜓 FM 等。在国外，《纽约时报》推出“Press Engine”媒体开放平台，旨在帮助出版商和媒体组织建立基于多平台出版技术的数字平台，为内容提供者创造新的盈利模式；《卫报》推出“Open Platform”，其商业合作伙伴可以把自身的应用程序直接集成到《卫报》的网络中，双方共同开发内容，收入共享。

互动型平台媒体指提供互动工具，连接起互动双方，将一方多元化的需求与另一方多样化的供给直接对接的平台媒体。理论上看，大多数社交媒体都属于互动型平台媒体，但有些社交媒体体量有限，用户群体单一，并没有起到平台的作用。只有微博、豆瓣、知乎这类拥有亿级用户的社交媒体才能发挥出平台的价值。互动型平台媒体能够提供多维度的互动方式，使用户之间产生多向度的关联，因此，用户黏性较高，归属感较强。

综合型平台媒体指平台聚合了多样化的应用，提供强大的、全面的网络服务功能，包括内容资讯、生活服务、娱乐游戏、工具软件和导航链接等，能够满足用户的一站式需求的平台媒体。这些应用有些是平台媒体自身拥有的，有些是接入的第三方应用，因此，开放性、包容性和聚合性是综合型平台媒体的特征。综合型平台媒体不同于其他两种平台媒体的是，它是巨型连接器，能把平台中的功能性应用连接起来，彼此支持，相互引流，互为推广。比如微信的公众号可以让用户在阅读时打开小程序，而进入小程序后又有可能开启付费购买。“用户＋场景＋服务”是综合型平台媒体的价值。

【本章思考题】

1. 结合某一具体新闻事件的在线报道和传播，试分析互联网的传播特征。
2. 试分析互联网在文化传承方面发挥的作用和价值。
3. 选择一类社交媒体，试述其对个人学习、生活和人际交往的影响。
4. 选择一类移动媒体，试述其对个人学习、生活和人际交往的影响。

- 第三章 网络与新媒体的传播
  - 网络与新媒体的传播主体
    - 传播主体的构成和总体特征
      - 传播主体的构成：媒体机构传播者、社会机构传播者、个体/群体传播者
      - 总体特征：主体多元、体量庞杂、众声喧哗、协同博弈
    - 媒体机构传播者的特征与价值
      - 特征：权威性、专业性、把关性
      - 价值
        - 主导信源的价值
        - 主动设置议题，引导热点话题
        - 构建网络内容生态，引导网络舆论
    - 社会机构传播者的特征与价值
      - 特征：权威性、服务性和组织性
      - 价值
        - 传递内外部信息，减少传播环节
        - 了解用户需求，掌握用户数据
        - 提供高效的政务、社会服务
    - 个体/群体传播者的特征与价值
      - 特征：个性化、自主性、匿名性和圈群化
      - 价值
        - 内容生产和创造的角色价值
        - 内容传播和组织动员的角色价值
        - 内容消费的角色价值
  - 网络与新媒体的传播手段
    - 图片新闻
      - 图片新闻的特点
      - 图片新闻的类型
    - 视频新闻
      - 视频新闻的特点
      - 视频新闻的类型
    - 短视频新闻
      - 短视频新闻的特点
      - 短视频新闻的价值
    - 数据新闻
      - 数据新闻的特点
      - 数据新闻的三种样态
    - H5新闻
      - H5新闻的特点
      - H5新闻的基本样式
      - H5新闻的应用场景
    - VR/AR新闻
      - 认识VR/AR和VR/AR新闻
      - VR/AR新闻的应用场景
    - 直播新闻
      - 直播新闻的特点
      - 网络与新媒体直播的类别
  - 网络与新媒体的媒体融合
    - 认知媒体融合
    - 媒体融合的层次与路径
      - 以新闻内容生产为核心的融合
      - 以经营、品牌为核心的融合
      - 以渠道多样化为核心的融合
    - 国内媒体融合的发展演变
      - 第一阶段：围绕渠道加大投入与建设
      - 第二阶段：内容形式创新
      - 第三阶段：推动平台化发展
      - 第四阶段：跨业、跨界融合
    - 国内媒体融合的实践案例
      - 中央广播电视总台大屏小屏同步融合传播
      - 新华社“现场云”全国服务平台
      - 基于新型传播体系的湖南日报社“四全媒体”集团

第三章

网络与新媒体的传播

网络与新媒体的传播在传播主体、传播手段和传播方式上显著区别于传统媒体的传播：主体上，属于媒体机构、社会机构和个体/群体共同参与的全员传播；手段上，属于图文、音视频、H5、动漫、Vlog、VR、数据新闻、直播等多手段融合的全息传播；方式上，属于新闻＋政务服务商务、人际传播＋群体传播＋大众传播的融合式全效传播。

第一节 网络与新媒体的传播主体

传统媒体时代，传播主体一元化，无论是机构还是从业者，都需要拥有一定的资质和从业资格。网络与新媒体时代，技术降低了新闻资讯发布的门槛，互联网公司提供了诸多的发布渠道和平台，传播主体呈现多元化，媒体机构、社会机构、个体/群体构成了网络与新媒体传播主体的三极。

一 网络与新媒体传播主体的构成和总体特征

网络与新媒体传播主体由三部分构成：媒体机构传播者、社会机构传播者和个体/群体传播者。三者内部各有细分，但又具有一致性，构成了传播主体的总体特征。

（一）传播主体的构成

自网络媒体诞生以来，媒体机构天然就是网络与新媒体中主要且重要的发布者、主导者，用户个体和群体则是随着博客技术的运用、内容空间的开放而成为传播主体，社会机构传播者则被推动着进入网络与新媒体场域成为传播主体。

媒体机构传播者包括传统媒体的新媒体集群、商业门户网站及其移动媒体、商业性移动媒体和视频媒体。其中传统媒体的新媒体集群是指母媒体为报纸、广播、电视等机构，在网络与新媒体平台上创建了多个网站、客户端和平台账号的新媒体矩阵。比如中央电视台拥有两网（央视网、央视手机网）、三个客户端（央视影音、央视新闻、央视频）、央视新闻微博账户和微信公众号、央视抖音账号和快手账号，以及若干个频道、栏目的微博账号、微信公众号、头条号、抖音号等。集群内的发布主体相对独立又彼此呼应，各自发布又联动传播，形成了同频共振的传播效果。

社会机构传播者包括政府机构、行业企业、社会团体和校园机构。这些机构原本只有内部刊物、校园报纸、企业广播台或电视台，并没有直接对外发布信息的资质和窗口。网络与新媒体为它们提供了直接与公众交流的渠道，让它们从幕后走到台前，成为传播主体之一。比如校园媒体将招生、就业、校内新闻、学生活动、思政教育等信息都发布在自己的新媒体账号上，在及时传递信息的同时也展示了校园的形象。

个体/群体传播者的涵盖面广泛，数亿的普通网民，有百万、千万粉丝的意见领袖和微博明星，有众多关注者的“网红”，问答类网站里专业的学者和研究者等，都是拥有一定表达权和话语权的传播主体。有些传播主体早期只是以个人形象出现，发展壮大后成为团队，比如“罗辑思维”早期是罗振宇的个人表演秀，现在则发展为“得到”App 及通过平台聚集的一群知识分子。

（二）总体特征

大众传播时代的传播主体，机构需要政府管理部门颁发的执业资格，报纸、杂志需要刊号，广播需要频率，上星电视需要卫星传输信号，其从业者需要通过职业资格考试取得记者证、主持人上岗证等，才能拥有采访报道、制作节目的权利。因此，大众传播时代传播主体的特征是传播主体单一、信源垄断、精英传播，带来的结果是舆论一律，一元管控。

与大众传播时代相比，网络与新媒体时代传播主体的本质区别是主体多样化但声音不一，数量众多但良莠不齐，主流声音、杂音和噪声并存，不同主体间相互竞争又存在合作协同的需要。由此可以看到，主体多元、体量庞杂、众声喧哗、协同博弈是网络与新媒体传播主体的总体特征。

2016 年 11 月，就读于日本法政大学的中国留学生江歌被闺蜜前男友陈世峰用匕首杀害，从此事件的传播过程中可以清晰地看出网络与新媒体传播主体的四大特征。

在事件发生后，被害人母亲在网上披露江歌闺蜜的信息，引发网络舆论喧哗；《新京报》作为传统媒体介入报道，通过旗下的人物专访栏目《局面》对双方进行了采访；上百万网民不断跟帖、留言把话题推上热搜，一些自媒体人士也通过不同的平台发表观点和言论。纵观整个事件从曝光到成为热点话题的几天里，无法穷尽了解有多少人参与其中，有多少媒体、自媒体在进行报道、发出观点。这些声音里，有支持受害人母亲的，有谴责闺蜜的，有呼吁理性思考的，有站在保护隐私角度质疑信息披露的，观点五花八门，莫衷一是。但在这样一些喧嚣、嘈杂的声音背后，网民和媒体又都有共同的声音和行为，如梳理细节、质疑问题、呼吁当事双方对话等，以达到发掘事实真相的目的。

从这一事件中可以看到，传统的信息垄断已被打破，多元化的声音此消彼长，传统媒体的主流传播主体地位受到挑战，由网民群体、意见领袖构成的传播主体在事件中也能发出理性声音并获得用户认可，传统的中心化控制模式走向了去中心化和泛中心化，中心处在动态的流变中。当人人都能当记者、编辑，人人都能拥有麦克风、都能直播时，弱小的声音也有机会被放大、被关注、被重视、被改变，反对的声音也有一定的话语权，反对的意见也会被尊重、重视。机构、群体、个体都有各自的表达和诉求，也都积极地释放各自的能量，多元传播主体构成了一个复杂的网络生态。

二 媒体机构传播者的特征与价值

媒体机构传播者虽然以集群或矩阵作为传播主体，但表现出来的特征与传统媒体基本一致：形象具有权威性和公信力，团队专业、职业、敬业，拥有原创内容采集资质和能力，同时更有把关的使命和职责。这些特征让媒体机构传播者展现出不同于其他两类传播主体的独特价值。

（一）媒体机构传播者的特征

媒体机构传播者可分为两类，一是传统媒体的新媒体集群，二是商业互联网公司的网站和新媒体客户端。它们具有三个共同的特征即权威性、专业性、把关性，但程度上有所不同。

权威性上，传统媒体的新媒体集群秉承其母媒体的基因，在品牌形象、声誉度和美誉度上获得了自然嫁接，基本拥有与母媒体一样的权威性和公信力。商业互联网公司虽然没有传统媒体多年的品牌资源，但也历经多年的市场运营，获得了一定的用户口碑。这种权威性带来的结果是，媒体机构传播者一方面主导了网络与新媒体的信源，一方面成为用户访问的主体。

专业性上，传统媒体的新媒体集群不仅拥有专业的记者、编辑、主持人、播音员队伍，而且这支队伍都经过严格的训练和专业的考核，具备一定的职业素养和专业能力。最重要的是传统媒体的从业者经历过各种重大、突发新闻报道的考验，积累了丰富的从业经验。商业互联网公司虽然在专业性上有一定差距，但也在多年的网络报道中得到了全面的锻炼，具备了一定的专业水平。

把关性上，无论是传统媒体的新媒体集群还是商业互联网公司，都负有把关的责任和义务，需要从选择新闻源、内容审核、制作标题、配置新闻、调整位置、开设专题等方面对新闻进行严格的控制和监管，建立相应的把关规范和机制。互联网内容管理部门也明确要求媒体机构传播者担负起把关责任，2017 年出台的《网络视听节目内容审核通则》里就指出："本通则所称内容审核，是指从事互联网视听节目服务相关单位在播出网络视听节目前，对拟播出的视听节目作品和用于宣传、介绍作品等目的而制作的图文及视频内容的审核。具体审核要素包括：（一）政治导向、价值导向和审美导向；（二）情节、画面、台词、歌曲、音效、人物、字幕等。"

（二）媒体机构传播者的价值

2015 年 11 月，中央网信办向首批 14 家新闻网站发放记者证，将新闻网站采编人员纳入统一管理。首批获发记者证的网站包括人民网、新华网、中国网、国际在线、中国日报网、中国网络电视台、中国青年网、中国经济网、中国台湾网、中国西藏网、光明网、央广网、中国新闻网、中青在线等 14 家中央主要新闻网站，总共 594 名记者。

根据现行的《互联网新闻信息服务管理规定》等政策，网络媒体发布时政类新闻信息（包括有关政治、经济、军事、外交等社会公共事务的报道、评论，以及有关社会突发事件的报道、评论）时只能从传统媒体转载。给新闻网站发放记者证，意味着这些网站也可以独立采写此类报道。

面对多样化的网络与新媒体传播主体，媒体机构传播者应在三方面体现出自身的价值：一是传统媒体的新媒体集群利用独立采访、原创采集、新闻直播等独有的资质，发挥出主导信源的价值，守正互联网的内容源头，在谣言纷起时报道真相，澄清事实。二是商业互联网公司应利用庞大的用户、踊跃的互动和一定的技术优势积极传播主流声音，主动设置议题，引导热点话题，引领用户的阅读取向，通过大数据、算法推荐来调控内容舆论场。三是优势互补，引导舆论，传统媒体拥有内容策划、生产和编辑能力，商业互联网公司拥有技术优势和用户市场，两者应协力合作，共同构建网络内容生态，引导网络舆论。

例如为庆祝建军 90 周年，2017 年 9 月由《人民日报》客户端创意出品并主导开发、腾讯天天 P 图提供图像处理支持的在线换装互动 H5 产品《快看呐！这是我的军装照》推出，这是传统媒体的创意策划和商业互联网公司人脸融合技术的一次成功合作。截至 2017 年 8 月 7 日，该 H5 产品浏览量超 10 亿，成为建军 90 周年报道的爆款产品。

2020 年 1 月新冠肺炎疫情暴发，互联网公司 ZAKER 开设“战疫”栏目，24 小时不间断提供要情直播、科普辟谣、战疫日记、抗疫影像等内容，还利用技术优势，开发推出“全国疫情实时追踪”“疫情实时地图”等查询工具。ZAKER 不仅仅在自身平台上发布这些内容，还联合《新快报》《现代快报》《贵阳晚报》《潇湘晨报》《哈尔滨日报》《兰州日报》等 20 多家主流媒体聚焦各城市疫情动态，分享共享。

三 社会机构传播者的特征与价值

社会机构传播者涵盖面较广，包括党政机构、社会团体、行业企业和各类高校。它的出现是互联网发展到一定阶段的产物，有一定的社会条件和时代背景，技术门槛降低是前提，信息公开和政务事务服务便利化是需求，走网上群众路线、构建清朗网络空间是目的。这些因素综合作用，产生了大量的社会机构传播者。

（一）社会机构传播者的特征

社会机构传播者虽然涵盖面广，但都有一个共同的属性标签——“机构”。因此，社会机构传播者也就有了三个共同的特征，即权威性、服务性和组织性。

权威性主要体现在社会机构传播者的自身形象、品牌所拥有的信誉度、美誉度已然在公众心目中留下了印记，比如：政府机构作为国家权力、国家意志的代表天然拥有的权威，企业多年品牌经营所树立的企业形象，高校立德树人所积累的社会声誉等；

各类机构所掌握的信息和数据，具有独家性、机密性、全面性、可信性等，权威性显而易见；容易获取具有权威性的社会、政治资源，比如专家学者、知名企业家和社会公众人物等，由他们作为代言人或发言人发出权威声音。

服务性是指各类社会机构以服务社会大众为宗旨，在作为传播主体时也秉持服务的理念，发布准确、及时、实用的信息资讯，提供高效、有价值的政务服务或行业服务。高校的网站或公众号每到招生季都是用户频繁访问的对象，因为各高校都已经将招生简章、考试报名、分数查询、学科设置等相关信息通过公开渠道全方位发布，甚至建成数据库，可通过扫描二维码一键查询。

组织性表现为社会机构在传播信息资讯时需要遵照一定的规章、制度、程序，需要遵循一定的组织纪律和组织原则，所发布的内容代表着某一级组织发出的声音。组织性意味着社会机构传播不能随意发声，不能在发布资讯时带有主观偏见，不能用个人行为代替组织行为。特别是在舆情危机发生后，更需要有组织纪律性，谨慎应对，不随意发布信息、发表观点。

2012年央视“3·15晚会”，曝光了麦当劳北京三里屯餐厅不规范生产食品的行为。当天晚上，麦当劳官方微博第一时间发布道歉声明（见图3-1），表示非常重视该问题，将立即进行调查，严肃处理。微博文本内容严谨，逻辑清晰，言简意赅，为化解舆情危机起到了关键性作用。

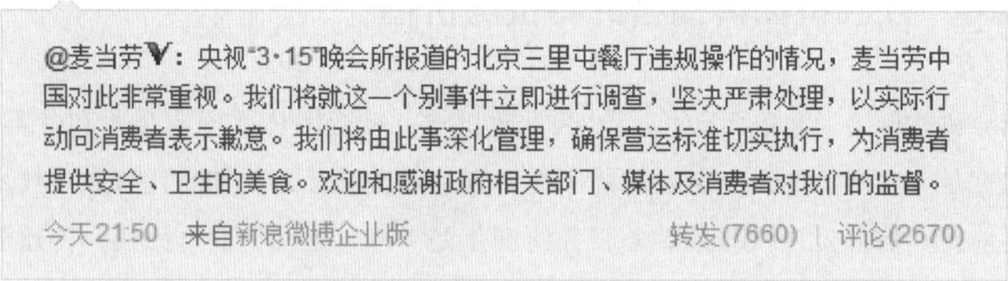
@麦当劳V：央视"3·15"晚会所报道的北京三里屯餐厅违规操作的情况，麦当劳中国对此非常重视。我们将就这一个别事件立即进行调查，坚决严肃处理，以实际行动向消费者表示歉意。我们将由此事深化管理，确保营运标准切实执行，为消费者提供安全、卫生的美食。欢迎和感谢政府相关部门、媒体及消费者对我们的监督。

今天21:50 来自新浪微博企业版 转发(7660) | 评论(2670)

图3-1 麦当劳官方微博账号在2012年舆情危机时发布的道歉声明

（二）社会机构传播者的价值

过去，社会机构并没有传播者的身份，也不担当发布者的角色，所有的新闻、信息、资讯都需借助第三方来向公众告知，传统媒体成为社会机构与公众之间的传声筒。进入网络与新媒体时代，社会机构直接站到了台前，其作为传播者的价值更显而易见。

在信息资讯方面，社会机构传播者能第一时间及时、准确地传递内外部信息，减少传播环节，减少信息损耗，避免误读和断章取义的理解；能制作图表图解、音频视频，以及多媒体、融媒体新闻产品，吸引公众眼球，提升传播效果；能在社会机构传播者之间相互导引，形成集群协同效应；能第一时间获取舆情，主动设置议题，有效应对，引导网络舆论。当然，没有了中介环节，也意味着要承担一定的风险，一旦内容发布不当，将直接面对公众的质疑，引发信誉危机。

与用户的互动交流更为直接、高效，能及时了解用户需求，实时掌握用户数据，这是社会机构成为传播者后具有的另一重价值。过去，社会机构与公众之间不仅需要借助第三方传递信息，更缺少直接的互动交流渠道。现在，社会机构传播者能利用多样化互动渠道直接获知用户的意见、建议，倾听到用户的诉求；能将处理意见及时反馈给公众；能组织相关人员与公众直接对话、沟通；还能运用大数据、云计算、人工智能等技术，分析研判社情民意，描绘服务对象的画像，从而提供更精准的服务。央国企一直是社会舆论关注的焦点，但公众很难与央国企直接对话，以国资委的"国资小新"为例，其微博和公众号诞生后，每条微博博文和每篇公众号文章下都有成百上千的留言和评论，体现了对话渠道的畅通无阻。

社会机构传播者的第三重价值在于提供高效的政务、社会服务，在服务中塑造社会机构品牌形象。过去，公众对于政务机构、企事业单位的办事效率不高、办事程序烦琐、服务不到位多有怨言。现在，政府机构有了网上办事窗口，开设了微博大厅，在微信端设置了城市服务板块，企业通过网站提供产品展示、技术支持和售后服务，这些都体现出社会机构传播者的服务价值。因此，在国务院办公厅制定的《政府网站与政务新媒体检查指标》里，服务是否实用成为核心指标之一。

四　个体/群体传播者的特征与价值

个体/群体传播者的构成是复杂的：从参与角度看，有浅度用户、中度用户和重度用户；从付费情况看，有免费用户、付费用户和付费会员用户；从用户活动程度看，有潜水用户、活跃用户、认证用户和种子用户；从用户网络行为看，有交流型用户、奉献型用户、围观型用户、索取型用户和分享型用户。但从整体上分析，个体/群体传播者还是具有某些共性，并在传播中显现出与前两类传播主体不同的价值。

（一）个体/群体传播者的特征

技术的赋能与赋权是网络与新媒体时代个体/群体传播者展现自我、表达诉求、相互交流等一系列网络行为产生的前提和条件。网络技术、数字技术和移动技术的叠加让个人/群体传播者具有鲜明的个性化、自主性、匿名性和圈群化的特征。

其一，用户的个性化无处不在。从注册名称、昵称、表情包选用、屏保桌面背景选择到关注哪一个公众号、为哪些文章点赞、收藏什么样的文章、是否转发分享、接受不接受推送，再到加入哪一类圈群、下载哪一款 App，个性化是新媒体赋予个体的最大福利。进入大数据时代，个性化的需求走向智能化的满足，开机时有人脸识别、指纹识别，写文章时有智能输入法自动保存常用字词，浏览内容和视频时有根据过往习惯的智能推荐，甚至云存储还能让用户在不同终端保存并查看文件。移动终端让个体/群体传播者的个性化特征展现得淋漓尽致。

其二，自主性是建立在个性化基础上的主动表达。以微博为例，用户无论是原创性撰写，还是转发分享、回复评论等，都具有自主性，简单方便地一键完成操作。同时，微博运营商还提供了多种设置功能，如对关注者分组、对内容分类、建立密友圈、创建新组别等，赋予了用户极大的自主权，有利于调动用户的自主意识。在自我选择、自我表达和自我参与上，个体依据个人的兴趣、爱好、价值观，机构依据自身的性质、要求可以自主选择关注的对象，选择发表的话题和转发评论的议题，选择发布的时机和对象。自主性是用户发挥价值的先决条件。

其三，尽管网信管理部门已经出台多部法规条例，要求网络与新媒体社交平台上用户必须后台实名，但大多数用户依然会选择使用昵称，在前端匿名。因此，匿名性、虚拟性依然是个体/群体传播者的特征之一。匿名性一方面能让个体多一份自由选择，少一点表达顾虑，另一方面能在群体空间营造一份相对宽松的氛围，维护一个平等交流的环境。匿名性还能让个体拥有多个注册名或昵称，展现出不同的个体形象和言论思想。

其四，个体/群体传播者的表达空间主要在社交平台上，社交媒体的六度分隔理论让个体/群体具有了圈群化的特征。以微信为例，首先是以自己的同学、朋友、同事等核心圈层建立相互关注的强关系，然后进入主体所在领域、相关领域的微信群、工作群、业务群构建紧密圈群，最后是个体关注的公众号、服务号等形成外围圈群。圈群化让个体既有熟人之间的、以人际传播为主的强关系链，也处于基于内容、兴趣、业务建立的群体传播和大众传播网络之中。前者关系相对稳定，交流频繁；后者关系相对松散，交流平平。但这种圈群化能够兼容人际传播、群体传播、组织传播和大众传播，构建起立体传播体系，产生病毒式传播的蝴蝶效应。

（二）个体/群体传播者的价值

用户规模和用户在线时长是体现个体/群体传播者价值的基础数据指标。《中国数字用户行为变迁专题分析 2019》显示，2019 年，移动互联网用户规模突破 10 亿人，占总人口比重达到 72.5%；网民单日人均使用时长达到 5.59 小时，人均单日启动频次达到 53.05 次。[①] 这意味着个体/群体传播者之于网络与新媒体有很高的黏性。黏性的背后，一方面是用户使用与需求的满足，另一方面则是用户心理和自我实现的满足，两方面都与黏性呈正相关。

在日常生活中，需求和满足是一对很复杂的变量，受年龄、学历、收入、环境、情感、心理等多重因素影响，以至于“众口难调”。但网络与新媒体产品丰富、全面、细分，不仅在交通出行、运动健身、在线教育、商务办公、娱乐交流、电商购物等领域一应俱全，而且能根据用户的动态需求不断提供差异化、细分化的产品和应用。当用户的“使用与满足”体验呈正向趋势后，用户自然会更依赖网络与新媒体，在线停留的时间更长，黏性更高。

人在社会中的角色是多样化的，但角色价值的实现是需要条件的。从图 3－2“新媒体环境、技术赋权和用户心理关联图”中可以看到，新媒体技术一方面营造了有助于个人角色实现的多元环境，包括虚拟环境、场景环境、互动环境、知识环境和工具环境；另一方面提供所有人自我价值实现的外部条件，包括零基础编辑、零门槛发布、零距离反馈、零成本协作和零支付数据。两方面共同作用于普通人的心理，使得用户更愿意在线表达、在线参与、在线分享，在表达、参与和分享中实现自我价值，在自我价值实现中得到满足。

网络与新媒体一旦有了黏性，一旦让用户感受到自身价值的放大和延伸，那么，用户作为传播者之一，必然会从单纯的旁观者变为积极的奉献者和参与者，从被动的接受者变为主动的传播者和组织者，诞生出“prosumer”（producer＋consumer），即生产型消费者，他们具有生产、传播、消费等方面的多重角色价值。

第一是内容生产和创造的角色价值。通过微博发言、新闻跟帖、知乎分答的问答、全员资讯直播等 UGC 方式生产大众化内容，通过百度号、头条号、企鹅号、人民号等 PGC 方式生产专业化、高品质内容，通过众包、众筹方式进行有计划有组织的内容生

---

① 2019 数字用户研究报告：10 亿规模，用户日均使用超 5 小时［EB/OL］.（2019－12－09）［2020－03－17］. https：//www.sohu.com/a/359397376_695183.

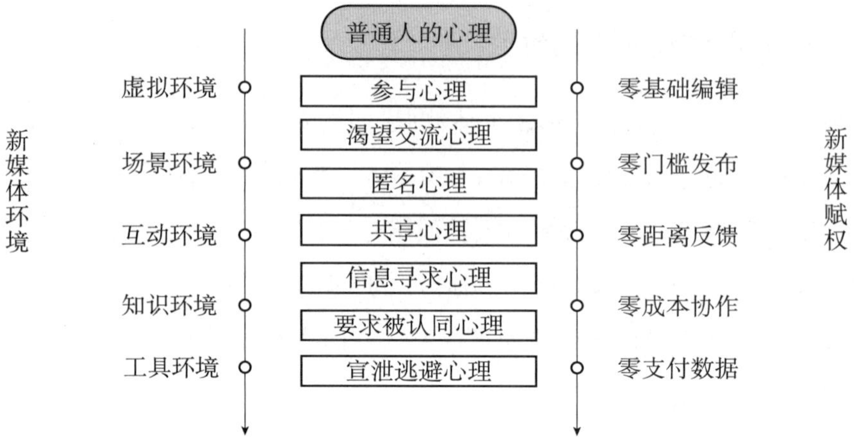

图 3-2 新媒体环境、技术赋权和用户心理关联图

产。网络写手、自媒体创作者、话题设计组织者、留言评论活跃问答者等个体/群体在网络与新媒体端源源不断地向更广大的公众贡献着自己的知识、研究和思想。

第二是内容传播和组织动员的角色价值。通过朋友间直接@的指向性转发实现人际传播，通过朋友圈、微信群、兴趣小组的交流分享实现社区群体传播，通过意见领袖、微博大V、网红的转发、群发和直播实现媒体效果的大众传播。从个体到群体，再从群体到个体，无形中聚集起组织和动员的力量，所以才有我们经常看到的“爆款”“刷屏”的文章、作品，而网络“水军”“人肉搜索”则是个体/群体传播者组织、动员价值的负面呈现。

第三是内容消费的角色价值。用户浏览产生的流量和注意力带来广告模式，用户对产品、内容的认同、信任带来会员模式，用户的在线行为、习惯等大数据带来数据营销模式，这些模式有些可以直接实现盈利，有些可以间接产生经济效益，有些则具有长远的数据价值。

例如，可汗学院是个体/群体传播者发挥价值的典型代表。它是美国人萨尔曼·可汗创立的从事在线视频教学的一个教育性非营利组织，最初的视频是成立者本人为住在远方的亲人辅导功课时拍摄的，由于受到广泛好评，相关影片观看次数急剧增长，他成立了可汗学院，招募更多志愿者做免费教育。可汗学院运用网络传播的便捷性和信息边际成本低廉等特点，开创了一些独具特色的教学模式，比如：课时短，每节课只有 10 分钟左右；开发出在线练习系统，用以记录学习者练习的完成情况；课程进度安排自由，学生可以通过视频点播反复学习。2013 年可汗学院将内容翻译成各种语言向世界各国开放，提供全球一致的学习体验。

从图 3-3 展示的“互联网个体价值实现与反馈逻辑”中可以看到，萨尔曼·可汗最开始做教学视频时，是出于个体的兴趣、爱好和特长，以及个人的认同心理和共享心理，低门槛的视频技术、博客技术和 P2P 技术为他提供了技术支撑。教学视频在核心圈群里得到认可后，他发现了市场需求，随之向外部推广，以满足更广泛用户的需求。在这一过程中，可汗学院成为知识课堂和社区，知识分享成为共识，个体/群体的价值得到最大化发挥。价值的认可和肯定为可汗学院赢得了多层级的互动反馈，如盖茨基金会多次向可汗学院捐款，称萨尔曼·可汗是“尽一切所能利用技术让更多人学到知识的先锋”，来自世界各地的兼职志愿者参与视频的翻译工作，使教学视频数量不断增加，内容已涵盖了数学、科学、金融经济、考试准备和人文五个方面，这使可汗学院成为全球的共享知识库。

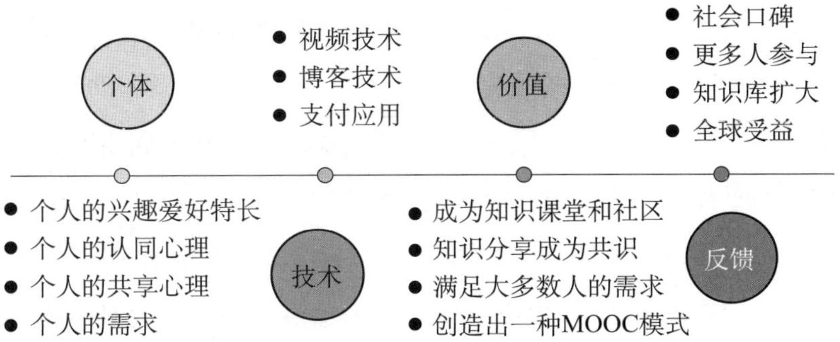

图 3-3 互联网个体价值实现与反馈逻辑

第二节 网络与新媒体的传播手段

自 1984 年美国苹果公司推出世界上第一台具有多媒体特性的计算机以来，以数字化处理为核心的多媒体技术得到了广泛应用，出现了图片新闻、视频新闻、数据新闻、H5 新闻、VR/AR 新闻、直播新闻等多样化的传播手段。《娱乐至死》一书中谈道，“假定我们会话的形式对于要表达的思想有着重大影响，容易表达出来的思想自然会成为文化的组成部分”①。多样化的传播方式就是对新闻的装饰与再表达，目的是使用户更易读、更悦读，也更易参与，更易沉浸。

一 图片新闻

在计算机软硬件技术日益更新、互联网传播手段渐趋多元化的今天，以语言为主

① 波兹曼．娱乐至死［M］．章艳，译．北京：中信出版社，2014：12.

要表达方式的文本互联网正在转向以图片和音视频为呈现方式的多媒体影像互联网。图片是网络与新媒体中最常用的一种报道形式，新闻图片拥有纪实、直观、形象、简约等特点，既可作为图片新闻单独传播，也可运用于文字报道中，形成图文并茂的新闻报道，还可与其他技术、应用结合，形成新的报道手段。

（一）图片新闻的特点

网络与新媒体的图片新闻是指以网络与新媒体为载体，利用数字技术与在线渠道，通过单幅或多幅的动、静态图片对新近发生或正在发生的事实进行传播的新闻报道。网络与新媒体的图片新闻包括新闻照片、新闻图表、新闻示意图和动漫图等。

图片原本就是一种“世界语言”，网络与新媒体的图片新闻因由互联网的承载与传播而更具通俗性与世界性，表现出以下四方面的特点。

第一，发布及时，追踪即时。2008 年北京奥运会，新华社采用带传输功能的专业相机进行新闻照片“现场签发”，摄影记者在赛场拍摄完照片，通过专线系统直接传给看台上的图片编辑，图片编辑直接选片，并签发上网，这一报道模式确保了奥运会现场照片得以在第一时间发布。例如第一张夺金照片于 8 月 9 日 10 时 54 分 08 秒签发，比路透社快 1 分 19 秒，比法新社快 1 分 32 秒，比美联社快 5 分 15 秒。[①]

第二，不受发布数量限制。传统报刊有限的版面空间和容量在一定程度上限制了图片新闻登载的数量，而互联网无限的容量给了网络与新媒体的图片新闻充分的发挥空间。深圳新闻网在汶川地震后一个多月的报道中，共编辑了超过 5 000 张地震新闻图片，包括整合全国各大媒体报道以及多组报业集团前方记者第一时间发出的图片，以及网民上传到博客空间的震撼人心的图片。网络与新媒体的图片新闻不仅整体数量不受限制，而且单个主题不受限制，可以用多幅图片、系列图片甚至图片剧集来充分表现某一主题思想。

第三，不受发布质量限制。相比传统媒体对图片质量高像素的要求，网络与新媒体的图片新闻中图片可以是高像素的高清图片，也可以是家用数码相机、低分辨率手机拍摄的一般性图片。质量门槛降低意味着普通网民也可以成为图片新闻的发布者，能为突发新闻事件提供第一现场的见证。2010 年“舟曲泥石流”新闻报道中，一位网

① 霍玮，梁丽娟，贾晓霞，等．新华社组国家奥林匹克摄影队报道奥运屡战屡胜［EB/OL］．（2008－08－28）［2020－04－17］．http：//news. sohu. com/20080828/n259257684. shtml.

名为“Kayne”的网友用自己的手机拍摄了多张现场照片，虽然图片质量不高，但因为是来自现场的原创图片，图片质量问题反而被忽略了。

第四，报道方式丰富多样。早期只有单幅图、多幅图、组图、图集等几种静态的表现形式，后来出现了演示图、卡通动漫图、三维立体图，现在又有了 360 度全景图、航拍图、GIF 动图、表情包图等多种动静结合的表现形式，比如组图就可分为单幅合成图、多幅并列图、幻灯图、图片集和多图切换。有时还可以将几种方式整合处理，比如图文合成图的幻灯播放、三维立体图的 360 度全景转动等。这些图片的表现形式都极大地丰富了图片新闻的表现张力。

（二）图片新闻的类型

在网络与新媒体平台上，图片新闻呈现出的类型可谓五花八门，如图 3-4 所示。

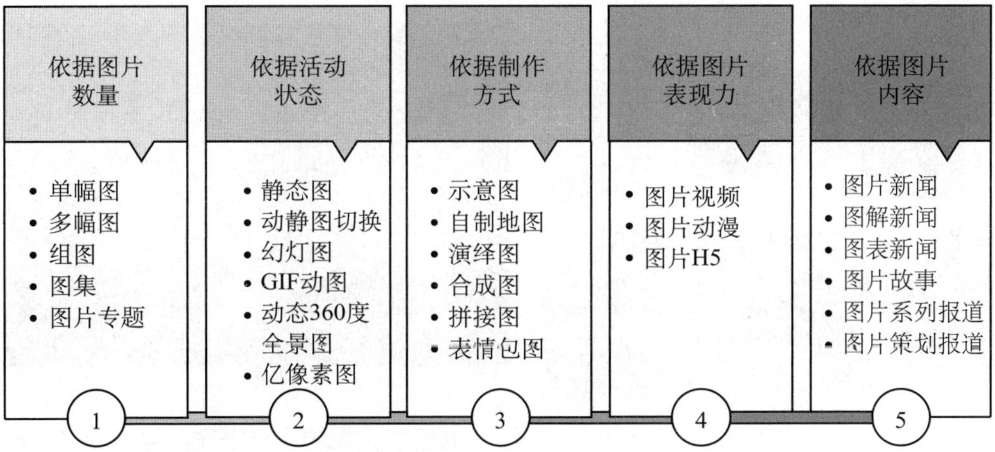

图 3-4　网络与新媒体平台上图片新闻的常见类型

从数量上看，有单幅图、多幅图、组图、图集和图片专题构成的图片新闻。

从活动状态上看，有静态的单图、高清图和全屏图，有动静结合的多图切换、幻灯图、GIF 动图、动态 360 度全景图、亿像素图等。

从制作方式上看，有示意图、自制地图、演绎图、合成图、拼接图、表情包图等。

从表现力上看，有用图片合成的视频、用图片嵌入的动漫、用图片制作的 H5 等。

从内容上看，有图片新闻、图解新闻、图表新闻、图片故事、图片系列报道、图片策划报道等。

概言之，网络技术与数字化技术带给了图片新闻无限的张力和可能性。

【案例3-1】

图片新闻报道春运

有关春运的图片新闻采用了多种报道方式，如图 3-5 所示。

● 单幅高清图

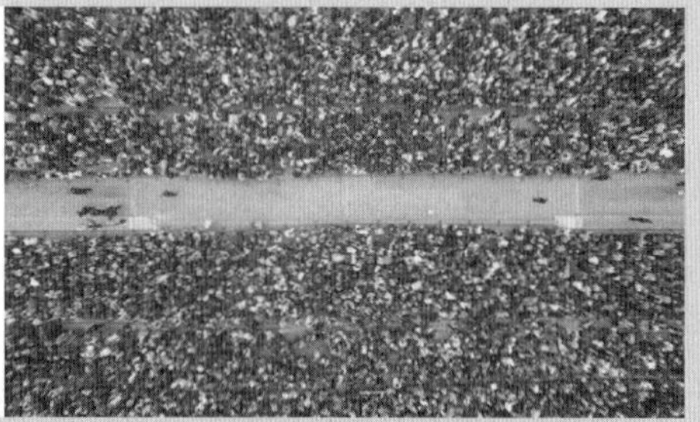

● 航拍图

● 组图

● 自制拼接图

● 自制漫画图

● 数据信息图

图 3-5　运用多类型图片新闻手段报道春运新闻

● 幻灯音乐图刊

图 3-5　运用多类型图片新闻手段报道春运新闻（续图）

【分析】春运报道中，图片是最能表现场景、情绪和各种氛围的一种手段，但如果只是单幅图，未免单调而缺乏视觉冲击力。运用多种形式的图片表现春运的场景、画面能丰富内容的表达，唤起用户的情感，触及用户的内心。我们看到，春运报道可以运用单幅高清图、航拍图、组图、拼接图，还可以运用大数据迁徙图、音乐图刊等。无人机航拍的春运场景，体现了形式服务于内容的宗旨，用大空间、大画面完全展现春运“全民迁徙”的现状。音乐图刊的表现手法，采用多图片幻灯播放的方式，配合文字、音乐等其他手段表现细节、故事，春运的点点滴滴一览无余。

二　视频新闻

网络与新媒体视频，是指以网络与新媒体为播放平台和传播渠道，以 WMV、RM、RMVB、MPEG、FLV 以及 MOV 等为播放格式，可以通过各种播放器在线直播或点播的声像文件。随着互联网带宽逐步改善，用户对视频内容的需求逐步提高，视频正在成为网络与新媒体新闻中频繁使用的传播手段。

（一）视频新闻的特点

相较传统电视节目，网络与新媒体的视频新闻具有以下特点。

其一，来源多样。尽管经营网络与新媒体视频新闻需要获得视听许可证及相关部门的授权，但这并不影响互联网开放、自由的本质。视频新闻的来源与文字、图片新闻一样，极其多元化：包括报社、电台、通讯社和电视台在内的传统媒体是主流的视频新闻源；综合性商业网站和垂直类视频网站具备直播、点播、互动分享等多重功能，是第二大新闻源；网民 UGC 生产的内容，既有播客截取自电视台的，也有播客个人采集、制作的，还有播客在新闻现场拍摄的，数量庞大，题材多元化，是第三大新闻源。此外，还有社会文化传播公司、企业、机构、社会团体等发布自制视频的视频新闻源。

其二，内容多元。来源多样带来的直接结果就是内容的多元化。来自传统媒体的视频内容已经覆盖到时事、军事、文化、科技、社会、民生、生活百态等多领域。来自用户 UGC 的内容更是五花八门：有突发事件中目击者现场拍摄的视频，如“汶川地震视频”“央视新址配楼大火”“江西宜黄强拆自焚事件视频”；有网民在公共场所拍摄的新闻事件，如优酷网“我在现场”栏目所发布的视频；还有网民对身边人和事的真实记录，以及生活中的奇闻趣事视频。

其三，易于存储。传统电视新闻转瞬即逝，不便于回看，更没法作为再编辑和再创作的素材。网络与新媒体的视频新闻，无论是直播还是非实时节目，只要网络服务器不出现问题，视频内容就能长期驻留在线上，还可以进行云存储。这样，用户不仅可根据需要随时在线收看视频，还可以将视频下载下来，离线收看；云存储中的视频还能够实现断点续看，传播效果要远高于传统电视新闻。

其四，播放可控。传统电视新闻是线性播放，用户无法掌控播放时间、播放顺序和播放内容。网络与新媒体的视频新闻则有很大的自由度，用户可以选择收看直播或者点播，可以在页面收看或者用专门的播放软件或客户端收看，可以自己控制播放时间、播放顺序，可以进行回放、快进、录制、下载等操作，可以打开弹幕发表评论。播放可控的特点也为视频新闻创造了一些新的运营模式，比如暂停时的广告、弹幕中的用户交互、播放器中的广告位等。

其五，整合编排。不同于传统电视新闻线性编辑的特点，超链接的技术特性为网络与新媒体视频新闻的加工、组织、整合工作赋予了自身特点：可以对同类新闻、相关新闻、热门新闻等进行高效率的组织编排，可以借助互联网技术对不同类型的新闻进行整合排列，可以与 3D、动漫、沙画、图片等多媒体手段进行结合，可以与广告、电商等深度整合，这样便能产生出与传统电视新闻不一样的视频新闻。

其六，实时参与。尽管现在的电视节目能够通过短信、字幕、主持人口播、微信摇一摇等方式与用户交流、沟通，但这些互动形式终究是媒体与用户建立的浅层次的、形式上的非常态互动。网络与新媒体的视频新闻在播放内容的同时可以在媒体与用户、用户与用户之间建立常态的、实时的、实质性的对话、参与、交流渠道。比如 2015 年“9·3”大阅兵报道中，多家网络与新媒体在网站上在开通“边看边聊”窗口，用户既能与嘉宾评论员在线沟通、互动，用户之间也能够就某一话题进行探讨和交流。

其七，环境依赖。环境依赖包括技术环境依赖和网络环境依赖。流媒体技术、P2P 技术在视频新闻的普及上起到了关键性作用，网络带宽的提升也清除了用户在线收看视频的障碍。虽然技术条件与网络条件都在改善，但视频新闻依然对环境有很大的依赖，例如带宽不畅不仅影响用户的收看效果，也阻碍了用户形成通过网络收看视频的习惯。此外，一些网络与新媒体视频新闻需要专门的播放软件才能播放，存储、下载视频文件还会占用服务器的空间，增加网站的运营成本。

（二）视频新闻的类型

网络与新媒体视频新闻的类型与图片新闻一样，也呈现出多样化的样态：

从播出时间看，有超长视频、长视频、短视频、微视频。

从播出方式看，有单条视频、视频专辑、联播视频、系列视频、整合类视频。

从工艺上看，有原生态实拍类视频、后期剪辑制作类视频、原创策划类视频、全程直播类视频。

从表现力上看，有视频、图视、动新闻、动画/动漫视频、3D 视频、全景视频、航拍视频、VR 视频。

相较传统电视新闻的一元特征和单维度摄制等特点，多元化的视频新闻不仅丰富了网络与新媒体视频新闻的内容和形式，更向用户提供了个性化选择的可能。

【案例3-2】

新华网视频报道纪念“抗日战争胜利 70 周年”

新华网在纪念“抗日战争胜利 70 周年”报道中，推出了不同形态的视频报道，有史料与动画结合的 3D 动新闻，有将静态纪念馆搬到网上的动态化 360 度全景视频，有制作于演播室的原创策划类视频评论，有让用户深度参与的移动端全景交互视频（见图 3-6）。

● 3D动新闻

● 360度全景视频

● 演播室微视评

● 移动端全景交互视频

图 3-6　多类型视频新闻手段报道纪念抗日战争胜利 70 周年

【分析】 报道久远的历史事件时，在没有现场图片和视频的情况下，怎样让历史回到现实，让现实与历史对接，是新闻报道经常要面对的问题。网络与新媒体丰富的视频表现手段为这类报道提供了很好的创意空间。

3D 动新闻以网络、电视为传播载体，以 3D 新闻模拟场景为主体，融合现场照片、动画、旁白、音效等多媒体元素，以三维视频（动画）方式模拟再现整个新闻事件的过程或关键点。它的功能是让“静态”“平面”的新闻“活动”起来，增加新闻的可读性和可视性。在运用 3D 动漫技术虚拟还原或再现历史场景时，还可以在视频中穿插影像资料或实时视频，带给用户真实、强烈的临场感。

360 度全景纪念馆运用了 360 度全景视频技术，由多个摄像机同时对物体进行多角度拍摄。用户可以上下滚动观看，也可以左右旋转观看，多角度转动播放。运用这种技术，线下的纪念馆被立体地搬到网上，用户不再被动观看，而是成为观看内容的参与者，在旋转、拉动中实现人机交互，提升用户的沉浸感。

微视评短小精悍，每期只有 3～4 分钟，选择用户关注的新闻话题与社会现象，邀请富有独立思想的权威人士进行精辟分析与评论。微视评是把视频、评论与新闻结合的一种产物，在视频“家族”中，是一个常规性武器。而原创自制视频新闻、节目或产品，越来越成为重大报道的一种策划方向。

全景交互视频与 360 度全景视频应该属于“同一家族”，不同的是全景交互视频主要发布在移动端。移动端用户操作屏幕时更便捷、灵活，因而也更易融入产品之中，积极参与互动。“全景交互看阅兵”产品，用户通过横屏可以随意左右滑动屏幕，点击屏幕按钮浏览弹窗的文字资料或图片，整个浏览过程都需要用户的参与。

三 短视频新闻

在视频新闻中，有一种需要单独了解且备受关注的视频产品——短视频。从用户角度看，流量消费承受度、收看流畅度和生活节奏等决定了短视频得以风行；从互动角度看，时长为几秒到几分钟的短视频易于在社交平台上传播和分享，用户更青睐这类朋友传递来的短视频；从商业角度看，短视频因为用户易接受、产品易传播，运营价值更大。

对短视频与微视频的界定目前还不是很清晰，业界对二者有不同的理解。优酷网总裁古永锵解释说：“微视频是指短则 30 秒，长则不超过 20 分钟，内容广泛，视频形态多样，涵盖小电影、纪录短片、DV 短片、视频剪辑、广告片段等，可通过 PC、手机、摄像头、DV、DC、MP4 等多种视频终端摄录或播放的视频短片。‘短、快、精’、大众参与性强、‘随时、随地、随意’是微视频的最大特点。”第一视频网对微视频的解释是，微视频指播放时长为 3～5 分钟的视频，适合在所有终端浏览和展示，尤其是手机。艾瑞咨询对短视频的定义是：“短视频指一种视频长度以秒计数，主要依托于移动智能终端实现快速拍摄和美化编辑，可在社交媒体平台上实时分享和无缝对接的一种新型视频形式。它融合了文字、语音和视频，可以更加直观、立体地满足用户的表达、沟通需求，满足人们之间展示与分享的诉求。”

短视频新闻除了对环境依赖较小，还具备了视频新闻所有的特点。当然，短视频新闻之所以风行，在于它有自身特点和独特的产品价值。

其一，视频长度较短，传播速度更快。短视频长度一般在5分钟以内，移动端成为短视频传播的主要途径。用户只需几分钟的时间，就可以拍摄一段短视频并完成发布、分享，供其他用户即时观看并再次传播与分享。即拍、即传、即看是短视频优于长视频的主要特点。

其二，生产流程简单化，制作门槛更低。相较于专业化的长视频制作，短视频简化了内容生产流程，制作门槛相对较低，依托移动智能终端和相关软件就能完成拍摄、制作与编辑。一些智能手机和短视频制作App，还提供了现成的滤镜、特效，使内容更加专业化。

其三，易于参与和互动，社交媒体属性加强。短视频因为易于拍摄、制作、收看和传播，因此用户分享、参与短视频话题的便利性更高，互动人数会随之增高，话题探讨的深度也会加强。短视频将过去以图文为符号的交流升级为更高端、更直观的视频互动。

国内的短视频内容目前主要集中在明星、搞笑、美食、萌宠、时尚、二次元等生活娱乐领域，多为用户UGC产品；新闻资讯类的短视频数量不多，用户生产此类内容的积极性不高，以突发现场新闻和生活中的社会新闻居多。2016年，国内一些网络与新媒体机构开始进入短视频新闻领域，比如今日头条与中国足球协会超级联赛（简称中超）版权方签署协议，将中超所有比赛以短视频形式在今日头条上分发。

短视频新闻信息量更大，所包含的声画部分可以将文字无法直接描述或者易产生歧义的地方直接表现出来，连续的画面内容也比静态图片更直观和丰富，尤其适合突发事件的现场报道和快速发布。短视频新闻适合碎片化消费场景，这意味着用户可以在移动过程中完成新闻的收听收看。

国外的网络与新媒体公司提供了多个短视频新闻服务工具和发布平台。《赫芬顿邮报》2012年创立了名为“NowThis News”的专业化短视频新闻生产与传播平台，上面云集了各路的媒体机构和媒体从业人员。2013年初土耳其记者利用另一款短视频应用Vine记录了美国驻土耳其大使馆外的一次自杀式袭击，这段六秒的视频记录了所有的重要细节。2014年初，英国广播公司（BBC）在Instagram上推出了一项名为“Instafax”的短视频新闻服务，随后几个月CNN也与推特合作推出了一个名为“Your 15 Second Morning”的15秒短视频新闻资讯服务。

四 数据新闻

数据新闻又被称为“数据驱动的新闻报道”（data-driven journalism）。作为一种运用于新闻叙事的工具、技巧与方法，数据新闻使得记者的工作核心由追求最先报道新闻向讲述某一事态变化背后的真正含义及如何讲述转变，“开辟了全媒体、互动性、游戏化、移动式的新闻叙事道路，完成了对传统新闻一元叙事的革新。这既是大数据时代开放理念的必然产物，也契合了新媒体环境下受众的阅听习惯”①。

（一）数据新闻的特点

开放丰富的数据来源、结构化的叙事逻辑、可视化的呈现方式是数据新闻的三大特点。

新兴的发布平台赋予了每个人收集和共享数据并把它转化为信息的能力。新媒体时代，信息从稀缺变为过剩，内容从整体变为碎片。因此，收集、筛选并呈现数据、信息这些表象背后的原因与真相有着越来越高的价值。同时，一个孤立的事件中零散的微内容往往缺少关联度，但如果从正确的角度挖掘、分析、清洗相关数据，却能发现极为重要的细节。因此，开放的、准确的大数据是数据新闻的前提。美国数据新闻的迅猛发展与2009年奥巴马政府发布的《开放政府令》及数据门户网站（data. gov）直接相关。

数据新闻能让任何人深入数据源当中，使用各类资源、工具、技术和方法等，验证、推断并挑战被普遍接受的假设而发现“故事的轮廓”，或提供“新的视角”，为将传统的新闻敏感性和有说服力的叙事能力与海量的数字信息相结合创造新的可能。数据可以是数据新闻的来源，也可以是讲述新闻故事的工具，还可以两者兼具。新闻媒体与新闻工作者运用数据新闻，可以从数据中寻找到独特的故事，可以通过信息图表来报道一个复杂的故事，可以借助数据新闻可视化帮助用户了解烦琐的问题。

将处理后的数据集、数据库、数据关系等转化为直观的图形进行可视化呈现，是数据新闻的必然选择，关系到数据新闻产品能否被认识和接受。目前采用的可视化数据呈现方式有静态可视化信息图、动态可视化信息图、交互式可视化信息图、动效交互结合的可视化信息图、可视化视频、交互式可视化视频等，以下为具体的表现手段。

（1）作为视觉化工具的信息图表包括图表（chart）、图解（diagram）、图形

① 孟迪．美国数据新闻发展的开放与变革［J］．编辑之友，2016（2）：100－104．

(graph)、表格（table)、地图（map）和列表（list）等。

（2）用于可视化呈现的图形有饼图、条形图、柱状图、堆积条形图、堆积柱状图、曲线图（折线图)、散点图、气泡图、K 线图、雷达图、流程图、热点图、关系图、漏斗图、象形柱图、桑基图、平行坐标等。

（3）用于可视化表达的设计手段有面积的大小、尺寸的长短、条柱的高低、不同的颜色及颜色的深浅、不同的字体及字号的变化、动效的滑动方式等。

（4）用于可视化表达的内容手段有数字、比例、比率、百分比、极简文字、素材图等。

（二）数据新闻的三种样态

目前，数据新闻的表现样态主要有三种：可视化新闻信息图、基于数据集或数据库建构的数据新闻、数据驱动的新闻报道。

1. 可视化新闻信息图

可视化新闻信息图是数据可视化在新闻报道领域的应用，即借助图形化的手段，准确、简洁、明晰地解读新闻、传递信息，让用户能快速抓住内容要点，让关键的数据点在可视化图形上一览无余。常见的可视化新闻信息图有“一图读懂”“一图解读”“一图速读”等，它是数据新闻最基础的表现样态，主要针对单篇文章或单个主题进行可视化解析，不需要对数据进行太多深层次的挖掘和分析。

【案例3-3】

新华网图解新闻报道 2017 年全国“两会”

2017 年，新华网在“两会”报道中采用了可视化新闻信息图（见图 3-7）。

图 3-7　新华网在 2017 年“两会”报道中的多篇图解数据新闻

【分析】政经类新闻，是新闻报道中的重点，也是难点。类似政府工作报告、法律政策条文、一年工作成绩总结这样的新闻，篇幅长、信息量大、内容丰富，用户很难在短时间内读懂，也不需要像专业人员那样去细细研读报告。因此，要将要点、重点、关键点挖掘出来，并运用可视化信息图表呈现，增强新闻的易读性、可读性。

2. 基于数据集或数据库建构的数据新闻

基于数据集或数据库建构的数据新闻，就是运用专业工具抓取海量的、碎片化的但有效的数据，并对其进行结构化、知识化处理，建成数据集或数据库，然后由各类专业人员对数据进行意义建构，梳理数据新闻的叙事逻辑，最后再以形象、生动、简单的可视化、交互图表或视频呈现。基于数据集或数据库建构的数据新闻强调的是改变传统新闻内容的叙事模式，获得的是提升专业新闻的“阐释”效果。

【案例3-4】

数据新闻报道抗击新冠肺炎疫情大事记

《人民日报》与财新网分别基于抗击新冠肺炎疫情数据库制作了数据新闻（见图3-8）。

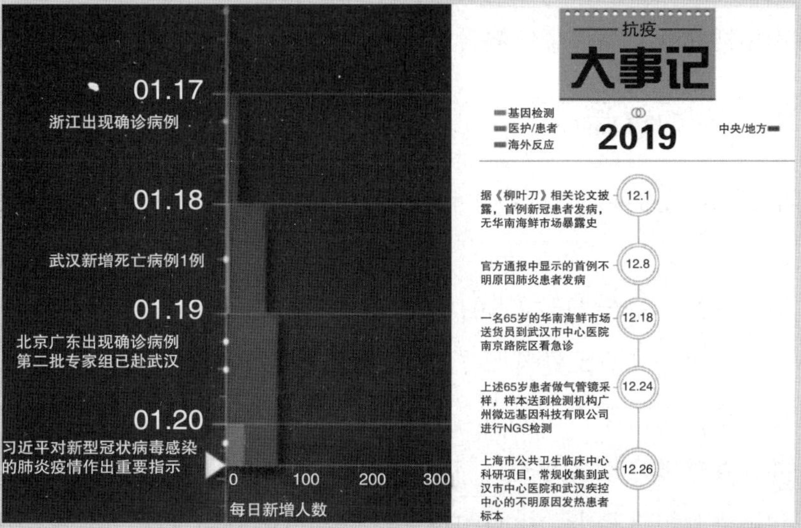

图3-8 《人民日报》与财新网分别制作的基于抗击新冠肺炎疫情数据库的数据新闻

【分析】财新数字说推出“时间线｜新冠疫情：从开始到现在”数据新闻，用纵向时间线梳理出抗疫大事的历时进程，简单、清晰、脉络清楚，但平淡、无新意，缺少吸引用户拖拽浏览的亮点。《人民日报》新媒体中心推出的视频化数据新闻《中国战疫数据日志》，将两个月以来的各类新闻语音报道通过巧妙的剪辑加入视频中，让时间线“动”起来，让内容“活”起来，用户跟随着时间的推进，边看边听事件的发展历程。这种报道方式能够给人带来时间的整体感和事件的连贯性，感受漫漫抗疫之路的艰辛与不易。

3. 数据驱动的新闻报道

数据驱动的新闻报道，意味着产生的数据新闻不是停留在数据可视化信息图或简单呈现数据的层面，而是要通过对公开、海量的数据进行挖掘、分析，发现新的现象，得出新思考或新评价，预测新的可能或趋势。比如从手机信号的密集程度来测算旅游人群的走向，从火车票的起始站和终点站判断旅客的行程，从交通事故的数据中判断最危险的路口、路段，从 GPS 记录仪记录的数据中计算出出租车的平均时速，从而测算车辆运行的高峰时段。

五 H5 新闻

H5 是 HTML5 的简称，是移动互联网平台上最典型也最常用的传播技术，在技术层面具有易于传播和分享等多重优势，能够应用于各个领域和场景。

（一）H5 新闻的特点

H5 新闻之所以成为移动互联网平台传播手段中的“常规武器”，是因为其具有以下五大特点：

其一，适配性高。基于 H5 技术的应用和产品可以适应各型号移动终端，实现低成本的跨平台传播。这种高适配性降低了产品开发成本，不仅不需要在初始开发设计上过多投入，也无须后期持续升级迭代。高适配、低成本让 H5 新闻的生产规模不断扩大，产品种类、花样随之越来越多。

其二，包容性强。这是 H5 新闻的重要特点，可以容纳文字、图表、音频、视频，可以融入音乐、游戏、动漫、卡通，可以代入场景、角色、情境，可以运用滑动、触碰、点击、翻转、超链接等交互方式。表现形式和应用手段的丰富多样与交叉混合使H5新闻具有了超强的传播力。

其三，应用面广。抛开终端和技术上的某些限制因素，H5产品理论上能够应用于所有领域，包括新闻传播、商务营销、生活娱乐、政务管理等。具体到新闻传播方面，经济、政治、民生、娱乐、历史、军事等各种性质的新闻报道中都可以运用H5技术来编辑制作新闻产品。

其四，超强交互。移动端用户参与交互的便利性为在H5新闻中设计互动创造了条件，而H5技术又赋予了创作者多种交互设计工具。因此，无论是就简单内容的人机交互，还是需要深度参与的测试、游戏、问答等互动，都是在通过人性化的产品交互设计提升用户的参与意愿，强化用户的参与感。

其五，传播便利。H5新闻的用户使用门槛较低，这种轻量级的产品无须下载、安装，用户扫描或点击即可阅读。目前，App、搜索引擎、应用市场、浏览器等都可以成为H5新闻的载体，用户一键开启、一键转发，畅通无阻地浏览和分享。同时，H5新闻的多媒体、富媒体特质赋予产品较强的视觉冲击力和表现张力，画面感强，产品的创意性、趣味性和新鲜感为用户带来了良好的视听感受，使他们更有将该产品传播出去的意愿，更愿意在社交媒体中就该产品与其他人开展交流、互动。

（二）H5新闻的基本样式

设计、创意是H5产品的精髓。H5新闻的表现形式琳琅满目、创新不断。但是，H5新闻还是存在一些基本样式，这些基本样式或单独出现，或与其他样式交融、混合出更多颇具创意的H5新闻。

其一，图文型。以图配文为主体，图的形式千变万化，可以是照片、插画、GIF动图、背景图等，通常采用上下滑动或者左右滑动来进行多页切换。每页集中一个内容点，搭配动效出现，起到类似幻灯片的传播效果。图文型是早期H5新闻的主要表现样式，简单、直白、易用，制作成本低，此外也常用于招聘、海报、会议邀请等场景。

其二，交互型。以用户参与交互为起始触发、启动产品，或将用户互动贯穿整个H5新闻，运用多种交互方式，包括点击、擦除、滑动、长按、手势、摇一摇等。比如H5新闻《中国之声两会新闻动车组》，需要用户向右划屏启动列车，然后点击相应的列车车厢阅读新闻。

其三，游戏型。游戏具有趣味性、沉浸感和易操作性，将游戏融入H5新闻中，可以吸引用户深度参与，让用户通过上传内容、回答问题、参与测试、挑战记录等知识型小游戏或射击、棋牌、竞技等娱乐型小游戏，了解H5新闻推送的主题和内容。游戏型H5新闻建立在交互基础之上，用户不仅乐于参与，更乐于分享。

其四，视频型。视频型又可理解为视频嵌入型，即在视频中嵌入几分钟的短视频。可以将整个H5新闻都设置为视频内容，只在开始和结尾提示主题信息；也可以在H5新闻中插入一段或几段短视频，与其他素材组合成一个完整的作品。视频的体积较大，几乎难以嵌入早期的H5产品中，但随着互联网技术的发展和H5技术的成熟，视频型H5新闻会因更强的表现张力而越来越普及。

其五，模拟型。模拟型又称拟态型、代入型，通过对现实情境的模拟，将用户带入一个特定的场景中，让用户在自己"熟悉的环境"中体验、参与、操作。模拟场景包括：手机场景，如未接来电、陌生人来电、名人来电、手机桌面；微信场景，如视频邀请、朋友圈邀请、红包打开；社会生活场景，如机场、车站等交通出行场景，电梯、办公室、大厦等工作场景，餐厅、酒店、商场等日常生活场景。未来，只要创意和产品适配，没有什么场景是不可以模拟的。

除了这些基本表现样式，H5新闻现在还有快闪、画中画、双屏互动、全景三维等各种新型样式。在设计制作H5新闻时，仅靠一种样式是不够的，需要各种样式混合、综合使用，如图文型＋交互型、游戏型＋交互型、图文型＋视频型＋交互型、模拟型＋交互型等。2016年用户热捧的H5新闻《穿越故宫来看你》就综合运用了说唱（rap）、场景模拟、游戏交互、卡通动漫、短视频等手段，其间甚至还穿插了设计方腾讯公司旗下的QQ、微信、朋友圈应用。

（三）H5新闻的应用场景

H5新闻主要以移动终端为传播载体，将新闻的真实性、时新性、重要性、新鲜性等价值要素，与H5技术直观、形象、动感、艺术的特点结合，立体化、可视化地表现新闻、解读新闻，从而让用户趣味性地欣赏和参与性地分享。H5新闻的应用场景主要有五个方面：新闻可视化、互动传播、解读新闻、整合资料和专题报道。

1. 应用于新闻可视化

借助H5技术实现新闻可视化是最常见的应用场景，例如让突发事件的进展变成时间轴，让新闻发布会变成可视化的问答，让年终盘点变成炫酷的视频大片，最终让传统的文字＋图片动起来，让用户在交互中完成新闻阅读，这些都是传统新闻采编无法实现的。

【案例3-5】

H5新闻报道2020年国务院政府工作报告

2020年“两会”期间，新华网围绕政府工作报告制作了H5新闻《指尖上的报告》（见图3-9），网民边浏览边交互，在指尖滑动间便可理解政府工作报告的核心内容。该H5新闻推出后参与互动人次超过7 100万。

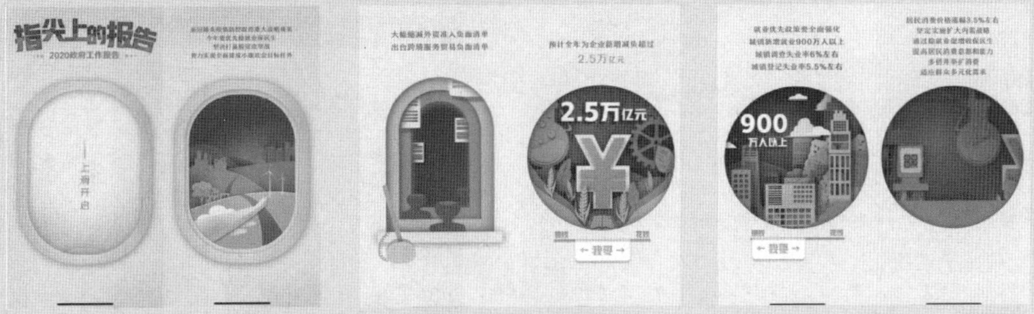

图3-9 新华网H5新闻《指尖上的报告》

【分析】《指尖上的报告》采取了手绘画风，通过拟物手法将“两会”报告中的重要内容如“外贸与跨境服务、居民消费、教育资源扩展、公共服务和城区改造、疾病预防与居民医保、基础设施建设”打造成颇具剪纸艺术风格的互动立体书。用户需要以向上滑动、左右拉动等方式浏览三维动图和文字。结尾处可点击生成海报，长按还可以保存海报，海报上有二维码，可以在用户分享海报时进行二次导流。

2. 应用于互动传播

PC时代人机互动方式较为简单，以用户发帖、参与讨论、发布图片和视频的UGC内容生产为主，终端的固定限制了用户随时随地进行互动。移动互联网时代，智能终端不仅让用户有条件实时参与互动，而且互动方式和手段趋于多样化。将H5技术的交互性特征与新闻报道结合实现互动传播，已成为网络与新媒体制作H5新闻的主要方向。

【案例3-6】

H5 新闻报道 2017 年“两会”

2017 年“两会”报道中，传统媒体在各自的新媒体平台上推出了多个 H5 新闻，有《2017 两会入场券》《部长请回答》《两会喊你加入群聊》《我的两会秘密花园》（见图 3－10）。

图 3－10　2017 年“两会”H5 新闻

【分析】《两会喊你加入群聊》以模拟微信群聊场景为设计出发点，输入 4 位密码“0305”加入“两会”微信群聊，部委领导现身打招呼，直接被总理@，点开红包后画面转到微信朋友圈，朋友圈里各部委领导围绕所在部门工作发表政策建言。虽然整个 H5 新闻让用户参与的操作不多，但把用户带入了熟悉的互动场景中，真正感受到一种接地气的“两会”氛围。

《我的两会秘密花园》把游戏、交互与新闻交融，用户通过选肥料来了解“两会”大政方针和国计民生，用养成的方式来完成整个操作。虽然互动有点简单，但游戏型 H5 新闻能够被引入“两会”报道，也是一种创新。

3. 应用于解读新闻

运用 H5 技术，将事件的重要新闻点和有冲击力的图片、视频挑选出来，制作成一个图文型或视频型 H5 新闻，能软化新闻的硬度，让新闻更好看、更耐看。在用 H5 技术解读新闻的过程中，图片一般是“主力”。运用 H5 技术可以使静态图片产生推、拉、摇、移的视频镜头效果；可以结合时间轴展示新闻事件全过程，形成新闻综述；可以结合数据、坐标解读事件的前因后果、来龙去脉，形成深度报道；可以结合关系图、四维图围绕一个人物或主题综合梳理编排，形成新闻故事。

【案例3-7】

H5 新闻解读 2020 年《民法典》

2021 年 1 月 1 日《中华人民共和国民法典》（简称《民法典》）正式施行，老百姓的生活会因此发生哪些变化呢？《每日经济新闻》联合腾讯新闻推出了《护航美好生活漫读〈民法典〉》的 H5 新闻（见图 3－11）。

图 3－11　《每日经济新闻》解读 2020 年《民法典》的 H5 新闻

【分析】《民法典》是一部和每一个公民的日常生活息息相关的法典，是一部解答民事关系上种种疑问的“社会生活百科全书”。但哪些问题更为突出、重要，在日常生活中更为迫切，老百姓更关心？编辑对这些问题进行了梳理，选择了小区设施修建、物业在电梯内挂广告、商家最终解释权、高利贷、高铁霸座、隐蔽性性骚扰、AI 换脸视频泛滥、婚前隐瞒重大疾病、老人遗嘱更改、高空抛物等十大问题。从初始页滑动进入作品，首先呈现的是问题与相应插图，用户点击插图下的《民法典》图标可以查看解答，阅读完毕后，点击“下一问题”按钮则可依次进入页面查看接下来的问题，最后还有将十个问题统一到一个页面上呈现的汇总页面，用户可选择集中浏览，也可以选择重看一次。整个 H5 新闻利用交互阅读的方式对《民法典》的部分内容进行了解读。

4. 应用于整合资料

历史资料和背景材料是新闻报道的重要组成部分。重大事件纪念日的报道需要整合历史资料，重点报道、突发新闻则需要同步背景资料。一般而言，资料、史料比较枯燥，将 H5 技术运用于资料整合，不仅能有逻辑地展现梳理后的资料，而且能为阅读精致页面的用户带来视觉美感，使其在动效中沉浸于内容。这样，不仅资料的价值得到了提升，传播的效果也得到了相应的增强。

【案例3-8】

H5 新闻整合资料《关于改革开放，这些第一你知道吗?》

改革开放 40 周年之际，央视网推出 H5 新闻《关于改革开放，这些第一你知道吗?》，运用 H5 答题交互的方式展示改革开放以来中国创造的一个个里程碑（见图 3－12）。

图 3－12　央视网 H5 新闻《关于改革开放，这些第一你知道吗?》

【分析】央视网配合大型纪录片《四十年四十个第一》推出了这个 H5 新闻。作品采用手绘漫画和用户参与答题的交互形式，从人们身边的若干个“第一”入手，引导用户进入答题环境。用户在完成答题后，下一个页面即展现相关历史资料，带领用户了解改革开放的一个个里程碑，唤起用户对改革开放 40 年的共情。

5. 应用于专题报道

H5 技术为移动端专题报道提供了两条新的路径：一是高度整合，运用切换、弹出、划屏等手段将新闻报道的核心内容汇聚到一个 H5 新闻之中；二是化整为零，将大专题切割为一个个用 H5 技术来表现的小专题、微专题，形成专题矩阵。

【案例3-9】

H5 新闻专题报道 2016 年世界智能制造大会

2016 年 12 月，世界智能制造大会在中国江苏举行。《人民日报》全媒体平台推出了一组共 4 个 H5 新闻，用 H5 新闻矩阵对整个大会做了全面报道（见图 3－13）。

图 3－13　《人民日报》全媒体平台 H5 新闻《2016 世界智能制造大会》

【分析】《2016 世界智能制造大会》的 4 个 H5 新闻，内容分别是会议日程、直播报道、炫酷的极品造车动画和专家访谈，在会前、会中和会后逐个推出，把一个大专题里的重要内容提炼、汇聚到一个个小的 H5 新闻里，主题集中、内容集中，引导用户追踪浏览各主题下的内容。用 H5 新闻做专题报道，不需要炫目花哨的动效和炫酷的特效，重点在于精心编辑和提炼精华内容，合理、科学地编排、布局页面，让整个 H5 新闻张弛有度、动静相宜。

六　VR/AR 新闻

2015 年《纽约时报》推出一款名为“NYT VR”的 App，让读者使用谷歌 Cardboard 设备体验沉浸式的虚拟现实内容，这项发明成为 VR 作为新闻传播手段的标志性事件。VR/AV新闻改变了新闻的呈现方式，带来了全新的讲故事方式，用户从过去的“看新闻”到“被带入新闻现场”，能产生“身临其境”的感觉，有利于提高用户的参与度。

（一）认识 VR/AR 和 VR/AR 新闻

VR（virtual reality）为虚拟现实，是利用计算机生成一种模拟环境，使用户可以沉浸到这种多源信息融合、交互的三维动态虚拟环境中进行体验的计算机仿真系统。其技术的核心特征可以被归纳为“3I”，即沉浸（immersion）、互动（interaction）和想象（imagination）。

AR（augmented reality）为增强现实，是指把原本现实世界中一定时间、空间、范围内很难体验到的实体信息，通过计算机进行模拟仿真，之后再叠加在真实环境中，达到真实的环境与虚拟的物体同处一个画面或空间的效果，实现真实世界和虚拟世界的“无缝”集成。

对比 VR 和 AR，前者是一个完全被创造出来的世界，制作过程中需要综合多种技术，核心技术包括实时三维计算机图形技术，广角（宽视野）立体显示技术，跟踪观察者头、眼和手的技术，除此以外还有触觉/力觉反馈、立体声、网络传输、语音输入输出技术等，具有多感知性、存在感、交互性和自主性等特点；后者不是完全被创造出来的，而是利用三维建模、实时模拟等技术在现实的基础上增加虚拟物体，核心技术包括多媒体、实时视频显示及控制、多传感器融合、实时跟踪及注册、场景融合等新技术与新手段，具有信息集成、实时交互性和定位虚拟物体等特点。

VR 展示的是一个虚拟的世界，但能给用户带来真实的感受；AR 展示的是真实世界与虚拟物体叠加后的视觉效果，用户看到的场景与单纯用眼睛看到的现实场景相比“增加”了更多的信息。用户通过头盔、眼镜、数据手套等 VR/AR 设备，借助视觉、听觉及触觉等多种传感通道与三维虚拟世界进行逼真的实时交互，消解了以往观众对于新闻的隔阂感。用户可以从自己的视角出发，直接参与并完全浸入虚拟场景，就像直接走入新闻现场一样，“亲身”体验世界上正在发生的大事。

2010 年，南加州大学高级研究员罗尼·德拉佩纳（Nonny de la Pena）首次用“沉浸式新闻”的概念来定义使用虚拟现实技术制作的新闻：“一种使观众能够对新闻中的故事或场景，获得第一人称视角体验的新闻生产方式。”《纽约时报》编辑杰克·西尔沃斯坦（Jake Silverstein）认为：“虚拟现实的力量在于，它能在观众与人物和事件之间建立一种独特的移情关系。”

（二）VR/AR 新闻的应用场景

据美国科技新闻网站 Engadget 报道，CNN（美国有线电视新闻网）于 2017 年设立了一个全新的沉浸式新闻部门，名为“CNNVR”，该部门每周推出一期虚拟现实新闻。而《纽约时报》早在 2016 年就开始推出每日播出的环景视频新闻节目，名为 The Daily 360。VR/AR 新闻作为新型传播手段，已经被应用到了各类场景。

1. 应用于娱乐和新闻直播

VR 直播最先被应用于大型综艺晚会、演唱会、体育赛事、娱乐节目，后被一些企业运用于产品发布会、大型活动等，发挥出其不同于普通直播的独特价值。

2017 年央视春晚利用 360 度全景的拍摄设备首次实现 VR 直播，用户可选择上下左右任意角度，获得更逼真的沉浸感，全视角感受春晚的现场氛围，犹如身临其境。2016 年里约奥运会期间，主办方在部分场馆架设全景摄像头，首次提供 VR 直播信号。美国 NBC 电视台购买了里约奥运会的 VR 转播权，推出共 85 小时的 VR 节目，包括奥运会开幕式和闭幕式，以及男子篮球、体操、田径比赛、沙滩排球等项目的直播和点播。用户可通过头戴设备观看，也可以通过手机下载相应 App 选择不同的拍摄角度观看，VR 的沉浸感让用户即使在家中也能感受到奥运会现场的热烈气氛。

VR 现场直播能拉近用户与新闻事件的距离，让用户产生一种全新的新闻实时“阅读”体验。用户只要戴上 VR 设备，就似乎被送达了新闻现场，时空穿越般的同步接收现场信息，更真切地体会和感受现场环境和气氛，真正对新闻留下深刻印象。

2. 应用于重大活动报道和突发事件报道

在重大活动报道中运用 VR/AR 技术，丰富了新闻报道手段，开启了新闻报道的新视角和新闻叙事的新方式。新华社在 2016 年“两会”报道中，首次采用 VR 视频直播和点播的方式，派遣多路新华社记者用 VR 摄像设备做轻量化、沉浸式报道，并专门在“两会”专题中设置“VR 视角”栏目，不仅能让用户看到 360 度全景视角下的会场内外，拥有身临其境的代入感，而且能增强会议新闻与用户的互动。图 3 - 14 展示的就是记者和参会代表头戴 VR 头盔观看视频的场景。

突发事件发生后，新闻记者很难进行全方位的采访和拍摄，也很难使受众感受到现场的环境。VR 技术能够弥补这些缺失，使用户在模拟的环境中体验新闻报道，获得听觉、视觉的多重感知，从而对新闻有了更直接、更全面的认识。2015 年 12 月 20 日

图 3-14　2016 年“两会”期间媒体记者和“两会”代表通过 VR 设备收看视频直播

深圳发生了山体滑坡事故，财新网在这次事故的报道中加入了 VR 技术，以“现场—故事—回眸”为顺序推出了“黄金 72 小时营救”“生死线上的人家”“深圳的伤恸”等 VR 新闻，为受众还原事故的真实现场及救援过程，增加了新闻的真实性。

3. 应用于科技类新闻报道

腾讯网在 2016 航天年报道中，推出 VR 产品“了不起的航天梦——首个中国航天 VR 展馆”。打开产品，用户如同走进一个未来展馆中，抬头便可看到中国长征火箭家族与天宫二号空间实验室的等比例立体模型。点击“热点”，可以了解长征火箭家族中每一个火箭的“能量密码”与“前世今生”；天宫二号专栏则用一组动画短视频，完整模拟了天宫二号发射时序；将手机举向头顶，可以实现“仰望星空”，使用户感到自己正在自由穿梭于整个太阳系。整个产品包括 20 张八大行星全景图片、6 张航天展馆全景图片，以及一组动画短视频，运用到了 CG＋3D 建模等技术，同时支持裸眼全景＋VR 观看模式。①

对古迹的报道也是运用 VR 技术以达到更好展示效果的应用场景之一。2016 年故宫博物院展出了一些来自景德镇的古老陶器，其中一部分是虚拟展示。戴上特制的黑色眼镜后，游客可以在 14 000 平方英尺②的虚拟景德镇遗址里漫步，“看到”各种废墟，与此同时还听到音频导览在介绍遗址的情况。故宫的工作人员提醒游客，不要离开这一实际仅有 40 平方英尺的虚拟互动区域，且要遵守蓝色警示灯的提示，否则就会撞到墙上。

① 1 800 万人观礼直播背后：解密腾讯新闻航天年超级报道计划［EB/OL］.（2016-09-16）［2020-05-17］. https://www.sohu.com/a/114451649_465296.

② 1 平方英尺约合 0.09 平方米。

4. 应用于新闻纪录片和纪实专题片

传统的新闻纪录片、纪实片，其新闻体验依赖于记者的报道角度和个人职业素养，观众只能置身环境之外。而 VR 技术能完整还原纪录片的真实场景，用户不需要受到记者的影响，也不需要施展自己的想象，而是“亲临现场”感受细节和氛围，理解和体味纪录片反映的事实。AR 新闻则能在传统新闻纪录片上叠加更多信息、材料，让纪录片内容丰富而有深度，信息全面而具有立体感。无论是引导用户进入现场，还是在现场画面上堆贴内容，VR/AR 新闻纪录片都改变了传统的纪录片叙事方式，创新出一种新的报道模式。

2015 年 11 月，《纽约时报》推出了首部 360 度全景新闻节目《流离失所》，运用浸入式报道技巧，讲述了三个孩子在难民危机中的生存状态。用户戴上 VR 眼镜后便如同与片中难民置身同一时空：仰望时可见飞机呼啸而过、空投供给；环顾时可见人群纷至沓来、哄抢食物。难民的生存状态在第一视角下，产生出更为强烈的情感冲击。

七 直播新闻

网络与新媒体的直播，是指在互联网或移动互联网平台上，通过图文、全媒体、演播室访谈等方式对新闻发生现场及相关当事人进行实时播出的一种传播方式。它不是传统直播的网络呈现，而是融入了互动、多媒体等新技术，改变了原有的新闻资讯内容生产和传播方式，颠覆了新闻报道的生态。

（一）直播新闻的特点

直播新闻，一方面可以实现网络与新媒体新闻时效的最大化，被认为是实时报道发展到极致的体现；另一方面也是网络与新媒体获取原创内容的直接途径，是既能获得独家新闻又拥有版权的一种捷径。网络与新媒体直播具有以下八个特点。

第一，同步性。直播能够将新闻现场或演播室现场第一时间、零时差地呈现给受众，让受众如临其境。2020 年初新冠肺炎疫情暴发后，火神山医院和雷神山医院几乎 24 小时昼夜不停地进行施工。央视频客户端在 1 月 27 日开通了两所医院建设现场的慢直播，直播全程没有音乐，没有解说，也没有评论区的话题引导，画面里只有建筑工人忙碌的身影，观看直播的用户只能听到各类机械设备运作时发出的噪声。虽然画面单调，但同步的直播带给了用户现场感、同在感、见证感，因而吸引了数千万名网友的关注。可以说，无论是图文直播、视频直播还是 VR 直播，同步性、临场感都是网络与新媒体直播的最根本特性。

第二，易留存。与广播、电视直播稍纵即逝的特点相比，网络与新媒体的图文直播和视频直播不仅能完整记录事件的过程与细节，更能长期保存，方便用户延时阅读与收看；而且互联网的海量空间为信息的长期存储提供了保障。2012 年中国共产党第十八次全国代表大会召开后，会议的开幕式和各场新闻发布会都在网络与新媒体中有全程的视频影像和文字实录，而传统的电视和广播媒介就很难做到。

第三，易交互。互动是网络与新媒体的本质功能，便利交互体现在互联网的各种业务和应用上，直播业务也不例外。目前，广播和电视会借助短信、微博和微信转述用户留言等方式来实现互动，这是一种间接的、延时的甚至是经过筛选的互动。网络与新媒体的直播互动则表现在两个方面：一是直播员或主播直接与收看直播的用户互动，从用户的发言、跟帖、弹幕中选择内容，并将这些内容加入直播之中；二是收看直播的用户彼此之间产生互动，边看边聊，边议边发。近几年，中央电视台春节联欢晚会在央视网直播时，“边看边聊”窗口非常热闹，观众围绕春晚节目发表的点评、意见及观众的个人喜好等都在第一时间被直接、客观、真实地反映出来，没有经过筛选和过滤。

第四，原创性。站在内容采集角度，直播是获得原创内容的便捷通道，能为网络与新媒体增添多样化的原创内容。2016 年里约奥运会报道中，腾讯网邀请到数十位奥运冠军在比赛结束后第一时间到演播室进行现场直播，从而获得了连传统媒体都难以得到的第一手独家内容。凤凰网在 2017 年“春运”开始后策划了一场长达 67 个小时的直播，持续了三天两夜，行程 4 856 公里，采访 50 余人次，共生产 71 条短视频、3 场视频直播、284 条图文消息、数千条热门评论。这些都是通过直播产生的原创内容。

第五，无限量。尽管传统广播、电视能派出多路记者、传输回多路现场信号，但如果不开放更多的频道和频率，便只能通过导播台切换的方式呈现多路信号传回的画面，或者采用双窗口、三窗口的模式来呈现。网络与新媒体不受频道和频率限制，只要传输线路顺畅、信号稳定，无论多少路直播都能在 PC 端和移动端中得到全部呈现。在 2016 年“两会”报道中，腾讯网联合《新京报》设置了 100 多个点位，回传 40 路直播信号，从代表团抵达到会议开幕，从分组讨论现场到场外花絮，直播中几乎囊括了所有能够直播的会议内容。

第六，低成本。传统电视直播需要动用多台摄像机、多位摄像人员以及在现场架设多个机位，相比较而言，一个编辑、一个速录员、一台电脑、一个能快速联网的工具就能完成网络文字直播；如果再加一台摄像机和一个摄像人员，基本能满足视频直播的要求。目前，手持云台、自拍杆的出现使得一个人就能完成视频直播。当然，投入较小的网络与新媒体直播在画面质量、信号切换、后期制作上还比不上传统电视直播，但成本低、门槛低的特点很适宜会议、演播室访谈和小型赛事的现场直播。

第七，多样态。直播虽然本身也是一种手段，但可以和更多的新技术、新设备结合，产生出更多的直播样态。无人机直播、360 度全景直播、VR 直播、AR 直播、机器人直播等都是网络与新媒体直播的新样态。2017 年 4 月在旧金山举行的 Facebook F8 开发者大会上，一架无人机对脸书首席执行官扎克伯格进行了跟拍，画面则通过脸书的网页和 App 实时传送给了数亿用户。

第八，不确定性。这一特点并非网络与新媒体直播所独有的，传统广播和电视直播也都存在不确定性的风险。相比较而言，网络与新媒体直播不仅存在政治风险、内容风险，还有信号不稳定和传输不顺畅的风险，不确定性更大，而出现问题后的影响和危害也更大。

（二）网络与新媒体直播的类别

从资讯直播到社交直播，从非营利性直播到营销类直播，从图文直播到 VR/AR 直播，网络与新媒体直播的发展演变带来了多类别的直播形态。了解网络与新媒体直播的类别，有利于利用这些直播形态所具有的不同特点进行有效传播。

按照直播手段进行分类，网络与新媒体直播可分为文字直播、图文直播、视频直播、多媒体直播和 VR/AR 直播。文字直播是网络与新媒体直播中最基本、最常用的一种类别。图文直播是文字直播的发展，即在进行文字直播的同时穿插编发新闻现场的图片，丰富直播的内容。视频直播是将音视频信号转成数字信号，再经由网络与新媒体平台进行传输的一种直播类别。多媒体直播，又称富媒体直播，将文字、图片、音频、视频和互动融合于一个页面，同时，直播内容可通过文字、图片和音视频等形式同时呈现。VR/AR 直播是借助 VR/AR 专业设备，将用户“送达”新闻现场，用户不是作为直播的观众，而是完全沉浸到现场环境中，感受一种全新的新闻实时“阅读”体验，这种直播方式能够真正拉近用户与新闻事件的距离。

按照直播对象进行分类，网络与新媒体直播可分为突发新闻直播、活动直播、发布会或会议直播、访谈直播、庭审直播、赛事直播。突发新闻直播是资讯直播中最有价值、最需技术支持但风险最高的一类直播。活动、发布会或会议、访谈已经是直播的“常客”，甚至有些活动、会议已经将直播作为一种营销手段。庭审直播是将直播作为法务公开的一种工具，通过在互联网端预告和实录呈现庭审现场，实现了法律审判的公开、透明和舆论监督。体育赛事是网络与新媒体出现之后最早运用直播的一类对象，视频直播、多媒体直播是其主要方式。

按照直播呈现方式进行分类，网络与新媒体直播可分为全程实录直播、过程性直播、穿插式直播和评议式直播。全程实录直播是对诸如新闻发布会、人物访谈和体育赛事等活动进行全面、完整甚至一字不落的记录，内容包括发言和对话的全部内容、比赛的全部经过。过程性直播是直播员根据自己对新闻事件的理解与把握，在直播新闻事件的过程中，有选择性地记录重点信息，然后在直播页面上发布。穿插式直播是直播员在直播过程中不仅全文记录、发布新闻现场，而且会穿插新闻背景资料、数据、图片、视频等，使直播从单纯的记录变为立体式的报道。评议式直播是在直播新闻事件的同时，邀请专家学者对事件进行述评，也就是在传递信息的同时还能解读信息，帮助网民理解新闻事实。

此外，根据直播发布平台的不同，有 PC 端网页直播、微博直播（微直播）、手机新闻客户端直播等；根据直播的场域不同，有演播室直播、户外即采即发直播和演播室＋户外直播等；根据直播工具的不同，有摄像机直播、手机直播和无人机直播等。

第三节 网络与新媒体的媒体融合

互联网之所以被认为会带来一场革命，是因为其背后的计算机技术、网络技术、移动通信技术等各类创新赋予了人类社会无限的能量与智慧，打破了传统、固化的社会组织和结构，瓦解了凝固、封闭的生产关系与社会基础。媒体融合就是对固有格局的瓦解与重构，内容生产不再是单一的符号，渠道不再是单一的终端，媒体从业人员也成为全能型的记者和编辑。

一 认知媒体融合

数字与网络技术的广泛应用，带来的不仅是传播媒体的革新，更打破了报纸、广播与电视等传统媒体间固有的界限，令原本泾渭分明的几种媒体或主动或被动地参与到一场革新性的融合之中，即“媒体融合”（media convergenee），也被称为“媒介融合”。

美国麻省理工学院的伊契尔·索勒·普尔（Ithiel de Sola Pool）教授从传播技术与形态方面入手，在其《自由的科技》（*Technologies of Freedom*）一书中提出，媒体融合意味着多种媒体在技术发展的影响下将呈现出功能性的融合，即依托数字技术与互联网技术使媒体内容、系统与渠道实现一体化。

喻国明教授在《传媒经济学教程》一书中将媒体融合描述为一种报刊、广播电视、互联网在技术运用上的趋同。“以信息技术为中介，以电缆、卫星、计算机技术等为传输手段，数字技术改变了获得数据、现象和语言三种基本信息的时间、空间及成本，各种信息在同一个平台上得到了整合，不同形式的媒介彼此之间的互换性与互联性得到了加强，媒介一体化的趋势日趋明显。”①

从组织机构运营的角度，媒体融合也被某些学者定义为“印刷的、音频的、互动性数字媒体组织之间的战略性文化联盟”。这种战略性文化联盟反映在媒体融合上就是经营多种不同类型的媒体（如电视、网站和报纸），并同时覆盖内容的生产、传播与反馈渠道，运营范围涵盖了电视、广播、报纸、杂志、出版、互联网、移动网等多个领域，拥有众多知名媒体品牌，并在一定范围内垄断了内容的制作与传播，实现内容与渠道的资源共享。

因此，我们可以看出媒体融合有狭义和广义之分。狭义的媒体融合是指微观层面上探索技术、功能、形态的简单组合对媒体生产、流程和人员的改变，如中央厨房、融媒体中心建设等。广义的媒体融合则是从社会整体的宏观层面审视媒体融合所带来的深远意义与丰富内涵，探讨与媒体相关的一切要素在社会范围内的互动以及这些互动所产生的多重影响，如传媒产业政策、体制机制的融合等。

二 媒体融合的层次与路径

媒体融合是建立在跨媒体基础上的彼此借力与深度合作，包含了三个层次：

第一层次是以新闻内容生产为核心构建的融合，包括信源融合、策划融合、采访融合、编辑融合、审核融合等。在这一过程中，会衍生出更多的新闻附加产品，使新

① 喻国明．传媒经济学教程［M］．北京：中国人民大学出版社，2009：153.

闻获得附加效益。2014 年“两会”期间，《人民日报》与人民网共同策划推出“两会 e 客厅”栏目，由《人民日报》记者出任主持人在网站演播室做嘉宾访谈直播，同时在网站的强国论坛设置“改革话题点赞榜”，将网民的反馈意见带到访谈现场。访谈的图、文、视频内容被人民网做成专题产品，得到了完整呈现。《人民日报》报纸则推出精心编辑的文字、图片、图表和视频（通过扫描二维码即可观看视频）专版。

第二层次是以经营、品牌为核心构建的融合，包括广告融合、经营融合、人员融合和品牌融合等，可以降低进入新媒体的门槛，自然延伸品牌价值，实现零成本的无缝对接。中央广播电视总台在媒体融合的过程中进行了很多尝试，例如：在《新闻联播》中启用中央人民广播电台首席播音员郑岚进行配音；在博鳌亚洲论坛 2018 年年会三台首次统一标识呼号，同屏集中亮相，通过整合频道、频率和各新媒体平台人员，在重大报道中做到指令统一、资源统一、标识统一，实现“1＋1＋1＞3”的整合传播效果。

第三层次是以渠道多样化为核心构建的融合，包括资源融合、数据融合、用户融合等。互联网时代，每一个用户都会留下上网浏览的“足迹”——新闻网站的浏览内容和时长、搜索网站的关键词和热词查询、社交网站的评论分享和发文、购物网站的商品浏览与交易行为等。这些碎片化的“足迹”经过挖掘，可汇聚成每一个用户的最小数据集，集合该用户的习惯、兴趣、喜好等个人数据。媒体机构目前都拥有多样化的数据获取渠道，同时也可以从公共平台获取用户数据。用数据驱动融合，是媒体融合的终极方向。

在构建媒体融合的路径上，需要依托技术，从五方面进行推进：

一是基础设施建设，即利用互联网与计算机技术设计研发各类产品，拓展传播渠道，比如创建网站、手机报、论坛、微博账号、微信订阅号、短视频账号、第三方平台账号、新闻客户端、小程序等。

二是常态化的内容与技术结合，即在内容制作、编辑呈现等方面广泛运用各种技术，比如利用留言板收集用户的反馈、利用微信订阅号开展与用户的互动、利用大数据分析用户的兴趣偏好等，让内容成为市场认同、用户喜欢、适销对路的产品。

三是实现多种传播方式的融合，从单一的大众传播到人际传播、群体传播、组织传播及大众传播的多元与整合，从提供单一场景的标准化内容到使用户享受到在不同场景、不同情境中获取相应内容的便利与自由，从满足所有用户的大众化、整体化需求到满足用户的个性化、定制化、小众化需求。多种传播方式的共振、叠加能从提升传播效果的角度扩大媒体与报道的影响力与传播力。

四是数据驱动融合。媒体融合的最终目的是打造“智能化”“智慧化”的新型主流媒体，而实现“智能化”与“智慧化”，不仅需要背后的数据支撑，而且需要数据驱动运营的思维和模式。目前，大多数“中央厨房”系统都设计有传播效果监测反馈系统，其原理是对新闻稿、新闻节目发布后的传播数据进行评估，以获知内容的传播力、引导力和影响力，及时发现舆情热点，有效评价选题质量，有针对性地调整传播内容，制定传播策略。这一系统就是对数据驱动的一个典型而具体的应用。

五是深刻理解互联网技术的本质——超链接属性，实现人与信息、人与人、信息与信息、人与场景、信息与场景的多重连接，以达到开放、分享与共享的融合传播效果。

三 国内媒体融合的发展演变和现状

尽管 20 世纪 80 年代就有对媒体融合的研究、探讨和实践，但国内真正开启媒体融合之路是在移动互联网发展、开放平台出现、媒体形态多样化之后。

（一）国内媒体融合的发展演变

2014 年 8 月，习近平总书记在中央全面深化改革领导小组第四次会议上强调，要遵循新闻传播规律和新兴媒体发展规律，强化互联网思维，坚持传统媒体和新兴媒体优势互补、一体发展，坚持先进技术为支撑、内容建设为根本，推动传统媒体和新兴媒体在内容、渠道、平台、经营、管理等方面的深度融合，着力打造一批形态多样、手段先进、具有竞争力的新型主流媒体，建成几家拥有强大实力和传播力、公信力、影响力的新型媒体集团，形成立体多样、融合发展的现代传播体系，要一手抓融合，一手抓管理，确保融合发展沿着正确方向推进。同时，在这次会议上，出台了《关于推动传统媒体和新兴媒体融合发展的指导意见》。这是关于媒体融合第一次全面、系统、完整的阐述，也是首次将传统媒体和新兴媒体融合发展上升到战略层面。

从 2014 年到 2020 年，6 年的媒体融合实践大致经历了四个阶段的发展演变：

第一阶段是围绕渠道加大投入与建设。在这一阶段，中央级媒体和省级媒体在移动端建立了多个新闻客户端，占领移动传播制高点。同时在第三方平台上创建账号，如官方微博账号和微信公众号，并开通视频直播窗口等，形成全媒体传播体系，覆盖上亿用户。以《人民日报》为例，目前拥有 29 种社属报刊、31 家网站、111 个微博机构账号、110 个微信公众号及 20 个手机客户端等的《人民日报》已不再是一张报纸，而是一个全媒体形态的“人民日报媒体方阵”，是拥有报纸、杂志、网站、电视、广播、电子屏、手机报、微博、微信、客户端等 10 多种载体、320 个终端载体的媒体集团，覆盖用户超过 3.5 亿人。

第二阶段是内容形式创新，即坚持内容为王，生产出多款用户关注度高、互动性强、全民参与的新媒体产品。《人民日报》的“军装照”H5 作品吸引了 10 亿用户参与互动；新华社推出的《那年，我们 21》总传播量达 5.7 亿次；央视新闻新媒体通过“智能大屏＋移动小屏”“长视频＋短视频”等方式，让“习近平主席二〇一九年新年贺词”的相关报道累计观看量在短短 1 小时内超过 1.6 亿次，新年贺词里的“金句”迅速在网上热传。

第三阶段是推动平台化发展。平台可以使用户的需求得到一站式满足，从而具备强大的黏性。《人民日报》建成了全国党媒信息公共平台，推出“平台＋内容生产者”的“人民号”，吸纳入驻媒体机构 7 000 余家，一些优质的自媒体也纷纷进驻，平台日均审核推送原创资讯 3 500 余条。新华社推出服务全国媒体的“现场云”新闻在线生产系统，为入驻媒体免费提供基于移动端的全媒体采编发功能。中央广播电视总台上线“全国智慧县级融媒体平台”，打造县级融媒体矩阵传播平台。

第四阶段是跨业、跨界融合。从新闻媒体向社会服务、游戏、电商、政务等多领域发展，探索出内容运营模式、新闻＋社区服务模式、技术服务模式（包括系统搭建、“两微一端”代运营与内容审核风控等）、媒体电商模式。

（二）国内媒体融合的现状

目前，媒体融合的格局初步形成，大致形成三个层级，面向三个发展方向：

以《人民日报》、新华社和中央电视台为代表的央媒媒体融合推进迅速，成效显著：内容上爆款产品频出，用户关注度高；渠道上传播体系基本建成，传播力与影响力与日俱增；经营上探索多种模式创新，增强主流媒体竞争力。因此，中央级媒体的媒体融合方向是构建“新型传播平台”，担负作为新闻传播与舆论引导的策源地和主阵地的使命。

以浙江“媒立方”、上海报业集团、天津“津云”为代表的省级媒体集团媒体融合立足于新媒体，推动技术创新，再造业务流程，重塑体制机制，一方面推出多款移动端产品，一方面将业务从媒体层面转向电商、游戏、社区服务等方向。经济发达地区的省级媒体集团融合迅速，商业模式多样化；欠发达地区的省级媒体融合步伐缓慢，融合成效不明显。因此，省级媒体集团的融合方向是担负新型主流媒体的重任，成为区域内媒体融合的样本，并为下一级的媒体融合提供指导和技术支持。

以“长兴传媒”“项城市融媒体中心”为代表的县级融媒体中心建设总体上刚刚起步。虽然县级各媒体一直以来体量较小，长期没有进入市场化体系，融媒体中心建设问题多多，体制、技术、市场、用户等方面都存在亟待解决的问题；但是，县级媒体发展已经进入国家舆论战略视野，县级融媒体中心已被看作提高舆论引导能力、提升社会治理水平的重要一环。因此，县级融媒体中心将担负地方社会治理的职责，成为网上群众路线的实践之地。

四　国内媒体融合的实践案例

近些年，国内各级媒体机构不断探索媒体融合实践，中央级媒体、省级媒体在技术、终端、业务、流程上改革创新，涌现出一批有代表性的典型案例。

（一）中央广播电视总台大屏小屏同步融合传播

2019 年月 8 月《新闻联播》微信公众号上线，随后入驻抖音和快手，在快手上大小屏同步直播；而另一个短视频栏目《主播说联播》更被各类短视频平台纷纷转载分享。9 月，中央广播电视总台推出《故事里的中国》《一堂好课》等多档新节目，这些节目除了在中央电视台相应频道播出外，还在央视频、央视新闻客户端同步播出，并在双 App 上集成专题，随时点播。

在“中华人民共和国成立 70 周年”的报道中，总台联动咪咕视频、新浪微博、快手三家互联网平台打造“全景观盛典”，在央视大屏上是 1 路主信号，在短视频平台上是 6 路特殊视角镜头，把导播间搬到互联网上，把切换权交给了用户。这种跨界大小屏融合的模式赢得了用户的认可，仅快手“多链路直播间”总观看人次就突破 10 亿。

（二）新华社“现场云”全国服务平台

2017 年新华社推出“现场云”全国服务平台。“现场云”是一款新闻在线生产系统，为入驻媒体免费提供基于移动端的全媒体采编发功能：前方记者拿起手机打开“现场云”App，便可以即采即拍即传文字、高清图、视频等多种类型的报道，后台系统即收即审即发，实时、全面、生动地展现新闻现场的全貌。截至 2018 年 2 月，该平台已入驻 2 400 多家机构用户，覆盖全国省级、地市级媒体，入驻记者、编辑 12 000 多人，进行的图文直播和视频直播总量突破 35 000 场。[①]

“现场云”全国服务平台搭建有开放性现场新闻功能平台、开放性现场新闻后台和统一用户管理平台，支持全媒体素材的采集及分发，提供信息采集、信息存储、信息分发到数据分析的功能，建立有运营管理后台、数据统计体系、互动体系及全媒体导播系统。同时建立了唯一 ID“全国现场新闻记者库”，构建记者资源统一管理的大数据分析系统，实现媒体从业人员的标签化、画像管理。2017 年全国“两会”期间、“一带一路”国际合作高峰论坛前夕，通过“现场云”全国服务平台，新华社与数十家媒体就相关主题开展了跨区域、跨媒体、跨平台的联合活动，收到了良好的社会效果，实现了媒体的大融合。

（三）基于新型传播体系的湖南日报社“四全媒体”集团[②]

全程媒体：湖南日报社拥有《湖南日报》等 10 家纸媒、华声在线新闻网等 2 家网站，以及新湖南 App 和“新湖南云”平台，覆盖 4 000 万用户，由一个以日和周为传播周期的传统媒体集团升级为一个新闻生产全时间参与、全空间介入、全角度传播的全程媒体集团。

全息媒体：以新湖南 App 为龙头，每天组织生产或大数据直接导入的图文、音频、视频、VR、H5、互动程序等多媒体新闻产品 1 500 多条，生产效能显著提高。记者由单一的“笔杆子”成长为全能型“新闻战士”“主流网红”，“敏坚会客室”“小苏带你看两会”“柳小 Q 脱口秀”“小恒‘厅’说”等多档网络视听节目成为“网红专栏”，一些单篇作品点击量达百万人次。这体现了湖南日报社由一个以图文为主要表达形式的平面媒体集团升级为传播形式更加多元、呈现方式更加立体的全息媒体集团。

全员媒体：湖南日报社为入驻“新湖南云”平台的合作伙伴提供“一频一端一厨”服务，即在新湖南 App 上开设一个专属频道，生成一个可在电子市场单独下载的独立客户端，提供一个集“策采编播”功能于一体的“融媒小厨”技术系统。目前“新湖

① 新华社“现场云”面向智能化在线生产传播全面升级［EB/OL］.（2018-02-19）［2020-06-17］. http://www.xinhuanet.com/2018-02/19/c_1122429745.htm.

② 特别策划：守正创新、持续发力 五年来八家媒体这样推进媒体融合［EB/OL］.（2019-08-18）［2020-06-17］. http://media.people.com.cn/n1/2019/0818/c120837-31301454-3.html.

南云”平台已吸纳168个省直、市州、区县及全省高校和大型企业等各级各类融媒体中心和127个各类自媒体加入。这体现了湖南日报社由一个以自我原创为主的单向传播媒体集团升级为统合机构媒体与自媒体内容生产的全员媒体集团。

全效媒体：自2018年起，湖南日报社代运维湖南省政府门户网站信息发布栏目，以及“湖南微政务”“这里是湖南”“湖南财政”等10多个省直部门微信公众号。它们与新湖南App“湘问”频道、《湖南日报内参》、华声在线新闻网站《湖南舆情专报》等联动，共同构建湖南省最大最完善的移动政务办事与舆情服务平台，实现百姓呼声“一键直达”相关职能部门，有效发挥党媒“耳目”功能和桥梁纽带作用。由一个单一的新闻内容生产者升级为提供内容、信息、服务与社交一体化解决方案的全效媒体集团。

【本章思考题】

1. 结合你所在学校的校园媒体，试分析机构类传播主体的特征和价值。

2. 以某一重大新闻事件的报道为研究对象，试分析其对传播手段的运用和产生的效果。

3. 试调研分析你所在地区的省级或地市级媒体的融合发展状况。

4. 运用手机和短视频编辑工具，拍摄一段2分钟的短视频新闻。

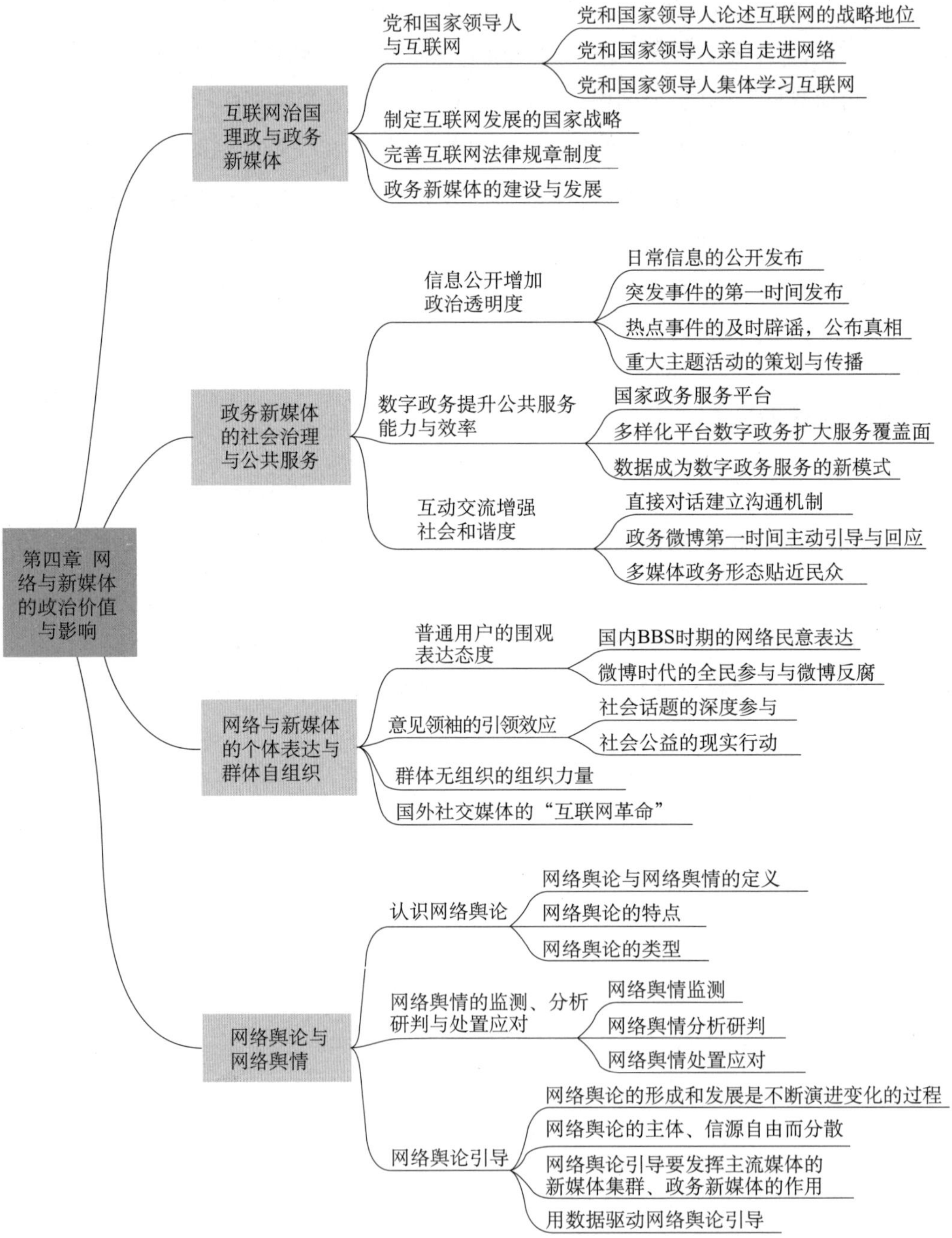
第四章 网络与新媒体的政治价值与影响
互联网治国理政与政务新媒体
党和国家领导人与互联网
党和国家领导人论述互联网的战略地位
党和国家领导人亲自走进网络
党和国家领导人集体学习互联网
制定互联网发展的国家战略
完善互联网法律规章制度
政务新媒体的建设与发展
政务新媒体的社会治理与公共服务
信息公开增加政治透明度
日常信息的公开发布
突发事件的第一时间发布
热点事件的及时辟谣，公布真相
重大主题活动的策划与传播
数字政务提升公共服务能力与效率
国家政务服务平台
多样化平台数字政务扩大服务覆盖面
数据成为数字政务服务的新模式
互动交流增强社会和谐度
直接对话建立沟通机制
政务微博第一时间主动引导与回应
多媒体政务形态贴近民众
网络与新媒体的个体表达与群体自组织
普通用户的围观表达态度
国内BBS时期的网络民意表达
微博时代的全民参与与微博反腐
意见领袖的引领效应
社会话题的深度参与
社会公益的现实行动
群体无组织的组织力量
国外社交媒体的“互联网革命”
网络舆论与网络舆情
认识网络舆论
网络舆论与网络舆情的定义
网络舆论的特点
网络舆论的类型
网络舆情的监测、分析研判与处置应对
网络舆情监测
网络舆情分析研判
网络舆情处置应对
网络舆论引导
网络舆论的形成和发展是不断演进变化的过程
网络舆论的主体、信源自由而分散
网络舆论引导要发挥主流媒体的新媒体集群、政务新媒体的作用
用数据驱动网络舆论引导

第四章

网络与新媒体的政治价值与影响

从中国 1994 年接入国际互联网以来，党和国家领导人高度重视互联网的建设与发展，不断制定与出台关于互联网的国家战略，相关法律规章制度逐步完善，政务新媒体成为社会治理和公共服务的数字政务平台。而网络与新媒体大舞台不仅是言论汇聚与交锋的舆论场，也是思想文化信息的集散地和社会舆论的放大器。互联网的政治价值和社会影响与日俱增。

第一节 互联网治国理政与政务新媒体

截至 2021 年 6 月，国内网民规模达 10.11 亿，手机网民规模达 10.07 亿，人均每周上网时长为 26.9 个小时。[①] “网民来自老百姓，老百姓上了网，民意也就上了网。”党和国家领导人一直以来高度重视网络与新媒体，将互联网作为治国理政的新平台，而政务新媒体则是网络治国理政的第一推手。

一 党和国家领导人与互联网

自中国接入国际互联网后，党和国家领导人高度重视互联网、新媒体、大数据、人工智能、媒体融合等方面的发展，多次论述、集体学习并直接走进互联网，与网民

① 中国互联网络信息中心．第 48 次中国互联网络发展状况统计报告［EB/OL］．（2021-09-15）［2021-09-30］．http：//www.cnnic.net.cn/hlwfzyj/hlwxzbg/hlwtjbg/202109/P020210915523670981527.pdf

直接在线交流。

（一）党和国家领导人论述互联网的战略地位

江泽民同志在1999年2月召开的全国对外宣传工作会议上指出："世界各国争相运用现代化信息技术加强和改进对外传播手段。我们必须适应这一趋势，加强信息传播手段的更新和改造，积极掌握和运用现代传播手段。"他在2001年初的全国宣传部长会议上强调："要高度重视互联网的舆论宣传，积极发展，充分运用，加强管理，趋利避害，不断增强网上宣传的影响力和战斗力，使之真正成为思想政治工作的新阵地，对外宣传的新渠道。"他在2002年的中国共产党第十六次全国代表大会报告中指出："互联网站要成为传播先进文化的重要阵地。"

胡锦涛同志在2003年12月的全国宣传思想工作会议上指出："要高度重视和切实加强互联网新闻宣传工作，努力掌握网上舆论引导的主动权，使互联网站成为传播先进文化的重要阵地。"他在2004年9月出台的《中共中央关于加强党的执政能力建设的决定》中强调："高度重视互联网等新型传媒对社会舆论的影响，加快建立法律规范、行政监管、行业自律、技术保障相结合的管理体制，加强互联网宣传队伍建设，形成网上正面舆论的强势。"他在2007年1月中共十六届中央政治局第三十八次集体学习时强调，"我国网络文化的快速发展，为传播信息、学习知识、宣传党的理论和路线方针政策发挥了积极作用，同时也……给我国社会主义文化建设提出了新的课题。……能否积极利用和有效管理互联网，能否真正使互联网成为传播社会主义先进文化的新途径、公共文化服务的新平台、人们健康精神文化生活的新空间，关系到社会主义文化事业和文化产业的健康发展，关系到国家文化信息安全和国家长治久安，关系到中国特色社会主义事业全局"。

习近平同志自2012年以来，针对网络舆论、网络文化、互联网安全、网络生态治理、网上群众路线等工作发表了一系列讲话。他在2014年2月中央网络安全和信息化领导小组第一次会议上的讲话中指出，"做好网上舆论工作是一项长期任务，要创新改进网上宣传，运用网络传播规律，弘扬主旋律，激发正能量，大力培育和践行社会主义核心价值观，把握好网上舆论引导的时、度、效，使网络空间清朗起来"。他在2016年2月党的新闻舆论工作座谈会上的讲话中指出："管好用好互联网，是新形势下掌控新闻舆论阵地的关键，重点要解决好谁来管、怎么管的问题。"他在2017年党的十九大报告中说："加强互联网内容建设，建立网络综合治理体系，营造清朗的网络空间。"

他在2018年8月全国宣传思想工作会议上的讲话中强调，“必须科学认识网络传播规律，提高用网治网水平，使互联网这个最大变量变成事业发展的最大增量”。他在2019年1月十九届中共中央政治局第十二次集体学习时指出：“没有网络安全就没有国家安全；过不了互联网这一关，就过不了长期执政这一关。全媒体不断发展，出现了全程媒体、全息媒体、全员媒体、全效媒体，信息无处不在、无所不及、无人不用，导致舆论生态、媒体格局、传播方式发生深刻变化，新闻舆论工作面临新的挑战。”

（二）党和国家领导人亲自走进网络

2008年6月20日上午，时任中共中央总书记、国家主席、中央军委主席的胡锦涛到人民日报社，通过人民网强国论坛同网友进行在线交流，回答了网民3个问题。他在回答中特别提到：“网友们提出的一些建议、意见，我们是非常关注的。我们强调以人为本、执政为民，因此做事情、做决策，都需要广泛听取人民群众的意见，集中人民群众的智慧。通过互联网来了解民情、汇聚民智，也是一个重要的渠道。”①

2016年2月19日上午，中共中央总书记、国家主席、中央军委主席习近平来到人民日报社新媒体中心，通过实时播报系统，向全国人民致以元宵节问候。总书记亲手点击键盘，在《人民日报》“两微一端”发布了问候语音。随后，在人民网演播室同正在福建宁德赤溪村采访的记者连线，同村里干部群众在线交流。

2009年“两会”召开前夕，2月28日下午3点，时任国务院总理的温家宝走进中国政府网和新华网访谈室，接受中国政府网和新华网联合专访，与海内外网友在线交流两个多小时，回答了网民近20个问题，涉及“三农”“金融危机”“就业”“中小企业贷款”“民生”“医保”等若干问题。2010年和2011年又两次在“两会”召开之前在线与网民交流。而在更早的2006年“两会”中外记者招待会上，温家宝总理就说过：“现在面对我的是记者、是少数，但是在会场外听我谈话的群众是多数，我必须向群众讲几句话。‘两会’受到广大群众的关注，他们通过代表委员、新闻媒体和信息网络，给政府工作提出了许多意见和建议，但是据人民网、新华网、搜狐网、新浪网和央视国际网不完全的统计，对政府提出的意见和给总理本人提出的问题，多达几十万条。”②

---

① 胡锦涛总书记在人民网同网友在线交流［EB/OL］.（2008-06-20）［2020-06-17］. http://politics.people.com.cn/GB/8198/125402/index.html.

② 温家宝总理答中外记者提问实录［EB/OL］.（2006-03-14）［2022-01-08］. http://www.chinadaily.com.cn/hqzg/2006-03/14/content_536061.htm.

（三）党和国家领导人集体学习互联网

从 2016 年至 2019 年，中共中央政治局就互联网、大数据、人工智能、媒体融合、区块链进行了五次集体学习。

2016 年 10 月 9 日，中共中央政治局就实施网络强国战略进行集体学习，提出要加快推进网络信息技术自主创新，加快数字经济对经济发展的推动，加快提高网络管理水平，加快增强网络空间安全防御能力，加快用网络信息技术推进社会治理，加快提升我国对网络空间的国际话语权和规则制定权，朝着建设网络强国目标不懈努力。

2017 年 12 月 8 日，中共中央政治局就实施国家大数据战略进行集体学习，提出大数据发展日新月异，要审时度势、精心谋划、超前布局、力争主动，深入了解大数据发展现状和趋势及其对经济社会发展的影响，分析我国大数据发展取得的成绩和存在的问题，推动实施国家大数据战略，加快完善数字基础设施，推进数据资源整合和开放共享，保障数据安全，加快建设数字中国。

2018 年 10 月 31 日，中共中央政治局就人工智能发展现状和趋势进行集体学习，提出人工智能是新一轮科技革命和产业变革的重要驱动力量，加快发展新一代人工智能是事关我国能否抓住新一轮科技革命和产业变革机遇的战略问题。要深刻认识加快发展新一代人工智能的重大意义，加强领导，做好规划，明确任务，夯实基础，促进其同经济社会发展深度融合。

2019 年 1 月 25 日，中共中央政治局就全媒体时代和媒体融合发展进行集体学习。不同的是这次把学习的“课堂”设在了媒体融合发展的第一线人民日报社，采取调研、讲解、讨论相结合的形式。习近平总书记强调，推动媒体融合发展、建设全媒体成为我们面临的一项紧迫课题。要运用信息革命成果，推动媒体融合向纵深发展，做大做强主流舆论，巩固全党全国人民团结奋斗的共同思想基础，为实现“两个一百年”奋斗目标、实现中华民族伟大复兴的中国梦提供强大精神力量和舆论支持。

2019 年 10 月 24 日，中共中央政治局就区块链技术发展现状和趋势进行第十八次集体学习，强调区块链技术的集成应用在新的技术革新和产业变革中起着重要作用。要把区块链作为核心技术自主创新的重要突破口，明确主攻方向，加大投入力度，着力攻克一批关键核心技术，加快推动区块链技术和产业创新发展。

二 制定互联网发展的国家战略

从 2013 年至 2017 年，国务院陆续发布关乎互联网发展的国家战略和行动规划，包括“宽带中国”战略实施方案、《促进大数据发展行动纲要》、《国家信息化发展战略纲要》和《新一代人工智能发展规划》。这些战略规划和纲要既是互联网治国理政的基础工程，也是顶层设计和总体布局。

2013 年 8 月，国务院发布了“宽带中国”战略实施方案。方案明确指出，宽带网络是新时期我国经济社会发展的战略性公共基础设施，加快构建融合、安全、泛在的宽带网络对拉动有效投资和促进信息消费、推进发展方式转变和小康社会建设具有重要支撑作用。

2015 年国务院发布《促进大数据发展行动纲要》，指出数据已成为国家基础性战略资源，大数据正日益对全球生产、流通、分配、消费活动以及经济运行机制、社会生活方式和国家治理能力产生重要影响，运用大数据推动经济发展、完善社会治理、提升政府服务和监管能力正成为趋势，要加快大数据部署，深化大数据应用，创新大数据驱动社会发展。

2016 年 7 月，中共中央办公厅、国务院办公厅发布《国家信息化发展战略纲要》，要求将信息化贯穿我国现代化进程始终，加快释放信息化发展的巨大潜能，以信息化驱动现代化，加强建设网络强国。同时还提出网络强国“三步走”的战略目标，是规范和指导未来 10 年国家信息化发展的纲领性文件。

2017 年 7 月，国务院发布《新一代人工智能发展规划》，指出人工智能发展进入新阶段，是国际竞争的新焦点，也是经济发展的新引擎，还会带来社会建设的新机遇，但人工智能发展的不确定性也会带来新挑战。规划提出了六方面的重点任务和一系列保障措施，要求到 2030 年中国人工智能产业竞争力达到国际领先水平，人工智能核心产业规模超过 1 万亿元，带动相关产业规模超过 10 万亿元。

三 完善互联网法律规章制度

国内对网络与新媒体机构的监管方式，一是事前审批制度，即运行机构需要获得市场准入的行政许可或备案，二是事后监管制度，即制定相关法规、条例和管理文件，依法依规管理运行中的互联网公司。事前审批的范围相对较小，主要是互联网从事新闻信息内容和视听节目的机构。因此，法规、条例和管理文件是互联网治国理政、监督管理的基础要件。

网络与新媒体已经完全成为社会经济生活的一部分，关涉各个行业领域，主要管理部门和关联部门较多，有时还涉及交叉管理、多部门共同管理的问题，比如内容层面就有国家互联网信息办公室、广电总局、工信部和文化部等对信息内容实施监管。因此，及时制定和完善法律、行政法规、部门规章等就非常必要且重要。这不仅是避免“九龙治水”，使相关部门各司其职、各负其责的保障，更是实现互联网治国理政、依法治网的根本。

目前，已经出台的互联网法律有《中华人民共和国网络安全法》（以下简称《网络安全法》）、《中华人民共和国电子商务法》，与互联网相关的法律有《中华人民共和国电子签名法》《中华人民共和国密码法》。2017 年 6 月正式实施的《网络安全法》是我国第一部网络安全领域的基础性法律，也是我国第一部保障网络安全的基本法，它的实施是国家网络治理从量变到质变的里程碑事件。没有网络安全，就没有国家安全。《网络安全法》确立了网络空间主权原则、网络安全与信息化发展并重原则以及共同治理原则三大原则，明确了网络空间主权、网络运营者义务、个人信息保护、网络实名制等问题，规定了 14 种惩罚手段，保障了互联网在法治轨道上健康运行。

交流互动是网络与新媒体的监管难点。交流互动领域中用户活跃、问题频发，却还不断涌现新产品、新技术和新应用。相关的行政法规、规章等也必须跟得上现实发展，才能依法实施监管。因此，围绕微博、论坛、直播等社交服务，出台了多部规范性文件，包括《微博客信息服务管理规定》《互联网群组信息服务管理规定》《互联网跟帖评论服务管理规定》《互联网论坛社区服务管理规定》《互联网直播服务管理规定》《互联网用户账号名称管理规定》等，从根本上保障社交媒体的健康发展。

信息内容是网络与新媒体监管的又一难点，由于涉及文本、音视频、动漫、H5 等多形式和多样化的内容，信息内容不仅存在庞杂无序、良莠不齐的现象，而且随着网络传播环境的变化会不断出现新问题、遇到新挑战，如网络谣言难以遏制，网络暴力难以管控，自媒体生产者、服务平台和使用者的权利、责任、义务模糊不清等。这些都使得我们需要在原有基础上不断对法律法规进行修订和完善。比如《互联网新闻信息服务管理规定》，第一次出台是 2005 年，2017 年对其进行了修订；但因为网络信息内容关乎社会治理，关乎清朗网络空间，关乎内容生态结构，因此，

2019 年又出台《网络信息内容生态治理规定》，除了首次以网络生态治理理念统领互联网信息内容治理的各个层次、各个环节外，还对信息内容治理的核心对象——内容的标准提出了更为系统、更为综合的方案。

四　政务新媒体的建设与发展

PC 互联网时代，政务新媒体的主要形态是政府网站。2006 年，随着中国政府网开通，从国务院到省、市、县的多级电子政务系统基本建成。根据 CNNIC 发布的《第 47 次中国互联网络发展状况统计调查报告》，截至 2020 年 12 月，我国共有政府网站 14 444 个，主要包括政府门户网站和部门网站。与 2016 年 6 月的 6 万个相比，网站数量有了大幅度缩减；网站栏目也进行了精简，主要集中在信息公开、网上办事和政务动态三种类别。

政务新媒体数量众多、类型多样，“两微一端”及第三方平台中都有政务新媒体的身影，微博有政务新媒体发布厅，头条号、企鹅号有政务机构的账号及其留言板，抖音、快手平台有政务机构开展的直播活动等。截至 2020 年 12 月，经新浪平台认证的政务机构微博有 14.08 万个，各级政府共开通政务头条号 82 958 个，开通政务抖音号 26 098 个，政务服务用户规模达 8.43 亿，占网民整体的 85.3%。全国一体化政务服务平台实名用户总量达 8.09 亿，全国 31 个省（区、市）及新疆生产建设兵团、46 个国务院部门政务服务平台接入国家政务服务平台，实现全国政务服务“一网通办”的格局。

在国务院办公厅 2018 年发布的《关于推进政务新媒体健康有序发展的意见》里，明确了政务新媒体的地位和作用——“政务新媒体是移动互联网时代党和政府联系群众、服务群众、凝聚群众的重要渠道，是加快转变政府职能、建设服务型政府的重要手段，是引导网上舆论、构建清朗网络空间的重要阵地，是探索社会治理新模式、提高社会治理能力的重要途径。”目前，以中国政府网政务新媒体为龙头的政务新媒体正在建设成权威的信息发布和解读回应平台、便捷的政民互动和办事服务平台、整体协同和响应迅速的矩阵体系。

当前，仍有不少地级市政府客户端及微信公众号的服务整合程度未达到标准，移动服务供给分散，“僵尸”“睡眠”“雷人雷语”“不互动无服务”等现象时有发生。为了优化政务新媒体在线服务功能，提高社会治理效能，2019 年《政府网站与政务新媒体检查指标》和《政府网站与政务新媒体监管工作年度考核指标》出台，对全国政府网站和政务新媒体进行量化考核、关停、整合，加强和完善政府网站及政务新媒体的日常管理和常态化监管工作，解决部分政务新媒体存在的信息发布不严谨、建设运维不规范、监督管理不到位等问题，让政务新媒体真正成为互联网治国理政的重要平台和有效工具。

第二节 政务新媒体的社会治理与公共服务

政务新媒体是互联网的传播主体之一，担负着信息传递、政务服务、互动沟通和舆论引导等多重功能和职责。借助互联网的工具和手段，政务新媒体改变了社会治理的模式，即从单向管理转向双向互动，从单纯政府监管转向社会协同治理，从事务管理、属地管理转向数据管理、扁平化管理，实现其在政治传播与公共服务等方面的价值。

一 信息公开增加政治透明度

政务新媒体目前已经成为拥有“两微一端一网”以及众多第三方平台账号的传播矩阵，又拥有独家、权威的信源。因此，及时、准确、公开地发布、传播政务信息是政务新媒体的第一要务，是实现上情下达、提升政府公信力的重要途径。

政务新媒体在某种程度上已经担负起新闻媒体的职责，应根据不同场景对信息内容进行针对性的发布传播。

（一）日常信息的公开发布

2008 年 5 月 1 日，《中华人民共和国政府信息公开条例》正式实施。条例要求政务新媒体要承担起政府信息公开的职能，积极主动传播政务信息，提高政府工作的透明度。日常信息的公开发布一方面是固定栏目、页面、数据的常态更新，另一方面是每日的动态新闻、领导信息、会议活动、新闻发布会直播、政策解读、专题建设等。在 2019 年公布的《政府网站与政务新媒体检查指标》里，首页和栏目更新、动态新闻、政策文件解读等都是日常信息的基础性考核指标。

媒体和公众也将政务新媒体的信息公开作为权威、重要的信源给予关注。2013 年、

2014 年反腐败案件不断曝光之际，中共中央纪律检查委员会网站成为“吸睛”之处。这是因为重案、要案都是由中纪委网站第一时间、准确、全面发布，并在微博、微信公众号同步发布，形成协同效应，通过中纪委网站，媒体、公众可以无损耗地接收到完整、权威的信息，以至于在每周的固定时间等待中纪委的“曝光时刻”。

（二）突发事件的第一时间发布

突发事件具有突发性、破坏性、持续性和复杂性等特点，不仅新闻信息量大，内容纷繁复杂，而且用户关注度高，社会影响面广。因此，在自然灾害、事故灾难、公共卫生事件、社会安全事件等突发事件发生时，政务新媒体可以发挥出政府机构的优势，第一时间获得准确、权威的事实、数据和真相，并及时通过新媒体矩阵告知公众，消除恐慌情绪，维护社会稳定。发布权威信息和资讯的政务新媒体会成为各类媒体、自媒体的信源，其发布的信息会被不断转发和分享，政府的影响力也就得到了进一步扩大。

“@中国地震台网速报”微博账号（以下简称“速报”）是中国地震台网发布地震信息的第一平台。每当大大小小的地震发生时，“速报”微博不仅能第一时间给出时间、位置、震级等具体信息，还配有截图、历史资料等，多媒体发布地震情况；同时，还会主动@地方和相关部委的政务微博，共享突发地震灾害的信息。2013 年 4 月 20 日，四川雅安发生 7.0 级地震，“速报”第一时间发布了相关信息，之后各类媒体纷纷转发“速报”的内容，关于地震的权威新闻瞬时得到了裂变传播。

（三）热点事件的及时辟谣，公布真相

热点事件出现后，谣言会和真相赛跑，谁能第一时间抵达用户，谁就能占领舆论制高点，抢占舆论先声。政务新媒体不仅可以跳过中间渠道，直接面对用户，缩短信息抵达用户的时间，降低信息的损耗，而且可以利用微博的即时发布与引导舆论的议程设置功能，第一时间辟谣、澄清事实、公布真相，第一时间用正能量引领舆论，让谣言失去传播的空间。

2017 年 2 月 19 日，两段题为“都江堰索桥断裂造成人员死亡”的视频在网上流传，引发群众的恐慌情绪和大范围的二次传播。警方调查后发现，这两段视频分别发生于 2014 年 2 月 24 日的越南莱州省以及 2015 年 3 月 9 日的巴勒斯坦，与都江堰索桥无关。当晚 22：17，“@成都共青团”发布微博辟谣并公布原版视频，及时缓解了公众的紧张心理。之后“@成都共青团”又连发三条微博，在力求最大限度还原事件真相

的同时，呼吁网友不信谣不传谣，理智面对网络谣言。[①]

（四）重大主题活动的策划与传播

在当前复杂的、多元主体的媒介生态环境中，政务新媒体的职能不能仅限于日常信息更新发布，被动应对突发事件和回应热点，还有必要主动策划内容，运用短视频、H5、直播等分享式和体验式报道手段，创新报道一些重大主题和彰显地方特色元素的活动，提升政务新媒体的影响力和引导力，更有效地实现社会治理。

在2018年快手公布的“快手号·政务机构总榜”里，“中国长安网”（中共中央政法委员会官方新闻网站）以“朴素”“接地气”“真实”赢得第一名。它主动策划拍摄了一段讲述云南基层民警故事的短视频“云南最后一个马背上的派出所”[②]，视频中一个个面色黝黑、满面沧桑的“80后”警员沿着山路在崇山峻岭中穿行的真实景象让人动容，上线数小时后播放量便超过5 100多万次。这种将镜头聚焦政务机构日常工作现场，让人们看见政府工作真实一面的政务短视频，传递的是政府声音的正能量。

二 数字政务提升公共服务能力与效率

数字政务是指在计算机、网络通信、信息化等技术支撑下，以简政放权、提升服务、创新监管为核心的互联网＋政务服务，是从“群众跑腿”到“数据跑路”的服务管理新模式，也体现了“多服务汇聚、全流程在线”的能力与效率的提升。根据《数字中国指数报告（2019）》的研究，用户使用移动政务服务的习惯已经养成，数字政务正在不断融入民众的日常生活。

（一）国家政务服务平台

2019年5月31日，国家政务服务平台（www.gjzwfw.gov.cn）上线试运行。它是一个全国性、跨区域、跨部门的一体化在线政务服务和网上办事平台，目前已陆续接入地方部门各级各类500多万项政务服务事项和1.1万项便民服务应用，形成全国

---

① 殷敬淇，赵星云．政务新媒体引导网络舆论的问题与对策［EB/OL］．（2017-09-01）［2020-06-19］．http：//media.people.com.cn/n1/2017/0901/c414068-29510198.html.

② 探访：云南最后一个马背上的派出所［EB/OL］．（2019-01-16）［2020-06-19］．https：//haokan.baidu.com/v？vid＝15319513052883105774&pd＝bjh&fr＝bjhauthor&type＝video.

政务服务“一张网”。同时，它还打破时间和地域限制，发挥全国政务服务公共入口、公共通道、公共支撑作用，让政务服务随时可办、异地可办。

国家政务服务平台采用全渠道一体化组成方式，开放有 PC 端服务门户网站、移动端 App 和小程序（见图 4－1），主要为企业和群众提供统一身份认证、统一服务事项、统一电子证照等“七个统一”服务，可以通过国家政务服务平台一键关联身份证、驾驶证、结婚证等多种证件，满足多样化办事场景和服务流程。此外，账号注册和登录流程也十分便捷，用户在“国家政务服务平台”小程序端，从刷脸登录到使用平台服务，两步即可搞定，免去重复注册、忘记密码的困扰，为政务服务全国“一网通办”提供了有力支撑。

图 4－1　国家政务服务平台网站、手机客户端、小程序的矩阵

国家政务服务平台的建成，有力地推动了各地区、各部门数字政务服务平台规范化、标准化、集约化的建设。政务服务流程不断优化，全过程留痕、全流程监管，政务服务数据资源有效汇聚、充分共享，大数据服务能力显著增强。政务服务线上线下融合互通，跨地区、跨部门、跨层级协同办理，全城通办、就近能办、异地可办，服务效能大幅提升。全面实现全国“一网通办”，为推动政府治理现代化提供了强有力的支撑。

（二）多样化平台扩大数字政务服务覆盖面

数字政务的服务平台有完全独立平台、半独立平台和第三方平台三种模式。独立平台是指完全自主运营、拥有后台数据和管理系统的政务网站和政务客户端；半独立平台指手机报、政务微博、政务微信公众号、政务头条号、政务抖音号、政务小程序等；第三方平台是指微信、支付宝等应用里提供的城市服务、生活缴费、交通出行、出境、医疗健康等服务。多样化的平台为用户在不同渠道获得公共服务提供了便利。

2018 年 5 月，首个集成广东政务服务的微信小程序“粤省事”上线，服务涵盖了社保、公积金、护照通行证、户政证件、交通出行、不动产登记查询、法律服务、社会救助、婚姻、新生儿、电子证照关联等多个领域的数百项服务。上线一年后，“粤省事”小程序已获得千万级的实名注册用户，大约每 12 个广东人就有一个在使用“粤省事”。北京的“一证通”、山东的“爱山东、山东通”、浙江的“最多跑一次”等，都是各地正在建设的数字政务服务平台，是中国政务数字化转型的前沿实践。

（三）数据成为数字政务服务的新模式

数据是数字政务的核心资源。第一，所有用户的在线服务和在线行为都会留下网络痕迹，形成个人数据包。在保护好个人数据隐私的前提下，根据数据信息为用户提供更加精准、高效的服务，能提升数字政务的效率，实现社会治理智能化和民生服务精细化、个性化。第二，政府是政务数据、企业数据、社会数据的第一拥有者。推动数据的开放和融合，能促进社会公共信息在社会成员之间的共享，提高信息的可获取性，企业、社会组织、公众可以挖掘并运用这些数据进行创新应用和增值利用，释放数据活力，激发社会创新动力。第三，数字政务要构建大数据驱动的政务新机制，用数据对话、用数据决策、用数据服务、用数据优化配置资源、用数据创新。数据将成为社会治理的推手。

2020 年初新冠肺炎疫情暴发，浙江省卫健委联合阿里巴巴搭建的“浙江新冠肺炎联防联控平台”上线，用户在主动申报疫情或提供线索、查询自己是否与患者同行的同时，还能通过“智能疫情机器人”的 AI 解答，快速解决大量网络问诊和信息上报的问题，民众咨询得到了批量解决；江西“赣服通”整合全省疫情实时数据，提供附近疫情查询、定点医院查询、谣言查询等便民查询服务；广西利用互联网＋督查平台征集本地区新型肺炎疫情防控工作中的各种问题、线索和意见，督促有关部门及时处理。各地的数字政务服务在抗击疫情的战斗中发挥着数据化、智能化、安全、高效的特殊作用。

三 互动交流增强社会和谐度

如果说数字政务平台、系统和数据是社会治理的硬件，那么互动交流就是社会治理的软件。从 PC 时代的留言板、BBS 论坛到移动时代的政务微博、政务直播、政务

App、政务短视频等，这些互动交流的窗口，时刻起着社会和谐润滑剂的作用。

（一）直接对话建立沟通机制

2002年11月16日，互联网上出现了一篇署名“我为伊狂”的文章《深圳，你被谁抛弃?》，文章面世后引发深圳各界强烈关注。时任深圳市市长的于幼军在市委重要会议上对该文做出正面回应，由此引发了一场关于深圳未来的大讨论。2003年1月19日上午，于幼军与该文作者在线下见面并进行了平等对话。

这是互联网上由一篇网文引发的直接对话。正如网文作者自己所言：“我没想到深圳市委、市政府做出这么快、这么积极的回应。我感到欣慰和鼓舞。网上文章能引起政府部门如此大的关注，不多见，在中国可能还是第一次吧!”

创办于2006年、由人民网主办的“领导留言板”就是一个网上干群互动平台（见图4－2），网友通过留言板反映问题、诉求和困难，各部委领导干部、各地书记省长及2 500多位市县“一把手”均通过该平台公开回复网民留言，解决各种问题超过110万项。

2020年8月16日至29日，“十四五”规划编制工作开展网上意见征求活动。通过互联网就规划编制向全社会征求意见和建议，在我国五年规划编制史上还是第一次。规划编制期间，《人民日报》、新华社、中央广播电视总台所属官网、新闻客户端以及“学习强国”学习平台都开设了“十四五”规划建言专栏，累计收到约101.8万条网民建言。这次网上意见征求活动一方面集聚了广大网民的智慧，把顶层设计和坚持问计于民统一了起来，另一方面也倾听了人民的呼声，把互联网变成政民互动的新平台、新途径和新方式。

习近平总书记指出：“群众在哪儿，我们的领导干部就要到哪儿去。”借助互动反馈平台，直接回应网民呼声，解决现实问题，疏解社会痛点，是互联网社会治理效果最直接的体现。因此，在县级融媒体中心的建设中，能够使网民与政府直接对话的网络问政平台已成为标配，发挥“互动直通车”的作用。

（二）政务微博第一时间主动引导与回应

政务微博在政务新媒体中起步较早，主要代表政府机构和组织收集意见、倾听民意、回应诉求，是一个快速及时、交流便捷、协同高效的社会化参政、议政、问政的互动平台。

图 4-2　领导留言板网站和 App 上的领导留言板频道

各部委和各地政府目前都已建立了以“@机构名称”或“@××发布”为模式的政务微博账号或微博发布厅。一方面开辟了一条政府处理紧急事件的信息公开通道，辟谣或澄清事实，主动引导网民，缓和社会矛盾；另一方面可以通过微博留言直接听取网民的意见、建议和呼声，在及时回应中树立政府公信力。

在主动引导方面，政务机构微博参与回应，直属部门或更高机构的出面让发声更具权威性和说服力，让社会看到政务机构的责任和担当。在“奔驰女车主哭诉维权”事件中，“@市说新语”（原“@中国市场监管”）及时跟进事件进展，发布权威消息，体现了市场监管总局对于维护良好市场秩序、严厉打击违规行为的决心，获得了网民支持和肯定；“南京应用技术学院虚假招生风波”中，“@南京人社”深入调查还原事件真相，防止以讹传讹，杜绝不实信息继续扩散，有效稳定了舆论场；轰动全国的“重庆保时捷女车主掌掴司机”事件中，“@平安渝北”将通报详细到家庭情况、财产情况、交通违法情况等方方面面，用详尽的调查结果平息了公众的质疑，消减了公众对于“特权”的焦虑。

在回应诉求方面，政务微博通过政务服务聚合办事入口，将服务范围扩大至与群众日常生产生活密切相关的各类民生事务，使群众体验得到大幅提升。“@马鞍山发布”创建的＃马上办＃话题，整合马鞍山市 362 家政务微博，以“矩阵模式”和“集群化”方式协同服务，建立为民服务动态播报机制；“@湖南高速警察”利用线上监督平台“随手拍”举报功能，动员群众、网友力量共同营造良好、规范的行车环境；“@国家税务总局”快速回应演艺行业“阴阳合同”问题；“@最高人民法院”与“@山东高法”进行“决战执行难”全媒体直播；“@公安部交通管理局”发布昆明重病患儿紧急转移北京的相关信息，呼吁沿途司机避让，此后，各地政务微博相继转发，为患儿争取到了更多的抢救时间……

（三）多媒体政务形态贴近民众

进入移动互联网时代，直播社区、短视频分享等多媒体形态成为用户易于接受、体验效果更好的互动方式。政务新媒体顺势而为，开通政务直播和发布政务短视频，用说唱、古装 MV、情景短剧等多种大众喜闻乐见的形式进行互动传播；甚至有县长走进直播间，直接与网民互动交流，为当地农产品代言，这一行为被称为“最接地气”的政务传播形式。

2020 年 3 月新冠肺炎疫情期间，抖音、西瓜视频等直播平台发起“县长来了”直播助农活动，利用平台拥有的庞大用户群和直播技术优势，将县长变身为“带货达人”，向广大网友介绍当地农特产品，将农民手中滞销的优质农产品推向全国，带动当地经济发展。粉丝区的互动，还可以帮助政务机构零距离观察到市场反应和消费需求，实现更精准的政务服务，建立良好的政民关系。

除了直播代言推销产品外，一些“网红”县长通过直播问政让直播间成为“第二办公室”。内蒙古锡林郭勒盟多伦县县长刘建军利用业余或下乡时间直播日常工作和下乡情况，实拍调研过程和村民生活状况，每周直播时长常常超过全国 99%的主播。他还在多伦县建立了政务多媒体直播间，通过线上面对面沟通宣讲县里政策，解答群众提问。在他的带动下，各乡镇和政府部门主要领导都进行了直播的尝试。

国务院办公厅 2018 年发布《关于推进政务新媒体健康有序发展的意见》，提出“政务新媒体是移动互联网时代党和政府联系群众、服务群众、凝聚群众的重要渠道，是加快转变政府职能、建设服务型政府的重要手段，是引导网上舆论、构建清朗网络空间的重要阵地，是探索社会治理新模式、提高社会治理能力的重要途径”。因此，政务新媒体不同于新闻媒体，更不同于社会自媒体，信息公开和政务服务是其第一要务，舆论引导和社会治理是其根本之责。政务新媒体不仅要做到信息准确、及时、公开、透明，而且要做到在线服务内容全、更新快、流程顺、体验好，满足群众的政务信息和政务服务之刚需。

第三节 网络与新媒体的个体表达与群体自组织

在微博世界，流行着这样一句话：“你的粉丝超过 100，你就像是本内刊；超过 10 万，你就是一份都市报；超过 1 亿，你就是 CCTV 了。”网络与新媒体场域下，以微博为主要阵地的用户、专业用户和群体自组织等的表达和动员已成为互联网的另一种民意话语和政治生态。

一 普通用户的围观表达态度

当下的互联网，网民的需求已从单纯地浏览新闻、搜索信息等被动的、客观的需求转化为抒发情感、表达意见、获得价值认同和建立关系等主动的、主观的需求。从 BBS 时代到今天的微博、微信，已出现过多起“围观表达态度、影响社会政治”的标志性事件。

（一）国内 BBS 时期的网络民意表达

网络民意的表达始自 PC 时代的 BBS 论坛。1999 年 5 月 8 日，中国驻南联盟大使馆遭美国空袭，当时为数不多的网民在互联网上掀起抗议浪潮，人民网的前身《人民日报》网络版5月9日开通“强烈抗议北约暴行BBS论坛”（后更名为“强国论坛），成为网民宣泄情绪、自由表达言论和情感心声的公共空间。海外一度将强国论坛的开放程度视为中国政治思想和意识形态动向的晴雨表。

网络民意第一次彰显力量的标志性事件是2003年“孙志刚案”。2003年3月，在广州务工的大学生孙志刚因为没有暂住证被收容，后在收容所遭受野蛮殴打致死。此案经《南方都市报》报道后引发了国内对收容遣送制度的大讨论，当时的各大BBS论坛，如强国论坛、天涯社区、西祠胡同等成为讨论该话题的主要场所，情绪化的言论和理智的诉求交织在论坛中，还有大量的“潜水”群体默默关注着事态的发展。6月，国家废止《城市流浪乞讨人员收容遣送办法》，发布《城市生活无着的流浪乞讨人员救助管理办法》。这次发生在互联网中的维权运动获得的成功，直接将互联网推到了舆论监督的前沿，使其成为社会话题的集散地。

以2006年“虐猫事件”“铜须门事件”为发端，普通网民参与的互联网舆论监督一年胜过一年，监督方向也从网络世界指向现实社会，聚焦于社会热点、问题、矛盾和冲突，特别是种种贪污腐败、社会不公现象，这让互联网成为直接干预现实社会的重要力量。

2009年的77件影响较大的社会热点事件中有23件是因网络爆料而引发公众关注的，也就是说，三成社会舆论因互联网而起。这些事件包括央视新址火灾事件、杭州飙车撞人事件、成都公交车燃烧事件、云南晋宁看守所死亡事件、河南灵宝追捕王帅事件、湖北石首群体性事件、湖北巴东邓玉娇事件、上海“钓鱼”执法事件……同时还伴生出当年的网络流行语：“70码”“楼脆脆”“躲猫猫”“临时性强奸”等。

互联网的民意表达不仅仅在于舆论监督、流行语制造、社会话题参与，还传递着温暖、爱心、情怀等。2008年“3·14事件”中，网民自发建立反CNN网站，利用各种Web2.0工具上传文字、图片和视频，揭露西方媒体的造谣攻击和虚假报道，表达正义声音。2008年北京奥运会奥运圣火海外传递时，网民再次自发组织起来，参加反分裂护圣火行动，在自己的MSN名字前加上一颗红心和英文“CHINA”，掀起MSN用户群体签名的爱国狂潮。汶川地震期间，亿万网民在网上开展寻人活动和物资捐助、捐款等活动，在重大新闻事件中承担起社会责任。

（二）微博时代的全民参与与微博反腐

诞生于2009年的微博是继BBS论坛之后的又一个网络民意表达的空间。与BBS

论坛不同的是，微博的核心是关注与被关注，用户既关注他们感兴趣的人，也关注感兴趣的内容。微博的实质是双重聚合，既有内容的聚合，又有用户的聚合，是叠加在内容与用户基础上的具有大众传播和媒体属性的聚合。微博的传播是融合传播，人类传播的四种方式——人际传播、群体传播、组织传播和大众传播——都聚合到了微博这个单一应用上，新闻事件通过病毒式传播、裂变式传播产生了更强的影响力和震撼力。微博时代的互联网是一个全民参与的网络舞台。

2009 年 11 月 1 日的一场大雪，使北京首都国际机场部分航班的乘客被困在机舱十几个小时，碰巧经历现场整个过程的谷歌前全球副总裁李开复在新浪微博上进行了一场颇有影响力的“直播报道”：等了 12 个半小时，已经缺食物 9 个小时，缺水 3 个小时；有人在机舱里因缺氧而晕倒……在机舱内被困十几个小时的情况下，他通过自己的笔记本电脑和手机不间断地发布最新进展，这些真实记录被瞬间传播开，成为首都国际机场航班延误事件中被传播最广的文字。

在微博上，每个人都是一个迷你的“自媒体”，每个人都是信息的生产者、传播者和消费者，不仅引领了大量原创内容的爆发式增长，而且将世界带入一个“人人都有麦克风，人人都能发声，人人都可能成为‘麦霸’，人人都可能被关注被追随的时代”。

微博的这种独有特性，赋予了微博一种政治价值——反腐工具。参与主体多元广泛，信息传播便利高效，举报透明成本低廉，这些都推动微博成为反腐的一线平台。

2012 年 11 月，一段不雅视频的截图在微博上流传，网民纷纷转发并进行人肉搜索。63 个小时后，重庆市官方宣布确认视频中的男性为北碚区委书记雷政富，已免去其职务，并对其立案调查。一张照片、一段视频，一旦进入纷繁芜杂的微博世界，其产生的蝴蝶效应是难以预估的。

类似的案件还有陕西省安监局局长杨达才公开场合佩戴不同名表的“表哥门”、江苏省溧阳市卫生局局长错把微博当作私密聊天工具的“调情门”等。在 2012 年广受关注的 15 起真实的网络反腐案件中，通过微博举报的共有 6 起，占 40%；其余 9 起案件中，微博虽然没有直接充当举报平台，但其巨大转发量对案情的推动产生了不可忽视的作用。

著名互联网研究学者丹·吉尔摩（Dan Gillmor）指出，近几年来，越来越多的普通公民成为新闻记者和社会评论员。他们以令人惊叹的速度建立起加入社会和政治讨论的平台。因此，微博的全民参与产生了“转发表达态度，围观改变中国”这一特殊的互联网政治景观。

二　意见领袖的引领效应

意见领袖在网络上又称“网络大V”“网红”，多为社会各界精英翘楚，在网民中拥有百万或千万级的粉丝和关注者，具有一定的权威性或社会声誉，发表意见或言论后常获得众多点赞、转发和评论，在网络舆情或话题的生成、发展过程中是重要的乃至决定性的一环。

（一）社会话题的深度参与

网上的意见领袖有各种身份，有演员、歌手、运动员，有行业精英、商业成功人士，有专家学者、文化名人，有互联网中的“草根达人”，还有代表政府机构的发言人。他们虽然身份各异，但在面对公共社会现象、突发热点话题和社会政策议题时，一句简单的短评或无任何点评的转发都能提升问题热度，引发社会反响。

网络意见领袖一旦对社会现象、热点话题进行了转发或点评，就能产生一定的吸附能力。这种吸附能力表现在多个方面：或者是网络意见领袖的转发扩大了话题的传播范围和覆盖面，引起了更广泛的关注和参与；或者是对一些难辨真伪的问题发表的点评决定了舆论的走向；又或者是通过支持、反对某一类声音而改变了舆论发展的态势。

2011 年 3 月，日本福岛核电站因地震发生核泄漏事故后，我国东南沿海开始流传“吃碘盐可防辐射”“核泄漏污染了海盐”等传闻。腾讯微博中一位拥有 210 万粉丝的艺人，号召大家“多摄入含有碘的食物”，这条微博的转发数近两万，对抢盐现象起到了推波助澜的作用。而同期，中盐集团不断更新微博发布声明称：“国内食盐储备十分充足，完全能够满足群众需求。部分地区食盐供应紧张，是由于短时间内大量非理性抢购所致。全国食盐储备量超过 200 万吨，足以满足 3 个月以上市场供应。”此时，中盐集团作为一种意见领袖，所发布的信息具有超强“吸附力”，很快遏制了抢盐的局面。

除了对社会话题表达态度外，明星类意见领袖的发声往往能获得较高的评论、点赞和转发，他们对社会活动的积极参与在一定程度上会造成一定的声势，引发公众对社会活动的关注，带动社会全体积极参与其中。2020 年 3 月 22 日是世界水日，某明星发布的一条倡议加入“壹起净水”计划的微博，获得了 10 万转发和 8 万点赞。可见，意见领袖的品牌效应和社会影响力能产生引领和带动效应。

（二）社会公益的现实行动

网络与新媒体平台不仅赋能意见领袖参与社会话题、掌握一定的话语权，而且具有社会动员力量，能在意见领袖的召集和组织下，开展有益的活动，并对社会公共政策、社会价值导向产生影响。

2011 年 3 月，《凤凰周刊》记者部主任邓飞联合 500 名记者、国内数十家主流媒体和中国社会福利基金会，在网络与新媒体平台发起关注贫困山区小学生的“免费午餐”计划，即每天捐赠 3 元（由于物价上涨，自 2015 年秋季学期起餐标提升为 4 元/餐），帮助孩子们免于课间饥饿，享有热腾腾的免费午餐。此公益活动不仅得到了公众的积极响应，获得了大量捐款，建立了“免费午餐”公益基金，而且引起了政府机构的关注，并直接促进了相关公共政策的出台。2011 年 10 月，国务院启动农村义务教育学生营养改善计划，拨出专款用于加强学生的膳食营养。

“大爱清尘·寻救尘肺病农民兄弟大行动”也是一项由意见领袖利用网络与新媒体平台倡导并推进的社会公益行动。资深社会调查记者王克勤在采访中发现，中国各地存在着大量亟须救治的尘肺病农民兄弟。于是，他在微博上开设了相关账号，建立公益基金，一方面呼吁社会各界关注尘肺病，并实施捐助，另一方面通过微博寻找救助对象。经过多年的呼吁和推动，2019 年国家卫健委等 10 部委联合制定的《尘肺病防治攻坚行动方案》发布（见图 4-3）。从王克勤本人在微博中所发布的信息可以看到，意见领袖的召集、组织和动员能带动更多的团队和志愿者参与，民间探索最终推动了国家行动。

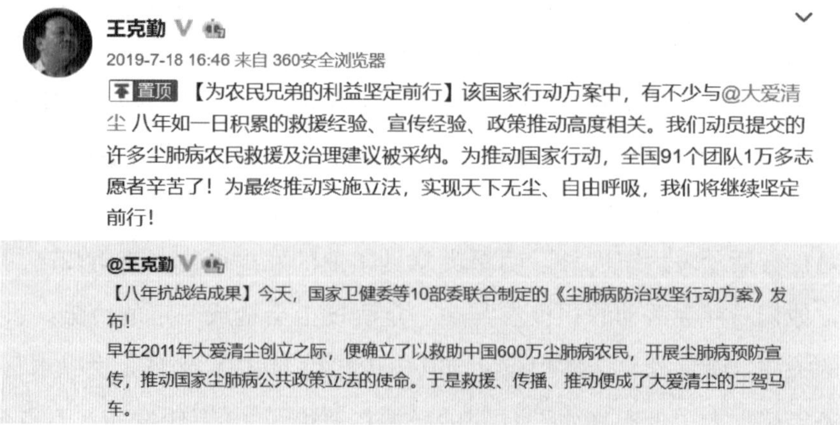

图 4-3　王克勤微博中关于尘肺病的内容

在互联网表现出政治价值的过程中，意见领袖不仅能促进网络议题的产生，左右社会话题的存活时间，设置网络舆论与议题的议程，而且可以直接改变网络舆论走向，通过线上线下一体化活动影响社会公共政策的形成和决议，产生干预现实的正负面效应。

三 群体无组织的组织力量

克莱·舍基（Clay Shirky）在《未来是湿的》一书里说："社会用以创造和维持自身的工具对人类的核心意义就仿佛蜂房对蜜蜂生活的意义。虽然蜂房不是任何单只蜜蜂的一部分，但它是蜜蜂群体的一部分，既被居于其中的蜜蜂的生活形塑，也在形塑着这种生活。"[①] 个人、群体和意见领袖是蜂房中的单只蜜蜂，但他们在互联网环境下更容易形成无组织的组织群体——自组织，有目的、有意识地参与到社会政治活动和社会公众生活中，发挥出应有的价值。

2012 年 7 月 23 日，北京暴雨。一个普通的外企员工王璐在微博上目睹了北京首都国际机场航班大面积停飞、8 万多旅客滞留的窘境。于是，他在微博上发出了一条不到 100 字的试探性号召："望京的有没有人愿意义务去机场接被困的兄弟姐妹们?"一个小时内，这条微博被转发 10 950 次。车队很快被组织起来，20 多辆私家车统一打着双闪灯去机场免费接滞留的旅客。

2020 年 1 月，一场突如其来的疫情让自组织的力量得到全面彰显。除夕夜，一个以产品经理为主的名为"Yo 群"的微信群，在视频中看到武汉市中心医院呼吸内科胡铁主任腿上绑着一个塑料袋后，决定利用微信群的力量号召群友捐钱、捐物，有对接核心志愿者的"客服群"，有面向供需双方的"医院群"和"物资采购群"。7 天时间，他们对接了来自 115 家医院的需求，提供近 6 万只口罩、6 000 多只护目镜、数千瓶消毒液。另一个自组织事件来自 Github（一个面向开源及私有软件项目的托管平台）网站，志愿者在网站中组织建设了一个集各医院、酒店、工厂、物流、捐赠物资、捐款、预防、治疗等信息的联系沟通平台，统一收集本次疫情中相关事务处理方的信息，实时更新数据并及时通报。该平台开放协作、公开透明，任何人都可以访问、贡献，可以修改错误信息、更正删除不实数据。普通人可以查看疫情的实时数据，一线医生和物资供应方可以查看双方的实时需求和供给，而媒体记者和研究者可以看到"自 2019

---

① 舍基．未来是湿的［M］．胡泳，沈满琳，译．北京：中国人民大学出版社，2009：11.

年 12 月起武汉新冠肺炎疫情进展的新闻报道时间线”。

自组织又被冠以“无组织的组织力量”，是由群体在没有利益驱动和机构监督管理之下自发自愿的社会贡献行为促成的。互联网的开源软件、去中心化的协作方式、社群分享、在线共享文档等技术，是自组织彰显力量的外部条件，群体的能力、彼此的信任、责任与担当是自组织彰显力量的内在动因。

中国互联网已高速发展近 30 年，技术条件已然成熟；中国互联网用户已近 10 亿，经历过众多重大事件的洗礼，技术的赋能与用户的规模两者叠加，使得在重大突发事件发生后很容易出现多种自组织行为。自组织的灵活、高效、协作已使它成为互联网平台中不可忽视的一支力量，让普通人抱团取暖、相互慰藉，让平凡人放大价值、共享智慧，让民众参与其中彰显自己的价值。它能唤醒每一个人的公民意识，开启社会正能量的阀门。

功能学派马林诺夫斯基认为，在一个社会中，一种文化特质的功能就在于满足该群体成员的基本需要或次生需要。网络自组织作为网络社会的一种特质，其价值就在于通过用户或组织的使用达到一种或多种需要的满足。

四 国外社交媒体的“互联网革命”

社交媒体上的 UGC 表达犹如一朵带刺的玫瑰，芳香与尖刺并存；它也是一把双刃剑，在加强信息分享、表达社情民意的同时，也会带来虚假新闻、网络暴力甚至“互联网革命”，成为社会发展的一颗“隐形炸弹”。

在推特和脸书盛行的国际社会，就发生过多起以社交媒体为“据点”的政治事件。

2010 年底，突尼斯一名青年因抗议当地城管部门“粗暴执法”而自焚，后因伤势严重而死亡，这一事件点燃了突尼斯国内民众的情绪。在事件发展的过程中，脸书和推特的助推作用显著。据法国电视二台援引突尼斯民间网络机构的统计称，1 100 万突尼斯人中有 200 万脸书用户。于是，美国驻突尼斯大使所撰写的外交文件迅速为突尼斯国内民众所了解，参与者大量地使用手机等移动互联网终端把现场拍摄的照片实时传送到社交媒体上。

2011 年 1 月 25 日，埃及大批民众举行抗议示威活动，要求已经担任总统 30 年的穆巴拉克下台。促成这场示威活动的幕后推手，正是社交媒体脸书和推特。首先脸书上出现了一个名为“我们都是萨伊德”的账号（“萨伊德”是惨案中被打死的青年的名字），号召网民组织起来为萨伊德默哀，这个账号聚集了近 40 万的粉丝；在埃及互联网中断后，谷歌和推特联合推出一项新的服务“SayNow”，埃及网民可以通过给SayNow拨打电话，将语音信息自动发布到推特上。

2011年8月，英国伦敦北部的托特纳姆，一名29岁的黑人马克·达根被警务人员枪杀。事件发生后，一个在线召集网民参与悼念活动的专页出现在脸书上，很快便拥有了7 500个粉丝。随后，专页上发出号召在晚上10点半之前展开行动的帖子，随之而来的是页面上不断出现的游行示威照片和视频。尽管英国政府采取了一定的措施，但社交媒体起到的动员作用仍一直在持续。

开放的UGC表达是政治事件中的“达摩克利斯之剑”，它的同步、放大、加速与催化会直接导致社会的动荡和政局的变化。《世界是平的》一书的作者托马斯·弗里德曼（Thomas Friedman）说：“这种个人和社区的新生力量经常可以免费地创造、上传和传播自己的产品和观点，而不仅仅是被动地从商业企业或者传统机构下载这些东西，这是对创造、创新、政治动员和信息集散流程的根本转变。这种方式让每一种转变都成为从下而上、遍及全球的普遍现象，而不仅仅是从上而下的现象。”①

第四节　网络舆论与网络舆情

随着互联网的快速普及、网民数量的日益增长、平台渠道的多样化和互动应用的广泛化，网络与新媒体已成为网络舆情的集散地和网络舆论的放大器。在这个平台上，不同传播主体同台竞技，形成了三个舆论场的竞合博弈。针对网络舆情的监测、分析和应对为引导网络舆论和进行网络生态治理提供了数据和条件。

一　认识网络舆论

网络舆论对中国社会发展产生普遍而深刻的影响始于2003年。在“孙志刚案”“宝马撞人案”中，民众可以看到众声喧哗的网络社情民意已成为一种有力量的网络舆论，直接影响着社会公众政策的形成、决策过程，并直接干预社会政治生活。网络舆论由此成为互联网时代舆论监督的一种类型和代表。

---

① 弗里德曼. 世界是平的［M］. 何帆，肖莹莹，郝正非，译. 湖南：湖南科学技术出版社，2006：73.

（一）网络舆论与网络舆情的定义

舆论的本质是社会公众意见的集合，是“公众关于现实社会以及社会中的各种现象、问题所表达的信念、态度、意见和情绪表现的总和，具有相对的一致性、强烈程度和持续性，对社会发展及有关事态的进程产生影响”[①]。网络舆论是指以网络和新媒体为表达空间和传播平台，多数人形成的一致的共同意见在此平台上的集中反映。

舆论的发展和形成有一个演进的过程。传统媒体时代，这一进程无法被认知、呈现和表达出来，也无法借助量化数据进行预警和监测。但是，互联网技术让舆论形成的过程显性化，网络舆情由此而生。

网络舆情是指由个人以及各种社会群体构成的公众，在一定的历史阶段和社会空间内，通过互联网表达和传播的，对自己关心或与自身利益紧密相关的各种公共事务所持有的多种情绪、意愿、态度和意见交错的总和。它是人们的认知、情感和行为倾向的原始表达，是一种零散的、非体系化的东西，是多种不同意见的简单集合。

网络舆情可以借助互联网的数据进行量化测量，当舆情产生某种一致性的聚集和长时间的持续时，就可能转化为舆论。对舆情的监测预警就是观察其转化的可能性及转化的方向。

（二）网络舆论的特点

互联网具有虚拟性、隐蔽性、发散性、渗透性和随意性等特点。因此，发端于网络上的舆论有着区别于传统媒体时代的舆论的明显特征。从表 4－1“网络舆论与传统媒体舆论的比较”中可以看到以下方面：

表 4－1　网络舆论与传统媒体舆论的比较

	传统媒体的舆论	网络舆论
主体	单一的机构，公开的、真实的	机构、组织和个人，大多数是匿名的、隐蔽的
渠道	单一，报纸、电视或电台	多样，论坛、贴吧、新闻留言、微博、SNS、微信朋友圈、知识问答社区、短视频等
方式	单向、直线式	多向交叉、裂变式和发散式
速度	缓慢而滞后	快速、及时、实时、瞬时

① 陈力丹．新闻理论十讲［M］．上海：复旦大学出版社，2008：304．

续表

	传统媒体的舆论	网络舆论
特性	主导性、自觉性	突发性、自发性
内容	集中，有的放矢	分散，千奇百怪
频率	持续时间长，热得慢，冷得慢	持续时间取决于话题议题，有的相对短、热得快、冷得快，有的具有长期性
效果	不易形成，但明确、有序	易于形成，但混乱、复杂、无序而不确定
监控	有“把关人”，易于控制	“把关人”作用弱，难以控制

在意见主体上，分散而自由。个体、意见领袖、机构、组织和群体都具备舆论主体的身份和资格。在互联网环境中，在遵守国家法律法规的要求下，无论你有什么样的政治背景，从属于哪个党派集团，信仰何种宗教文化，都可以在网络与新媒体中发布信息、展开讨论、表达意见，同时也可以自由地对话题、内容进行传播、评论和分享。

在扩散渠道上，多元而共生。目前，网民发表意见的渠道、平台越来越多，微博、微信朋友圈、自媒体账号、贴吧、弹幕留言、问答社区、短视频和直播空间等，这些公共与个人渠道在网络舆论形成过程中共生合力，很容易引爆网民情绪，推动话题登上“热搜榜”。

在话题议题上，散乱而复杂。互联网内容包罗万象，互联网的自由性、网民的个性化给了各种文化类型、思想意识、价值观念、生活准则、道德规范生存的空间，而互联网的开放性使得传统“把关人”的作用被削弱，网络舆论理智与非理智混杂，建设性与破坏性交织，话题五花八门但又鱼龙混杂、泥沙俱下。

此外，网络舆论的传播速度及时、实时、瞬时，传播方式为交叉式、根须式的裂变扩散；舆论持续时间取决于话题议题，有的相对短、热得快、冷得快，有的具有长期性。网络舆论具有突发性、自主性的特性，虽然很易形成，但混乱、复杂、无序而不确定。因此，相比传统媒体时代的舆论，网络舆论的“把关人”作用相对较弱，舆论环境较难控制。

（三）网络舆论的类型

根据不同的划分标准，网络舆论可分为多种类型：

情绪型舆论和意见型舆论。情绪型舆论，是指突然出现外界信息刺激，或社会变动带来的压力达到某个临界点时，公众的情绪突然爆发，在宣泄情感的过程中形成的舆论。情绪型舆论一般出现在民意发展初期，这种舆论多数带有个人感情色彩，不冷静、不理智，甚至有攻击性语言、谩骂等。意见型舆论，是指公众经过自我调节、控制和疏导，对事件进行理性分析和争辩，表达出的理智的、建设性的意见。意见型舆论一般出现在情绪型舆论之后并逐渐取代其成为主导舆论。比如2005年因日本新版教科书引发的多省市涉日示威事件，初期网上的舆论是典型的情绪型舆论，随着事态的发展，网民情绪渐趋稳定，加上各大新闻网站发表多篇客观、理性的网络评论进行舆论引导，逐渐形成了理智的意见型舆论。

潜舆论和显舆论。潜舆论是低水平的、处于形成时期的民意，表现为个人在意见环境中对事物的认识、看法和立场，也可以理解为潜藏在每个人身上的一种内心活动。潜舆论进一步升级，就会转化为显舆论，表现为一种具有完整的、一致性的意见形态的社会共识。比如，在新闻跟帖中，一些与民生相关的新闻如医疗、房产、教育、反腐败等的跟帖较多，这类跟帖就是一种潜舆论，是个人在表达自己的意见、观点和立场，一旦外界发生了与之相关的事件，就会很容易刺激到这些潜舆论，使其升级为显舆论，并在原有的基础上快速扩散开。

渐进型舆论和爆发型舆论。渐进型舆论是指社会矛盾得不到解决时，矛盾开始演化为个人意见，并相互交流、传播，经过舆论各主体全面、深度参与并长时间发酵，最后形成网络舆论。2015年“青岛天价虾”事件最初发生时，相关部门没有及时处理，当事人将遭遇发到网上后引发了群体关注，事件在曝光两天后形成网络舆论浪潮。爆发型舆论是指由于突发事件的出现，网民意见迅速聚集、高涨而很快形成舆论热潮，巨大的舆论浪潮引起整个社会的强烈响应。2010年11月15日14时，上海余姚路靠近胶州路的一栋高层公寓起火，导致58人遇难。事故发生后，网民借助微博发起质疑、追责、悼念等活动，并组织了线下的活动，形成强大的舆论声势。

二 网络舆情的监测、分析研判与处置应对

网络舆情是网络舆论形成之前不同意见的简单汇集。受各种主客观因素影响，一些网络言论比较感性化、情绪化，有些人把互联网作为发泄情绪的场所，此时便很容易产生群体极化下的舆论偏差。因此，有必要对网络舆情进行监测，在科学、准确的分析研判基础上给出处置应对方案，有效引导网络舆论。

（一）网络舆情监测

舆情监测主要涉及范围、信源、技术、方式、内容等方面。

监测范围一般分为五大类：第一类是传统媒体的网络和新媒体版内容，包括传统媒体的网站、App、微博账号、微信公众号、第三方平台和短视频账号等；第二类是政务新媒体的信息和内容，包括政务新媒体网站、微博账号、微信公众号和服务号、第三方平台和短视频账号；第三类是商业门户网站、垂直网站及其App的内容；第四类是社交媒体中“网红”、意见领袖等自媒体人的图文、音视频内容；第五类是在各类社交平台上普通网民的留言、弹幕、评论、点赞等。

监测信源是指在监测范围内再确定明确的监测对象。比如在传统媒体及其新媒体账号里的人民日报社、新华社和央视等中央级媒体，商业网站里四大门户网站及其App一般都是主要的监测信源；而社交媒体中拥有亿级用户的微博、微信、知乎、豆瓣等平台发布的UGC、PGC内容是重点监测的信源。此外，还有一些新闻排行榜、评论排行榜、微博热搜和话题榜、搜索热词等。

监测技术包括开放的全网搜索工具、开源的舆情专业监测平台和专业性的行业或领域监测软件。无论是监测工具、平台还是软件，都涉及信息采集和提取技术、话题发现和追踪技术、敏感词技术、倾向性分词技术。大数据时代，舆情监测有了更先进和科学的技术，包括智能语义分析、自然语言处理、数据挖掘、图文视频的智能处理技术等。

监测方式有自动实时监测、自动和人工结合的监测、一般人工监测、专业舆情团队监测四种。自动实时监测是指在专业监测平台上设置监测任务和关键词，针对设定的监测范围和监测信源，定时、实时抓取内容，实现数据自动采集、处理。目前，舆情监测大多采用自动和人工结合的方式，既能依靠技术快速及时发现、追踪舆情，获得量化数据，又能避免技术误读，出现舆情判断偏差。一般人工监测是在没有专门的监测技术情况下，利用百度、搜狗等多种搜索引擎，输入相关的关键词，手动查找舆情信息。专业舆情团队则有一整套的监测手段、方式、分析、研判、预警和处置善后等解决方案。

监测内容有三大类：一是日常新闻报道的常规监测，二是自然灾害、事故灾难等重大事件的监测，三是重点话题、议题和重点领域的监测。第三类内容一般涉及社会长期存在的矛盾和冲突，比如官民关系、警民关系、医患冲突、贫富关系、环境保护、反腐倡廉、社会安全、下一代教育、城市治理、民族情绪等。

（二）网络舆情分析研判

网络舆情分析研判是指采集互联网海量信息，经过敏感词过滤、智能聚类分类、情感分类等技术处理后，从舆论形成角度对有效信息进行的多维度分析，可以从事件发展、网民反应和社交平台传播等三方面进行。

第一，对舆情事件的性质、趋势和情感的分析。这种分析包括事件每日的发布数量和总体发布数量，事件的首发新闻源，转载媒体的类别，事件中热门文章的数量及登载媒体，总体数量下的情感倾向，关键词词频，单篇文章传播链、舆情的表现形式（文字、图片或视频）及其相应数量等。从发布数量可以预测舆情发展的态势，从情感倾向可以判断舆情的敏感度，从关键词词频可以了解舆情的性质是否关乎社会主要矛盾和问题，从首发媒体可以判断舆论的传播链等，从转载媒体可以分析媒体分布情况和话题的权重指数。

第二，对网民的反馈、关注度、观点倾向性、关注事件的群体的特征等情况的分析。这种分析包括热门文章的评论数、转发数、点赞数，自媒体的同类文章数和评论数，关注事件的群体的属地、性别、年龄等。这些都可以借助数据指标做定量分析研判。还需要对网民的反应做具体的内容、评论、态度、立场等方面的定性分析，以此来研判舆情的观点倾向性和网民的态度分布。

第三，对舆情事件在社交平台上的总体情况的分析。社交平台易于聚焦议题、引爆话题、快速传播、广泛覆盖，因此，有必要单独分析舆情事件在社交平台上的数据指数。比如微博上的帖文总数有多少，是否设置有话题，是否进入热搜或话题榜，是否有意见领袖或“大 V”关注舆情话题，有多少活跃帖、图片或视频等；在问答、短视频社区，是否被推荐，是否进入热榜，相关的阅读量和评论转发量有多少等。上述内容都是分析研判的依据。

分析研判的方法包括时间线分析、构成分析、列举分析、比较分析、关联分析和分布分析。分析研判的结果除用文字描述外，更需要采用曲线图、饼图、柱状图、条形图、面积图、散点图、地图等基本图形图表来进行可视化呈现。每一种分析方法都有一定的针对性，并应选用适宜的图形图表来表达：

时间线可以分析舆情事件从发生期、发酵期、发展期、高涨期、回落期、反馈期的发展周期、过程和相应的指数变化，大多选用折线图、散点图。

构成分析可以用于用户群体特征和情感倾向性、关注度的研判，大多选用面积图、饼图、雷达图。

列举分析主要用于罗列舆情事件中的各方观点、态度、热门帖文、热门评论等，大多选用条形图、堆积条形图。

比较分析主要用于不同地区、不同平台、不同媒体舆情情况的对比和研判，也可以用于一段时间内发生舆情情况的对比研究，大多采用堆积柱状图、堆积曲线图、堆积条形图。

关联分析主要用于舆情应对中的效果评估、处置举措、网民反响等问题，可用散点图、气泡图、雷达图来呈现。

分布分析主要用于网民态度分布、观点分布、平台发布情况分布等，可用饼图、雷达图、面积图等来呈现。

以上是基础性的网络舆情分析研判对象、方法和表现手段，在具体舆情事件中还需要根据实际情况加以判断和选择。同时，网络舆情分析研判要注意偏差问题，不准确的舆情分析会直接影响研判，进而误导舆情的处置应对。因此，要实时、完整、准确地把握互联网平台上的社情民意，及时校正分析研判的偏差。

（三）网络舆情处置应对

网络舆情的处置应对是一项复杂的、系统的、科学的工程，核心是应对传言、谣言和不实信息，回应网民关心的问题，及时公开信息，应对的关键是平复公众情绪，避免激化矛盾和冲突，应对的最好效果是引导舆论走向。这些是应对处置的第一要义，背后涉及当事方的声誉度、公信力、应对机制、资源调配等问题。

在处置应对的过程中，首先要通过分析研判确定舆情事件的性质，是关乎社会长期矛盾的问题还是偶发性的、无法规避的问题。对于前者，类似医患关系、环保、司法公正、教育公平、腐败等，要高度重视，借鉴曾经的舆情处置案例，尤其要防范次生舆情的发生。对于后者，则主要做好情绪疏解和问题善后的工作。

第一时间快速回应是舆情处置应对的法则之一。2016 年 8 月，国务院办公厅印发《关于在政务公开工作中进一步做好政务舆情回应的通知》，要求“对涉及特别重大、重大突发事件的政务舆情，要快速反应、及时发声，最迟应在 24 小时内举行新闻发布会，对其他政务舆情应在 48 小时内予以回应，并根据工作进展情况，持续发布权威信息”。快速回应是指在有条件的情况下，遵循“第一时间”法则，快速发现源头和问题、制定策略，以最快的速度将回应的内容广泛传播出去。但是，快速回应不能简单等同于“越快越好”“为快而快”，厘清事实真相并及时对外发布信息才是重中之重。

信息发布是第一时间回应的关键，关乎舆情危机的消长。回应声明的撰写需要策略和技巧。优秀的信息发布和新闻通稿应具备以下特征：不回避核心问题，表明态度和观点，解疑释惑，澄清不实信息或谣言，引导公众情绪，逻辑严谨结构清晰，文字简练不引起歧义。舆情回应的新闻稿不同于公文写作，也不同于新闻消息通稿写作，要本着尊重事实、真实准确的原则，在话语体系、表达方式、体裁形式、内容风格上拿捏好分寸，对事件的描述、定性、表态均要多寡得宜、修短合度。

总之，网络舆情处置应对要把握好回应的“时效度”，确保“首发定调”，由被动应对转变为主动前置，掌握发布节奏，填补“信息真空”，注意表达技巧，注重“宣导平复”多管齐下，把握社会情绪，防止产生不必要的次生负面舆情。在传播上，要统筹媒体资源做好解疑释惑、传递正能量信息的工作，精准、有效引导舆论。

三 网络舆论引导

网络舆情监测、分析研判的目的是做好舆情处置应对工作，而处置应对是引导网络舆论的短期行为。从长效机制看，应对网络舆情的最佳手段是引导网络舆论，建立健康、和谐的网络生态环境。

网络舆论既是社会心态和情绪的晴雨表，也是释放疑虑、宣泄不满的减压阀。因此我们要辩证对待网络舆论：一方面要重视网络舆论的力量，客观、真实地反映舆情，而不是将网络舆论视为洪水猛兽，回避公众关注的一些热点、难点问题；另一方面则要实施有效引导，根据网络舆论的特点、形成与传播规律行事，而不能为网络舆论所左右，陷入网络舆论的旋涡之中。

网络舆论的形成和发展是一个不断演进变化的过程，因此要区分网络舆论形成的阶段和不同类型的网络舆论，进行分级、分类引导和管理。比如对于情绪型舆论，就应该保留管理的空间，让网民有适当的发泄渠道，尽量引导其朝理性、客观的方向发展，既不要完全封堵、全面封锁，也不要使情绪泛滥、不可收拾。

网络舆论的主体、信源自由而分散，网络舆论引导首先需要关注舆论主体和源头，要加强对主体和信源生存平台的监管。2016 年，问答社区“知乎”引爆了公众对魏泽西事件、雷洋事件的讨论，“二次元”社区 B 站让“鬼畜”亚文化成为话题。互联网平台对网络舆论的形成和发酵作用越来越大。

网络舆论引导要发挥主流媒体的新媒体集群、政务新媒体的作用，建立网络统一战线。主流媒体和政务新媒体拥有一定的权威性、公信力和影响力，也掌握着权威信源和话语权，如果能在舆情发生期或发酵期及时公布信息，公开透明披露真相，并及时辟谣，便能掌握舆论引导的主动权。除了发挥两者的自身优势外，还有必要与意见领袖、网络“大V”、知名自媒体人等组成网络统一战线，借助他们的力量来释放正能量，以避免官方话语可能引发的反感和抵触。

舆论的形成过程多变，从较为分散的多样化个人意见到意见在社会群体的互动中趋同，再到形成几个意见及至主流舆论。主体、客体、话题等每一个构成要素在舆论形成过程中都是动态变化的，每一个变化阶段又反过来影响舆论的每一个构成要素。要用数据驱动网络舆论引导，借助大数据技术构建一套数据驱动型舆论引导模型，早监测、早发现、早预警、早引导，推动舆论引导从后置向前置转变，用大数据技术提升引导水平。

【本章思考题】

1. 选择当地某一政务新媒体账号，试分析其构成、功能和价值。

2. 结合互联网某一热点事件，试分析普通用户和“大V”在其中的不同作用和价值。

3. 结合互联网某一热点舆情事件，监测其在互联网平台的发展演变过程，写出简单的舆情分析报告。

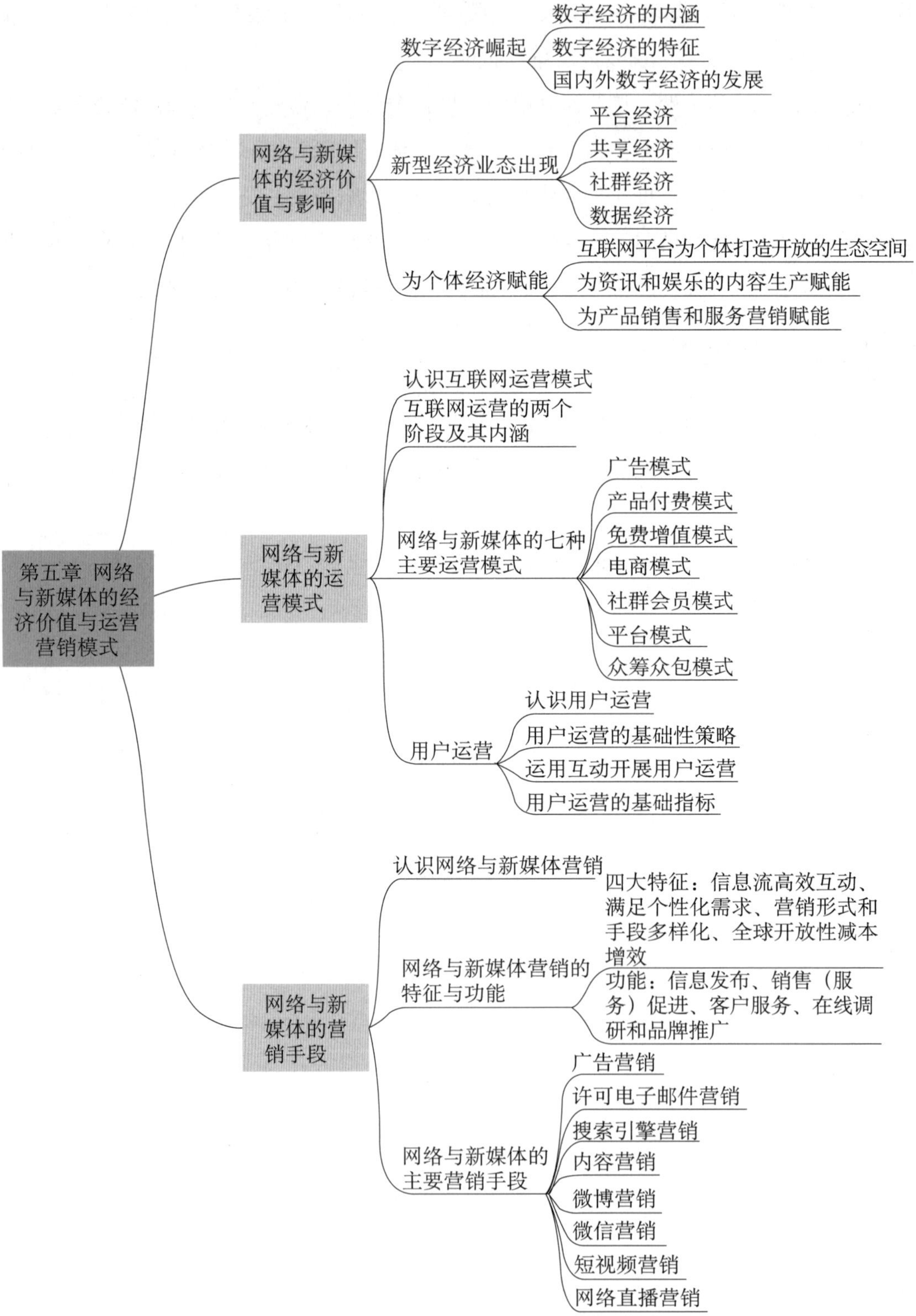
第五章 网络与新媒体的经济价值与运营营销模式
网络与新媒体的经济价值与影响
数字经济崛起
数字经济的内涵
数字经济的特征
国内外数字经济的发展
新型经济业态出现
平台经济
共享经济
社群经济
数据经济
为个体经济赋能
互联网平台为个体打造开放的生态空间
为资讯和娱乐的内容生产赋能
为产品销售和服务营销赋能
网络与新媒体的运营模式
认识互联网运营模式
互联网运营的两个阶段及其内涵
网络与新媒体的七种主要运营模式
广告模式
产品付费模式
免费增值模式
电商模式
社群会员模式
平台模式
众筹众包模式
用户运营
认识用户运营
用户运营的基础性策略
运用互动开展用户运营
用户运营的基础指标
网络与新媒体的营销手段
认识网络与新媒体营销
网络与新媒体营销的特征与功能
四大特征：信息流高效互动、满足个性化需求、营销形式和手段多样化、全球开放性减本增效
功能：信息发布、销售（服务）促进、客户服务、在线调研和品牌推广
网络与新媒体的主要营销手段
广告营销
许可电子邮件营销
搜索引擎营销
内容营销
微博营销
微信营销
短视频营销
网络直播营销

第五章

网络与新媒体的经济价值与运营营销模式

1999 年 7 月，中华网在美国纳斯达克首发上市，这是纳斯达克第一个中国概念网络股，网络与新媒体的经济价值由此彰显。从早期的电子商务到今天的数字经济，互联网既为国家经济和企业发展赋能，也为个体经济赋能，既创新了多种商业运营模式，成为产业升级和转型的新引擎，也将传统的营销模式数字化、互联网化、智能化，并开创出多种营销模式。

第一节 网络与新媒体的经济价值与影响

《中国数字经济发展白皮书（2021 年）》显示，2020 年我国数字经济规模达到 39.2 万亿元，占 GDP 比重为 38.6%；而 2002 年我国数字经济占 GDP 比重只有 10%。无论是普通百姓的日常生活，还是工业、产业、企业、商业的互联网转型，都离不开数字化、网络化和智能化，数字经济在我们的生活中如影随形，已成为当前最具活力、最具创新力、辐射最广泛的经济形态，成为国民经济的核心增长极之一，也被视为推动中国经济高速增长的新动力。

一 数字经济崛起

互联网是多功能综合体，具有多平台的价值属性，生活消费服务所依托的电子商务是互联网发展的基石，也是数字经济崛起的基础。随着移动互联网和智能手机的普及，从日常购物到智慧交通、从商品交易到政府新型治理等各个层面，数字经济已成为经济增长和社会转型的动力源泉。

（一）数字经济的内涵

数字经济是基于数字技术的经济，因与互联网技术和数据息息相关，又被称为“互联网经济”“网络经济”“数据经济”等。

2016 年 G20 杭州峰会上发布的《二十国集团数字经济发展与合作倡议》认为，数字经济是指“以使用数字化的知识和信息作为关键生产要素、以现代信息网络作为重要载体、以信息通信技术（information communication technology，ICT）的有效使用作为效率提升和经济结构优化的重要推动力的一系列经济活动”。

美国商务部则认为，数字经济是一种以信息技术生产行业为基础的经济，该经济中充满了影响着经济方方面面的、数字化的技术性变革。基于信息技术的数字经济相比以往的经济有更高的长期生产率和总增长率。

数字经济经历过两个阶段。第一个阶段是数字经济 1.0 的 IT（internet technology）化，一方面是计算机制造、通信设备制造、电子设备制造等数字技术、网络技术为核心的数字经济基础产业，另一方面是架构在数字技术之上传统产业的升级换代、结构优化和效率提升所形成的互联网电商、互联网零售、互联网服务等。第二阶段是数字经济 2.0 的 DT（data technology）化，架构在“云网端”新基础设施之上，以万物互联为核心，数据成为驱动商业模式创新和发展的核心力量，互联网平台生长出全新的经济组织，并带来了商业模式、组织模式、就业模式的根本性变化。

数字经济是由数字技术驱动和架构的虚拟经济和实体经济的结合体。随着云计算、大数据、人工智能、物联网、区块链等技术群落的崛起，技术拓展了经济边界。在生活领域，外卖、休闲、娱乐、出行、酒店等传统业态和模式向新商业、新模式转变；在产业领域，智慧物流、智能金融、智能制造和智能产品成为互联网＋、AI＋、工业 4.0 的核心诉求；在社会领域，市政管理、城市交通、企业生产经营决策、行政管理走向数字化、数据化和智能化，改变了传统的管理思维和模式，智慧社区、智慧城市、智慧交通等日渐活跃。

（二）数字经济的特征

作为一种新的经济形态，数字经济呈现出有别于传统经济的显著特征，主要表现在数据驱动、平台化、泛在连接、融合协同。

数据是信息时代的动能，是数据经济的核心资源。随着移动互联网和物联网的蓬勃发展，人与人、人与物、物与物之间的互联互通使得数据呈指数级增长，全球数据大约每两年就翻一番。大数据的存储与处理、大数据的流动与共享，推动着商业流程跨越企业边界，编织全新的生态网络与价值网络。谁拥有数据，谁就拥有战略资产。因此，有这样一种说法：大数据是“未来的新石油”、数字经济中的“货币”。农业时代，土地和劳动力是基本生产要素；工业时代，技术和资本是核心生产要素；数字经济时代，数据是驱动经济发展的关键生产要素，不仅是企业的核心驱动引擎，更是一个国家的核心资产。

《数字经济 2.0》报告认为，“平台是数字经济 2.0 的基础”。依托“云网端”新基础设施，互联网平台不仅创造了全新的商业环境，而且创造出全新的商业模式。平台能连接两个或更多的特定群体，打造一个完善的、成长潜能强大的“生态圈”，拥有独树一帜的标准、规范和机制系统，满足所有群体的需求。在平台中，信息流不再为工业经济供应链体系中巨头所阻隔，供应商和消费者的距离大大缩短，沟通成本大大降低，直接支撑了大规模协作的形成。信息的透明使得企业信用不需要和规模挂钩，各种类型、各种行业的中小企业通过接入平台获得了直接服务消费者的机会。平台为买卖双方提供了基础、标准的服务，大量个性化的商业服务则由生态圈内各种各样的服务商提供。

泛在连接是 5G 技术的大带宽、高速率和低时延带来的必然结果，也是数字经济作为经济引擎的必要条件。泛在连接包含三层基础性的连接，即物理属性的技术链接，人机之间的交互连接和人与人之间的关系连接。技术、场景、参与者（人、物、机构、平台、行业、系统）、协议、交互等都是泛在连接的构成部分，也是泛在连接产生价值和效益的要素。连接是一种对话方式，也是一种存在形态。没有泛在连接，就没有互联网＋，没有跨界融合，也就没有数字经济。

融合协同是数字经济价值最大化、最优化的前置力量。物联网的发展使得物理世界、数字世界和人类社会之间的界限逐渐消失，计算技术进入人机物三元融合发展期，虚拟现实、增强现实、混合现实成为融合的重要支撑。三元世界的融合需要协同创新，在协同中提升效能、创造价值。融合协同建立在数据、平台和连接之上，打破组织边界和系统结构，颠覆商业模式和思维方式，构建出数字经济的生态圈。

阿里巴巴是数字经济的典型代表。首先，淘宝、天猫、支付宝等平台连接了数万家服务商及服务者，为买卖双方提供了基础、标准的服务，形成了规模化的生态系统。同时，系统内各种各样的服务商还能提供几十万个个性化的商业服务，大淘宝平台＋数亿消费者＋约 1 000 万在线商家＋年交易规模数十亿，构成了一个超大规模的分工/协作体系。在生态系统里，从个体消费者、商家、旗舰店到服务商的所有浏览、消费、交易、存储等海量数据，都成为阿里巴巴最有价值的资产。

（三）国内外数字经济的发展

美国早在 20 世纪 90 年代就开始推动数字经济，并以基础设施建设为引领，抢占数字经济制高点。1992 年，美国率先在全球提出了“信息高速公路”概念，并公布“国家信息基础设施行动计划”；1998 年 7 月，提出“数字地球”概念，发布《浮现中的数字经济》报告，正式揭开了数字经济大幕；2010 年，提出了“数字国家”（digital nation）概念；2018 年，发布了工作文件《数字经济的定义和衡量》，为美国未来数字经济的发展赋予了新的内涵和制定了衡量标准。

英国在 2008 年启动了“数字英国”战略项目；2009 年 6 月发布《数字英国》（*Digital Britain*）白皮书，并于当年 8 月发布《数字英国实施计划》（*Digital Britain Implementation Plan*）；2015 年，出台了《2015—2018 年数字经济战略》（*Digital Eco-no-my Strategy 2015—2018*），倡导通过数字化创新来驱动经济社会发展，战略目标是把英国建设成未来的数字化强国；2017 年 3 月，发布《英国数字战略》（*UK Digital Strategy*），对数字经济抱有巨大的期待和决心，提出 2025 年数字部门的经济贡献值要达到 2 000 亿英镑。

日本先后出台《e-Japan 战略》《u-Japan 战略》《i-Japan 战略》，提出“数字政府”概念，让任何人在任何时间、任何地点，都可通过一站式电子政务门户访问公共部门数据，享受公共服务。日本还非常重视数字安全问题，制定国家数字安全战略。欧盟则把数字素养提升到国家战略高度，实施了“数字素养项目”，提升公民利用数字资源、数字工具的能力，扩大数字使用需求。

中国的数字经济经过二十多年的发展，不仅在规模上实现了飞跃式前进，由模仿创新向自主创新蜕变，而且在部分领域开始“领跑”。2005 年《国务院办公厅关于加快电子商务发展的若干意见》的发布，标志着以电子商务为代表的数字经济发展成为国家战略的重要组成部分。2015 年《国务院关于积极推进“互联网＋”行动的指导意见》发布，数字经济成为国家战略，数字中国成为目标方向。2018 年习近平总书记在出席中国两院院士大会时指出："世界正在进入以信息产业为主导的经济发展时期……要推进互联网、大数据、人工智能同实体经济深度融合，做大做强数字经济。"

数字经济正在成为全球新一轮产业变革的核心力量，是人类社会发展的一个新的历史阶段。从国内情况看，数字经济能有效地帮助供给侧和需求侧进行精准、智能的匹配，推进供给侧结构性改革，能有效地帮助政府精准、智能地服务民众和治理社会，促进国家治理体系和治理能力现代化。

二 新型经济业态出现

从电子商务到网上外卖，从网约车到共享单车，从网络理财到网络众筹，数字经济与传统领域的深度融合，诞生出平台经济、共享经济、社群经济、数据经济等一系列新模式、新业态，市场规模不断扩大，并从商业经济领域向知识内容、文化创意等领域拓展。数字经济是新型经济业态的孵化器和助推器。

（一）平台经济

平台经济是一种基于虚拟或现实空间，以平台型企业为主导，由数据驱动、平台支撑，并由高度协同的经济活动单元构成的开放的、共享的、普惠的新经济生态系统。海量的消费者和服务商是平台经济的主体，通过平台进行连接，完成信息交换、需求匹配、资金收付、货物交收等经济活动。平台本身不生产产品，也不参与交易，而是着力建设平台、培育生态、建立泛在连接，以促成双方或多方供求交易，从而获取相应收益来维系平台生存。平台经济是一种服务经济，具有开放性、跨区域性、网络外部性、自生长性等特征。

目前，各种类型的平台经济纷纷涌现：有电商交易平台，如天猫、京东、淘宝、唯品会；有内容消费平台，如今日头条、趣头条、抖音、快手；有生活服务平台，如美团、去哪儿、支付宝；有交流通信平台，如微博、微信；有知识问答平台，如知乎、维基百科、百度百科；有技术应用平台，如 App Store、360 手机助手、米家智能终端。随着数字技术不断与实体商业、服务、工业深度融合，未来的平台类型将会越来越丰富、越来越多样化。

（二）共享经济

共享经济构筑的是"过剩产能＋共享平台＋人人参与"的全新经济业态，利用互联网平台有偿、公平地共享物力、人力等社会资源，彼此以不同的方式付出和受益，打破了产权制度，“放弃我拥有，追求我创造”，实现组织优势（规模与资源）与个人优势（本地化、专业化和定制化）的高效结合，从而共同享受经济的红利。

共享经济具有五个特点：一是基于互联网、物联网、大数据、云计算、人工智能等技术支撑，实现信息、数据之间的广泛连接和流动；二是暂时性让渡闲置资源的使用权，让个体拥有的作为一种沉没成本的闲置资源得到社会化再利用；三是通过技术手段与机制设计实现海量、分散、闲置资源的优化配置，实现零边际成本；四是以市场化方式实现物品的重复交易和高效利用，满足多样化的社会需求；五是共享产品具有准公共产品的特征，如自行车、汽车、房屋、充电宝、知识、云服务等。

（三）社群经济

社群是指一群有共同需求、兴趣、爱好、共同价值观和亚文化的用户，基于信任和共识而聚集起来的群体。社群里的用户通过互动、交流、协作和相互影响，对机构、产品、品牌（包括个人品牌）产生信任、建立情感，并产生价值反哺。这种建立在产品或个体与粉丝群体之间带有情感、文化、体验、信任的自运转、自循环的范围经济系统，就叫社群经济。

社群经济以通过传播的聚合力和裂变性使个体间互补产生的社群智慧为前提，以通过群体内互动激发利他行为从而产生情感价值的传播为条件，以自组织传播和协同合作为运营方式，以情感连接、利益驱动、有限范围、无限裂变、自我进化为特征，将混沌的社群引向秩序，并创造出社群价值。

社群经济强调连接，不仅要求机构、产品、品牌与用户深度连接，而且平台上用户与用户形成自然关联，彼此连接，成为无组织的组织群体，在边际成本最低化的条件下，依靠这个社群整体成员的活动，尤其是成员与成员之间的连接，实现社群价值最大化。聚合、连接、参与是社群价值实现的必要条件。

用户的多样化带来了社群的多样化，有产品型社群，如华为手机、讯飞翻译机；有兴趣型社群，如大众点评、豆瓣；有品牌型社群，如车友会、果粉（苹果的粉丝）、米粉（小米的粉丝）；有知识型社群，如罗辑思维、知乎；有工具型社群，如微信、微博、今日头条、陌陌、钉钉；有公益型社群，如慈善公益群、环保公益群、女性维权公益群。不同类型的社群之间还存在着交叉、转化的情况，比如罗辑思维社群，既是产品型、知识型，也是兴趣型，华为手机的社群会从产品型转化为品牌型。

（四）数据经济

大数据是互联网时代的核心资源，数据经济就是以数据为基础的产业形态。信息技术、无处不在的传感器和微处理器、高速的带宽网络、云计算和云存储空间都为大数据的产生创造了条件。从数据的搜集、加工、整合到数据的存储、分析，再到数据的销售，每一个环节都可能产生巨大的经济效益，数据的价值决定着数据经济的产业规模和产业链。

大数据具有体量大、价值密度低、多样和真实等特点，个人的基础数据和行为数据、企业的产品数据和商业数据、社会的环境数据和传感数据、国家的宏观数据和全数据等，都是数据经济的基础和对象，也是数据经济的细分领域。

针对个人多样化的数据，电商公司可能给你推送商品广告，体育公司可能给你推送健身装备，出版社可能给你推送新版图书，电影院可能给你推送最新的电影，诸如此类，不一而足。数据可以直接产生价值，带来新市场、新用户和新消费。个人也可以对自己的数据资源进行挖掘、整合并用于监测自己的健康状况、出行状况、消费状况等，以更好地规划自己的生活和未来。

对于企业而言，客户的订单信息、生产数据、经营管理数据等都会成为企业的数据资产，通过数据产业链将数字变成数据，数据变成信息，最终从信息中产生数据价值。大体量的数据资产会改变企业的产品、用户、基础设施、盈利模式四个模块的运营方式：依托数据进行产品设计、开发、运营和优化；依托数据细分用户、归类用户和精准推送产品；依托数据改造生产流程、管理流程和销售流程，实现内外部资源优化；依托数据选择免费与增值、会员与广告等多种盈利模式。数据驱动企业即意味着拥有数据就拥有了互联网时代源源不绝的财富。

三　为个体经济赋能

2015 年，“互联网＋”行动计划开启了“大众创业、万众创新”的热潮，互联网平台公司纷纷推出“创客”“拍客”“直播达人”“微电商”等激励机制和扶持计划，用技术、平台、资金、服务等方式为个体赋能，创造了互联网经济的另一种景象。与此同时，普通人借助互联网平台实现梦想并创造价值的愿景成为个体经济价值体系的内在动力。“直播带货”“私域流量”“up 主”则成了被众人追捧的新名词、新概念。

（一）互联网平台为个体打造开放的生态空间

客观上说，平台型公司就是一个巨大的连接器，从连接信息、连接人到连接物、连接服务、连接场景，已然成为互联网上一个无所不能的生态系统。平台型公司拥有亿级的用户，拥有强势的技术资源，拥有丰厚的资本力量，拥有相对系统的业务板块，还拥有成熟的营销模式。平台型公司积蓄的能量是为个体经济赋能的基础条件。

平台型公司在完善网络生态系统的前提下释放出连接器的价值，让连接器成为个体创造价值的孵化器。腾讯提出了一个口号："再小的个体也有自己的品牌。"当大量的个体相连时，他们可能具备超越个体本身的能力——不仅可以形成自己的个体品牌，更可以通过连接形成自组织，产生各种形态的经济活动。作为最贴近市场的单位和社会经济的毛细血管，个体可以敏锐地感知用户的需求变化并快速做出调整和创新。个体强大，生态系统才能更强大，平台型公司需要这样的毛细血管来强健生态系统的筋骨。

自 2010 年腾讯和 360 公司发生 3Q 大战之后，一些互联网公司逐渐打开封闭的系统，转为平台型公司。随着移动互联网的普及和推广，用户长时间停留在网络端，深度参与网络生活，"人人参与"凸显出的"人人经济"价值让平台型公司不仅开放了自己的平台系统，更是推出各式各样的激励和扶持计划，包括现金补贴、全面开放流量与渠道资源、提供精准的用户数据等。2018 年短视频领域，腾讯微视、网易云音乐短视频、网易号、企鹅号、B 站、UC 大鱼号都推出平台扶持计划，或提供超亿现金补贴，或开放短视频广告分成，或扶持新人，或实施创作激励计划。个体创业者梦想实现之时也即是个体经济价值增值的开始。

（二）为资讯和娱乐的内容生产赋能

资讯和娱乐的内容生产是个体展现能力的重要领域之一，为内容生产者提供支持是为个体经济赋能的一种方式。互联网平台上大量的内容制作和娱乐生产的工具和软件，降低了内容发布和娱乐互动的门槛，为内容生产提供了强力的技术支撑。同时，平台型公司还出台有应用成长体系、流量收益体系、智能精准的匹配推送系统、广告分成体系、赏金分配机制等配套政策，以及相应的培训课程、指导策略。内容生产者因为有了全方位的赋能而得以在各个领域全面涌现。

直播领域，有普通的直播者、直播网红、明星直播和电商主播，直播内容从娱乐、现场报道、生活分享到直播广告、直播带货。由于直播带货的火爆效应和直接产生的经济收益，一些知名主持人也走进直播间，为贫困地区的农副产品做公益直播。

短视频领域，几乎人人都有可能成为短视频的创作者。短视频创作者也会在短视频的内容中加入商品、服务、广告和消费信息，这是因为短视频创作者身份多元、内容细分且有数量不等的、高黏性的粉丝，广告主越来越倾向于将广告投入短视频，实现精准定位、品效合一。

文字创作者，包括专栏作家、微信自媒体人、网络小说写手、头条号创作者等，都在通过内容创造价值。特别是网络小说写手，有的已经拥有个人 IP，作品或被搬上电视荧屏，或被开发成动漫、游戏，或被做成文创商品，形成贯穿上下游的全体系 IP 产业链。

2019 年，短视频创作者李子柒及其团队创造的乡村生活文化类原创短视频成为个体经济的样本。截至 2021 年 9 月，她在微博上拥有约 2 700 万的粉丝，每条微博有数万甚至数十万条评论、转发和点赞；在 YouTube 平台上，她的账号拥有近 1 600 万的关注者，总观看量超过 25 亿，跻身美食博主榜的前列。从个体经济价值角度分析，单单 6 亿多的观看量就能从 YouTube 上获得不菲的广告分成。

（三）为产品销售和服务营销赋能

为个体经济赋能的另一种方式是与传统行业、服务业结合，结合方式主要有以下三种。一是在线直接销售产品，如基于淘宝的 C2C 电商、基于微信公众号的微商城和基于小程序的微店；二是提供知识、教育、医疗等传统服务，如得到 App 知识付费、丁香医生在线问诊等；三是借助互联网平台共享线下产品，如爱彼迎（Airbnb）、小猪民宿、高德出行等。

在线销售线下产品，是互联网为中小企业、个体经营者开辟的一条新的网络营销渠道，不仅可降低销售成本，还能增加与消费者直接对话的机会。新的 C2M（customer-to-manufactory，用户可以直接向生产者下单定制）的模式更是将社交网络与电商无缝对接，将割裂的、零散的消费需求整合在一起，以整体、规律、可操作的形式向供应商“集采”，大幅提升中小企业的生产效率和资产、加快资金周转，用“云采购”模式实现“以需定产、量体裁衣”。

在线知识、教育、医疗服务，是精英群体自身价值和能量的一种释放。“得到”App 里有众多各领域的专家学者和知识精英，打造了经济学、管理学、医学、心理学、历史学、艺术学等通识教育内容。“中国大学 MOOC（慕课）”里拥有来自清华、北大等知名学校的数万名教学经验丰富的优质教师，开展在线视频直播教学。丁香医生拥有 200 万医生用户提供在线咨询、诊疗、数据分享等专业医疗服务。社会精英群体在分享知识财富的同时，也在创造经济价值，催生出诸如知识付费等新的互联网商业模式。

连接线上和线下，让个体的闲置资源发挥价值，为个体创造效益，是互联网平台为个体经济赋能的又一体现。根据国家信息中心发布的《中国共享经济发展报告（2021）》，2020 年我国全年共享经济市场交易规模约为 33 773 亿元，生活服务、生产能力、知识技能三个领域共享经济市场规模位居前三；共享经济参与者数量约为 8.3 亿，其中服务提供者数量约为 8 400 万。以百度文库为例，2020 年上半年，百度文库中知识店铺的开店量超过 4 万家，直接带动近 100 万兼职或全职的内容创作者就业。

第二节 网络与新媒体的运营模式

互联网在为社会、企业、个体赋能的过程中，诞生出多种基于数字经济的运营模式。这些运营模式，有些是对传统运营模式的升级改造，比如广告模式、产品付费模式，有些是数字经济独有的、全新的运营模式，比如免费增值模式、社群会员模式。无论哪种运营模式，都涉及一个核心运营对象——用户运营。

一 认识互联网运营模式

认识互联网运营模式，首先要了解什么是商业模式。

商业模式是指为了实现客户价值最大化，将企业的基本制度、组织架构、管理规范、业务流程、经营战略等内外部要素整合起来，形成一个完整的、高效率的具有独特核心竞争力的运行系统和运作机制，并通过提供产品或服务使系统持续盈利、使机制有效运转。客户价值最大化，整合核心竞争力、系统和机制，以及持续盈利是商业模式的关键要素。

站在消费者角度，商业模式是企业为满足消费者需求而创造和传递企业价值的系统。这个系统需要组织管理企业的各种资源（资金、原材料、人力、作业方式、销售方式、信息、品牌和知识产权、企业所处的环境、创新力，即输入变量)，形成消费者无法自力而必须购买的产品和服务（输出变量)，因而具有自己能复制且别人不能复制的资源、产品或服务，或者自己在复制中占据市场优势地位（核心竞争力)。

商业模式涵盖了企业的资源获取、生产组织、产品营销、售后服务、收入方式、合作关系等几乎一切业务与活动，背后包含着融资模式、生产模式、经营模式、盈利模式、管理模式、营销模式等，直接决定着企业的生存与发展状况。

运营模式是商业模式的核心层面，是企业在产品生产或服务提供中的规划、组织、实施和控制，是与产品生产或服务创造密切相关的整体解决方案。运营模式涵盖管理、销售、生产、技术、资本、人力等多个层面，目的是通过这些层面的运营确定产品本身的盈利模式，即如何实现产品本身的价值。

比较商业模式和运营模式可以看到，商业模式是企业依靠核心竞争力提供独特价值并获取利润的方法和途径，运营模式是商业模式的执行、实践和效果体现。以美团打车为例，其商业模式是以共享经济为理念，抓住共享车主这一核心资源，建立乘客、司机、司乘连接的流程和平台，实现共享价值最大化。运营模式是运用各种资源要素获取乘客的信任、获得车主的加入以及提供良好的用户体验，将获得的乘客、司机资源通过技术平台实现利润和运营价值的最大化。

二　互联网运营的两个阶段及其内涵

从产品角度看，互联网的运营分为两个阶段。第一个阶段是产品生产、推出之前的前期准备，具体工作包括调研、规划、架构搭建、内容策划设计、资金人员、技术保障，目的是保证产品顺利上线。第二个阶段是产品上线之后的日常运营工作，即包括内容运营、产品运营、市场运营和用户运营。

以推出一款新闻类 App 为例。App 上线之前，需要对产品服务的市场进行全面调研，分析竞争产品和市场前景，确定产品的定位、服务对象、商业模式等。在完成调研之后，对 App 产品进行整体规划，如前端的页面设计、栏目设置、颜色、字体、图片编排、推送方式等，后台系统的逻辑树、技术指标等，行政方面的资金安排、人员招聘、技术设备购买等，针对上述项目开展一系列的工作。上线之后，需要围绕着 App 做内容组织和输出的运营、产品升级迭代的运营、市场推广活动的运营，以及吸引、留住用户的运营，让更多的用户下载 App，让公司通过 App 盈利。

内容运营，包括内容战略、内容获取、内容规划、内容编排、内容输出、内容推广、技术支持、运营模式等多项工作；产品运营包括产品目标、研发设计、迭代优化、营销目标、产品推广、运营模式等多项工作；市场运营包括网络硬广、社群推广、内容原生广告推广、合作推广和活动公关推广等多项工作；用户运营包括用户调研、用户研究、用户获取、用户分级、用户转化和用户数据获取等多项工作。每一类运营之下又会有更多细分的工作，比如内容运营中的内容输出方面，要考虑选择什么样的输出渠道，是传统渠道、网络渠道还是移动渠道、户外渠道等。

三 网络与新媒体的七种主要运营模式

网络与新媒体的运营模式大致分为三类：一是传统运营模式借助互联网技术改造获得新的市场和空间，如广告模式；二是为传统行业赋能并与传统行业形成竞争关系的新模式，如电商模式；三是全新的、独有的互联网运营模式，是传统企业无法企及的领域，如社群会员模式。网络与新媒体经过二十多年的发展，逐渐形成了相对成熟的七种主要运营模式（见图5－1）。

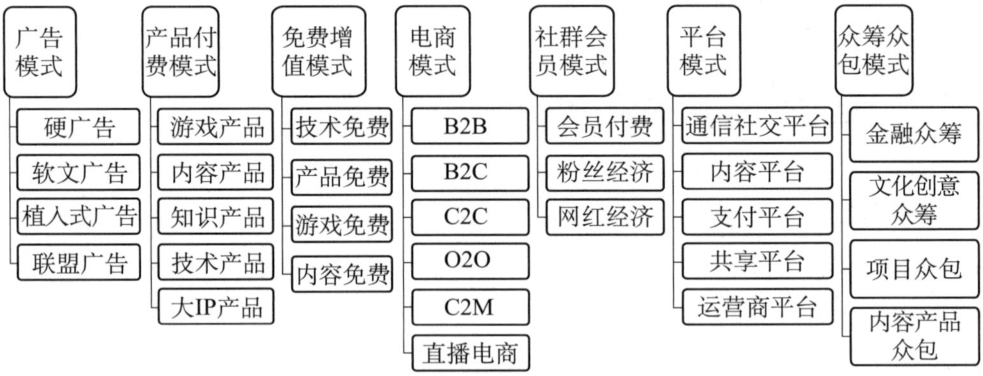

图5－1 互联网七类主要运营模式图

（一）广告模式

“发行量或收视率—用户注意力—广告”，是传统媒体的运营模式，这一模式同样适用于网络与新媒体。门户时代，网络广告是互联网公司主要的也是单一的盈利方式，提供高品质的内容，送达内容到更广泛的用户群体，获取访问流量和用户，进而获得广告投放，是广告运营的本质和关键。图文互联网时代，广告运营的方式主要有网页广告、信息流广告、搜索广告、植入广告、联盟广告等。随着互联网技术的进步和广告主对营销效果的要求，广告运营向精准、多元、灵活、高效发展，更注重结合内容、事件、用户对象、产品特点提升广告运营效果。

视频广告是当前广告营收的主要来源。因为视频广告不仅形态多样，有常规的前后贴片广告、播中暂停广告、PC端角标广告等，而且创新出了多种结合内容的原生广告、插入广告、植入广告、电商广告、场景广告、增强现实广告等。比如原生广告，它从用户体验出发，将广告内容融入视频内容的环境中，成为内容的一部分，即“和谐”地通过内容呈现品牌信息，既不破坏用户体验，又提供了有价值的信息，让用户自然地接受广告，提升运营效果。

（二）产品付费模式

“产品—高质量且有价值的产品—直接付费”，是传统的产品售卖模式，移植到网络与新媒体端后，模式是一致的，但产品类型、用户选择和支付方式发生了改变。

网络与新媒体端的产品类型十分丰富，包括游戏产品、内容产品、知识产品、技术产品、大IP产品等，用户选择的自主性较大，特别是借助搜索引擎可以挖掘到长尾产品，借助人工智能可以匹配到个性化、符合个人偏好的产品。支付方式也更为多样化，包括在线支付、移动支付、小额支付、微支付等。

《纽约时报》2011年就推出了内容付费阅读服务，用户每月只能浏览十篇免费文章，之后则都要收费。除直接针对内容收费外，《纽约时报》还将内容资源进行优化、配置和整合，通过内容聚合建立自己独有的信息资源管理系统、全文检索系统和新闻资料数据库，实现内容的二次增值。

长尾理论为互联网产品形成特色付费模式的一个依据。“我们可以把长尾理论浓缩为简单的一句话：我们的文化和经济重心正在加速转移，从需求曲线头部的少数大热门（主流产品和市场）转向需求曲线尾部的大量利基产品和市场。在一个没有货架空间的限制和其他供应瓶颈的时代，面向特定小群体的产品和服务可以和主流热点具有同样的经济吸引力。”① 互联网有充足的存储空间和便利的流通渠道，用户能够借助搜索引擎查询到需求不旺或销量不佳但自己喜欢的产品，并愿意为此付费。而互联网公司会为众多这样的小市场而丰富产品品类，让用户有更多、更好的选择。

---

① 安德森．长尾理论［M］．乔红涛，译．北京：中信出版社，2006：25.

知识产品是当前内容付费领域最主要的一类产品，主要类型有付费问答、线上直播、付费专栏、付费社群、在线课堂、微课和慕课。无论哪种类型，知识付费都是在将高品质、专业化、权威性的知识内容与互联网及时、快速、丰富、易检索等特点结合，生成互联网付费产品。这些付费产品可采用包月、包库、交会员费等多种形式，以满足不同用户的个性化需求。

（三）免费增值模式

免费增值模式以免费资源为基础，吸引大众注意力，获取流量，再以流量为基础构建商业模式，创造价值实现盈利。免费增值模式被视为互联网时代技术经济学的新规则，因为网络与新媒体的内容产品、技术产品和在线服务都具有“非常特别”的成本结构——高固定成本、低边际成本。比如搜索引擎，研发这一产品需要在基础设施等方面投入数亿资金，但完成研发并且供全球数亿用户使用后，与获得的收益相比研发成本几乎可以忽略不计。用免费的产品和服务吸引用户，然后通过增值服务或其他附加产品收费，已经成为互联网公司的普遍做法。

互联网的免费增值模式有多种类型，包括技术免费、产品免费、游戏免费、内容免费。360 公司以免费杀毒软件为“诱饵”，吸引用户下载、使用，聚集海量用户后，推出 360 浏览器，借助浏览器的导航功能获取利润。互联网游戏产品最初为收费模式，即玩游戏前要购买点卡、激活码等，后改为免费增值模式，即免费玩游戏，但要购买游戏内的装备、道具。

克里斯·安德森（Chris Anderson）在《免费：商业的未来》一书中归纳了基于核心服务完全免费的商业模式：一是直接交叉补贴，二是第三方市场，三是免费加收费，四是纯免费。他提出，单单免费是不够的，它必须与付费搭配。所以，免费增值模式的关键是增值，要能研发出与免费产品有关联的溢价产品或服务，将免费作为廉价的推广手段，将增值收费作为运营目标。

（四）电商模式

电商模式，是依托互联网技术、大数据环境和传统产业形成的在线售卖产品和服务的一种运营模式。移动互联网、视频在线播放、网络直播等技术被应用于电商后，电商模式愈加丰富多样，从 B2B、B2C、C2C 发展到 O2O、C2M、短视频＋电商、直播电商，社交、视频与电商融为一体，有效提升了电商模式的经济效益。电商平台也渐趋多样化，有综合类电商、垂直类电商、跨境电商、社交电商和生鲜电商等。每年的“双十一”已成为电商同台竞技的大舞台，也是消费者购物的狂欢盛宴。

电商的基本特征是方便快捷、品类丰富、支付安全、交易成本低、对物流依赖性高。互联网强连接、强互动的特性使得电商商户与用户之间有着更直接的沟通、交流，让用户获得较好的消费体验。同时，用户购物时产生的数据和购物完成后发布的点评也对其他用户有重要的参考价值，这让电商模式显现出透明和公开的特点。还有一些电商模式直接改变了我们的生活方式。

O2O 模式是移动互联网出现后连接线上和线下、撬动移动场景生活、开启线下体验消费的典型商务模式。O2O 有三种情境：第一种是“online to offline”，线上交易到线下消费体验，比如线上领取线下店铺优惠券、外卖、线上预订等生活服务类消费，最典型的是携程网的“线上预订酒店、线下入住酒店”。第二种是“offline to online”，线下营销到线上交易，如用户在线下通过扫描二维码完成线上支付。第三种是“offline to online to offline”，线下营销到线上交易，再到线下消费体验，如用户在线下看到海报信息后扫描二维码，到线上完成身份认证与交易，然后再去线下的商户消费，常见的应用场景是在地铁口看到带二维码的餐厅广告，扫描后可实时预订座位、获取折扣等，然后再到餐厅消费。无论哪种方式，都是将线上的随时随地浏览、品类丰富、支付便利的优势与线下的即时体验、感受和消费直接对接，完成一轮移动电商的闭环。

社交电商是指借助社交平台、通过用户间的互动促成的电商交易。社交电商有两种情境。一种是用户的消费行为、分享、点评和体验直接影响甚至主宰其他用户的消费倾向和决策。比如用户购买某一商品时，商品详情页上的购买量、点评数是一种判断指标，用户直接转发分享某一商品给朋友会带来直接交易，用户给予某一商品的好评或差评有时会决定商品的“命运”。另一种是 C2M 模式，购物平台将彼此之间已建立了一定社交关系的用户组织起来，将他们看似割裂的、零散的但规模巨大的消费需求整合起来，以“云采购”模式将参与“集采”的消费者需求直接传递给工厂，实现个性化的、按需的、零库存生产。C2M 模式的基础是社交平台建构起来的关系网络，在互联网时代，这种关系网络建立成本降低，效率提升，能帮助用户迅速找到有共同需求和消费倾向的同类用户。

直播电商是视频直播、社交、网红、流量等多种元素的集合，借助 KOL（key opinion leader，关键意见领袖）的个人信誉和直播带来的超高流量直接影响消费者的行为和决策，展现出个人品牌价值、私域流量产生出的流量变现和粉丝经济效应。当前，直播电商的模式十分多样，有凭借庞大粉丝量或某领域的专业知识成为消费 KOL 的红人模式，有直接在供应链、生产地构建基地的产地直播模式，有针对高价商品的砍价、秒杀模式。2020 年 4 月，罗永浩在抖音进行了 3 小时直播带货，直播过程中 22 种商品几乎全部售罄，总交易额达到 1.2 亿元。

（五）社群会员模式

社群会员模式，亦可称为关系模式。互联网的发展，使信息交流越来越便捷，志同道合的人更容易聚在一起，形成基于空间、基于兴趣、基于价值观、基于共同需求的不同社群。社群会员模式便是挖掘同质性的消费社群的痛点，进而为其提供相应的工具和服务，巩固社群的关系和黏性，再开发以社群为基础的电商应用，电商是实现产品变现、维系社群运营和衍生盈利点的有效方式。社群会员模式的本质是建立信任的、协同的、体验感丰富的圈群，以圈群里忠诚的、有黏性的、小众的、分众的会员为基础完成 C2B、C2M 式的电商营销。

“罗辑思维”是社群会员模式的典型产品，它从提出“提供‘有种、有趣、有料’的内容产品”开始，以这样一种口号吸引了拥有共同价值观的用户群，在第一次有偿招募会员时，短短半天时间内就有 5 000 人加入，收入达 160 万；第二次开卖会员资格时，24 小时卖出 2 万个，收入 800 万。有了这类会员社群，罗辑思维就可以针对性地开发他们感兴趣的、有购买意愿的图书、高端礼品、轻奢品等产品并在线售卖。因为有了圈群基础，电商业务显然没有太多障碍。除了实物电商之外，罗辑思维又进一步挖掘用户深度需求，打造“得到”App 及海量课程、“时间的朋友”等内容产品，从线上线下一体化运营中实现最大化价值。

（六）平台模式

平台战略研究专家、麻省理工学院教授迈克尔・A. 库斯玛诺（Michael A. Cusumano）在“2013 海尔商业模式创新全球论坛”上发表主题演讲时对“平台”的定义如下：首先要有被众多公司应用的基础技术或者产品（也可以是服务）；其次要将众多参与方（市场参与者）汇聚于一个共同的目的；最后要通过更多用户、更多补充的产品和服务使其价值以几何级数增长。《平台战略》一书指出，两个或者更多有明显区别但又相互依赖的客户群体集合在一起的平台，它们作为连接这些客户群体的中介来创造价值。平台对于某个特定用户群体的价值本质上依赖于这个平台“其他边”

的用户数量，如电商平台，背后就有信息、交互、支付和配送的不同群体及其需求。平台模式最有可能成就产业巨头，全球最大的100家企业里，有60家企业的主要收入来自平台，包括苹果、谷歌、阿里巴巴等。

平台模式的基础是用户。拥有了庞大的用户群，掌握了几何级的用户数据，不论是水平扩展还是垂直整合，都能够完成平台内电商或者跨界运营。水平扩展的出发点就是满足用户任何可以满足的需求，垂直整合的出发点则是满足用户某个方面的特殊需求。百度、阿里巴巴和腾讯，之所以能够占据中国互联网食物链的顶端，成为顶级平台，就因为百度借助搜索引擎占据了信息端的用户，阿里巴巴借助电商占据了交易端的用户，腾讯借助QQ、微信占据了社交端的用户。它们不仅拥有庞大的用户群，而且掌握用户的收入状况、信用状况和社会关系以及购买行为等各种数据，关注用户需求及用户体验，利用互联网工具和互联网思维，重新构建商业价值链。

（七）众筹众包模式

众筹是指通过互联网平台向广泛的、陌生的群体募集资金以支持某种活动的个人或组织行为。除公益众筹外，其他的众筹活动以参与募资者获得相应的回报来吸引资金。众筹具有低门槛、多样性、依靠群体力量、注重创意的特征，众筹的类型有公益众筹、金融众筹、文化创意众筹，涉及救灾救援、家园重建、竞选活动、创业募资、艺术创作、自由软件、设计发明、科学研究以及专题新闻报道等。众筹模式打破了传统的融资模式，每一位普通人都可通过众筹模式获得从事某项创作或活动的资金，群体的小额投资可以聚沙成塔，成为融资的主要来源。群体募资者除了考虑利益回报外，对项目的兴趣和认可、对发起人的信任也是募资行为的动因。众筹模式让美国总统奥巴马在2008年竞选总统时获得支持选民的小额资金总计达到数千万美元。

众包模式是指公司或机构通过互联网平台向公众发布各种单独或需要协作完成的任务，由公众自由自愿选择任务、完成任务。众包的出现始于开源软件Linux操作系统，一群志趣相投的人开发各种源代码并共享给社会公众，吸引更多专业的人士加入众包协作活动，这类公益型众包不涉及回馈、报酬。机构发起的众包一般要提供一定的回报。例如，宝马在德国开设了客户创新实验室，为用户提供在线工具，帮助他们参与宝马汽车的设计，并给予中标的设计相应的奖励。

众筹众包的本质是群体力量的汇聚与展现，是网络时代的社会生产，以实现多方共赢为宗旨。维基百科可谓是互联网众筹众包模式的典型代表。维基百科创建于2001

年，每到年底创始人威尔士都会发出公开信，呼吁“请考虑捐献 20、35、50 美元或您力所能及的金额，来保护和维持维基百科的运作”。维基百科是全球第五大网站，其他四个都是通过亿万美金投资、数量庞大公司员工和持续的市场营销来建立与维护的，而维基百科的词条是由志愿者们一条一条写成的。

四 用户运营

用户是网络与新媒体生存与发展的基础，用户运营的根本是互动。用户与互动是鸡生蛋、蛋生鸡的关系。有了用户才能进行一对一、一对多、多对一、多对多的各种互动，有了互动才能拉新用户、留存用户、活跃用户。用户运营与产品运营、市场运营、活动运营、内容运营等共同构成网络与新媒体的运营。

（一）认识用户运营

关于用户运营，从不同的角度可以产生不同的认知。

站在活跃度角度，用户运营指通过运营手段提升用户的贡献量、活跃度和忠诚度，让不活跃用户变活跃、让活跃用户更活跃。这是进入业务成熟期、有一定用户基础的企业对用户运营的理解。

站在业务链角度，用户运营指以网站或产品的用户活跃、留存、付费为目标，依据用户需求，制定运营方案甚至是运营机制。核心工作是开源（增加注册）、节流（减少流失）、维持（促进活跃及提高留存）、刺激（转化付费）。

站在思维理念角度，用户运营是实现某种运营目的的一种与用户相关度最高的思维方式，并在这种思维方式影响下提出可执行的策略组合。

站在用户中心与需求的角度，用户运营指以用户为中心，遵循用户的需求设置运营活动与规则，制定运营战略与运营目标，严格控制实施过程与结果，以达到预先设置的运营目标。

无论哪种表述方式，都直接或间接包含“用户”“目的”“手段”“策略”这几个关键词。也就是说，用户运营是有目的的，为实现其目的，必须采取一定的手段和策略，而这些手段和策略都是围绕用户展开的。用户运营的直接目标是拉入新用户、留住存量用户、转化出更多的活跃用户、忠诚用户和付费用户。

做好用户运营首先要认识用户需求，基于需求的满足来实施运营策略。一方面要满足大部分用户的需求，另一方面要挖掘、引导、激活其他用户的需求。在满足的过程中，逐步从功能满足到心理情感归属满足，再到尊重、成就、价值、自我实现的满足，这样就能达成拉新、留存和活跃用户的运营目标。

其次要对用户进行精准的细分。按照在网络与新媒体中的状态，用户可以分为普通用户、注册用户、会员用户、活跃用户、付费用户、种子用户①等；按照用户与产品的关系可以分为可触达用户（浏览型用户）、可互动用户（关系型用户）、可驱动用户（转化型用户）；按照用户在网络与新媒体中的行为可以分为交流型用户、奉献型用户、围观型用户、索取型用户和分享型用户②。

（二）用户运营的基础性策略

“目标”“策略”“衡量指标”是运营工作逻辑框架涉及的关键词。用户运营的总体目标是获得用户、留住用户、活跃用户。但在成长的不同阶段，面对不同的产品，处于不同的竞品环境，其目标自然有所不同。初创的公司、成长期的产品重在获得新用户，成熟期、处于激烈竞争环境的产品重在留住用户、活跃用户。工具类产品重在用户数量及其对工具的使用，社交类产品重在用户质量及其参与。目标不同，采取的策略、手段自然有差异，但有一些基本策略和手段是通用的，可以运用于不同阶段，运用于不同的产品和环境。

第一，口碑式策略。口碑式策略即借助用户间的相互交流将产品、内容信息或者品牌传播开来。但泛泛的、依赖所有用户互动的口碑式策略运营时间长，效果有限，因此需要结合二八法则进行。所谓二八法则，就是要抓住核心用户、种子用户，集中资源和力量开拓20%的用户，让这20%的用户成为忠诚用户并活跃互动空间，进而带

---

① 种子用户，是指在网络与新媒体建设初期对其发展起到重要推进作用的、有影响力的人，他们有精力、有时间、有亲和力，能迅速建立极强的人脉，影响、带动一批人成为网络与新媒体的用户，类似于现在流行的草根明星。

② 交流型是指用户在互动中以沟通、交流为主，与熟悉或不熟悉的人进行对话，加深与熟悉的人的联系，结识朋友的朋友以扩大人脉。

奉献型是指用户在互动中积极发言，参与话题讨论、网络调查，发表回复、留言、评论，撰写高质量的文章，发布照片、音频或视频，提供现场新闻或采访线索等等，用户创造内容是奉献型的基本特征。

围观型是指用户在互动中表现为关注某一话题或某一讨论，以浏览内容的方式体现出互动的效果。围观型互动是最弱势的互动，但大量的围观会造成舆论的强势。

索取型是指用户在互动中主要以获取有价值的信息、资料和内容为目的，比如通过百度知道提问，通过互动百科获得知识，通过网络调查获取反馈。以上互联网产品都是将互动作为知识与信息增值方式的“供应商”。

分享型是指用户在互动中利用互动工具的转发、群发功能将有价值、高品质的内容与他人分享，通过分享来提升内容的关注度，扩大传播面，增强影响力。

动剩下80%的目标用户。新浪博客和微博都曾采用这种策略，在初期邀请名人开通博客和微博账号，并捧出了徐静蕾和姚晨两个重量级的种子用户，凭借她们的口碑和号召力影响了一大批人加入博客和微博。

第二，数据式策略。数据式策略即基于大数据的分析、挖掘功能，借助数据实现对用户的精细化运营。一方面通过聚合用户的个人基础数据、浏览行为数据、社交数据、购物消费数据、支付数据等，为用户精准画像，使每一个用户拥有一个自己的ID识别号。网络与新媒体通常以ID号为对象，进行个性化、定制化的用户运营。这种策略能增强用户体验，提高用户对产品的依赖性，进而提高用户的留存率。另一方面在运营过程中不断收集同类用户的相关数据，构建相应的数据运营体系，从而指导运营。电商类产品即是如此，既针对拥有ID号的用户进行精准化营销，又在运营过程中收集用户数据，运用数据策略强化用户运营，两者相辅相成、互相推动。

第三，体验式策略。体验式策略即让用户与内容、产品直接接触，在进行深度体验后用户写出体验报告、感受和心得，并分享、传播给其他用户，从而达到运营其他用户的目的。体验式策略有时会和饥饿营销结合，有意控制参与体验的用户数量或设置进入体验的门槛，让用户体验更显稀缺和珍贵，也让参与体验的用户更有意愿去分享和传播。知乎在上线之时要求只有获得邀请码的用户才能使用知乎产品即是一例，这批参与体验的用户后来基本都成为知乎的种子用户和活跃用户。

第四，活动式策略。这是网络与新媒体最常用也最容易获得用户的一种策略，即通过介入重大的社会活动或策划大型活动吸引用户参与并留住用户，可以说适用于用户运营的每一个阶段。除了个别的单向活动如新闻发布会、危机公关说明会外，大多数活动都是双向、互动的，用户的加入、参与是活动的基础和顺利进行的保障，活动完成后用户自然就成为活动主办方最大的财富。

第五，激励式策略。在与用户的互动中采用最直接的物质或财富奖励机制来引导用户行为、吸引用户参与，将用户的被动关注变为主动关注，从而达到运营用户的目的。激励式策略在传统商业营销中就存在，比如优惠券、商品折扣、消费返利等，互联网为激励式策略提供了更便利的参与渠道和更多样化的方式。其中最典型的是红包模式，简洁、高效、参与者众多，已经成为网络与新媒体用户运营中刺激性极强的一种手段。

在网络与新媒体的实际运营中，用户运营的手段远远不止以上五种，每一种手段在运用中也不仅仅是单一模式的操作，经常需要多种手段、多个维度并结合实际场景和环境综合运用。

（三）运用互动开展用户运营

运用互动开展用户运营包括拉入新用户、留存用户和促使用户活跃、转化。

在拉入新用户方面采取以下方式：可以建立或找到一个或多个与产品或内容相对应的用户社群，在社群中进行新产品、新内容的分享、推介；可以发挥 KOL 的作用，利用其影响力在各类公共平台对外发布和曝光新产品、新内容，或是在互动空间和粉丝群体中以交流、沟通、对话等方式带动新用户；可以通过邀请活动拉新，让老用户带来新用户；还可以借助成熟产品进行捆绑式互动拉新，通过授权将其他产品上的注册用户转化为自己的注册用户，这种方式俗称“傍大款”。

用户留存率是用户运营中的重要指标，包括日留存、周留存、月留存，甚至是半年留存、年留存。新产品、新网站、新 App 上线，在运用各种手段吸引到新用户后，自然希望这些用户能留存、沉淀下来，成为长期用户。提高留存率，可以从改善、完善产品入手，从提高用户体验度入手，也可以从强化互动入手。留存用户的互动手段主要有个性化推送留存、反馈式互动留存、激励式互动留存和用户召回式留存。App 推送是留存用户的有效方式，不断快速、及时地推送用户感兴趣的内容、有吸引力的活动，不仅能一次次触达用户，给用户留下印象，而且能唤醒沉睡的用户，将其召回，从而提升留存率。

追求活跃用户，促进用户更多参与、更多贡献、更多建立连接是用户运营的恒定目标。评价用户活跃的指标有日活用户数（DAU）、周活用户数（WAR）、月活用户数（MAU）及季度活跃用户数。对于网络与新媒体而言，新用户数、注册用户数都是广泛意义上的数值，真正有意义的是活跃用户数，因为只有这些活跃用户能为网络与新媒体创造价值。可以通过经常性地、长期地、有目的有策划地开展各种互动活动来促活，例如电商类网络与新媒体每隔一段时间就会推出某一个商品类目的折扣、优惠、秒杀、积分购物等活动就属于常态化的互动促活手段；可以通过设立等级系统和激励系统，当用户达到一定积分就可以拥有某种特权或奖励来促活，这是游戏类、社交类网络与新媒体通用的促活手段；可以通过提高产品的附加值，让用户在自尊、自我实现等层面得到满足来促活，比如跑步类 App，在工具属性里增加减脂、瘦身、瑜伽课程等内容，还可以自定义记录项、健身提醒与添加待办事项等。

（四）用户运营的基础指标

如何衡量手段、策略的运用效果是用户运营的关键所在，它不仅关系到网络与新媒体内部的绩效考核，更直接关乎互动的效能、传播的效度和产品的效用。因此，网络与新媒体中出现了一些用户基础数据和用户行为数据的指标，用于量化、衡量运营效果：

新用户数，是指首次访问、下载、关注或注册的用户数量，用于分析网络与新媒体的推广效果或者成长空间。

种子用户数（核心用户数），相比较新用户数，这是个规模小但变化也较小的常量。种子用户主要是指那些热爱产品、忠诚于产品的粉丝，他们热衷于体验产品并提交体验报告，帮助寻找产品“bug”，刷评论，进行口碑宣传，帮助产品快速获得第一批新用户。对于种子用户，要维护，更要保护，给予其产品优先体验特权、活动特权、用户级别的最高权限等。

日活用户数（DAU），目前对“活跃”的定义还无法达成共识，每个产品或企业有自身的性质和特点，如新闻类 App 界定的活跃时间是每天登录、停留一定的时间，政务类 App 界定的活跃是每周登录、停留一定的时间，因此对活跃用户的时间度量基本会根据各自的情况而定。但总体而言，有特定行为，达到某个要求时间的用户为活跃用户。活跃用户数多用于分析网站真正掌握了多少有价值的用户，以此延伸还有周活跃用户数、月活跃用户数。

流失用户数，指那些曾经使用过产品或服务，由于对产品或服务失去兴趣等种种原因，不再使用产品或服务的用户数量。流失用户数用于分析产品或服务对用户的留存能力。

回访用户数，指那些之前已经流失但之后又重新访问的用户数量。用于分析采用一定的运营手段和策略挽回流失用户的效果。

用户在线时长，包括一次登录停留的时长，单个用户日平均在线时长和所有用户访问某个网站或 App 的平均时长等。借助这些细化的用户在线时长评测指标，可以更好地分析用户的活跃度和忠诚度。

用户浏览量（PV），用户每刷新一次页面即计算为一个 PV，页面被浏览的总次数是反映网络与新媒体受欢迎程度的重要指标。

唯一访问者（UV），指访问某个站点或点击某条新闻的不同 IP 地址的人数。在同一天内，UV只记录第一次进入网站的具有独立IP的访问者，一天内再次访问或不同的人用同一个IP访问则不计算在内。UV提供了一定时间内不同观众数量的统计指标，主要用于分析网络与新媒体一天内的总体访问情况。

除这些量化的基础指标之外，还有结合用户体验质量、营收的其他度量体系，如：HEART体系，包括愉悦度（happiness）、参与度（engagement）、接受度（adoption）、留存率（retention）、任务完成度（task success）；AARRR模型，包括获取用户（acquisition）、提高活跃度（activation）、提高留存率（retention）、获取收入（revenue）和自传播（refer）。

基础指标、体系、模型等都是用来观察用户运营状况、指导用户运营的外部因素，用户运营的重点还是要以用户为中心，围绕不同阶段的运营目标采取相应的手段、策略，获取普通用户，引导注册用户，培养忠诚用户，寻找增量用户，发展会员用户和挖掘精准用户，寻求不同层级用户的价值最大化和最优化。

第三节　网络与新媒体的营销手段

网络与新媒体的营销是借助互联网的技术、工具、软件和应用，在网络和新媒体平台上开展的各类市场营销活动。互联网技术越发达、工具软件越多样化，网络与新媒体的营销手段也随之越来越丰富和全面，各种手段之间还会进行整合、借力，以立体营销强化营销效果、达到营销目的。

一　认识网络与新媒体营销

首先，网络与新媒体营销离不开计算机技术和互联网平台，技术越发展，平台越开发，为营销赋能的空间和机会就越多。早期的网络与新媒体营销手段只有广告营销、搜索引擎营销、电子邮件营销和论坛社区营销；移动互联网及相关应用出现后，微博营销、微信营销、短视频营销、直播营销、问答营销、内容营销等随之相继登场；接着，在这些基于不同载体的营销手段的基础上又有了整合营销、社群营销、数据营销、智能营销等。因此，技术是网络与新媒体营销的基础和关键，也是网络与新媒体营销的原动力和驱动力。

其次，网络与新媒体营销是企业整体营销战略的一个组成部分，是为实现企业总体经营目标，借助互联网技术采取的一种营销手段，涉及市场调查、客户分析、产品开发、销售策略和反馈信息等方面。因此，网络与新媒体营销是手段而不是目的，是全面的营销推广而不是简单的在线销售，是传统营销向互联网的延伸、扩展和提升而不是虚拟营销。

最后，依托于互联网的网络与新媒体营销要运用互联网思维，将现代营销理论、互联网相关法则与理论、网络传播规律等有机结合，以营销效果为导向，以满足用户需求为核心，基于互联网的生态，建立线上线下融合的智能化营销体系，实现企业价值的发现、传递、交换和增值。

综上所述，网络与新媒体营销是依托互联网平台，以网络与新媒体用户为中心，以数字化、网络化、智能化技术为基础，利用网络与新媒体的各种应用手段实现企业营销目的的一系列行为和动态过程。

二 网络与新媒体营销的特征与功能

因为依托于互联网和新媒体平台、技术、渠道、用户及其特性，网络与新媒体营销自然会体现出与之相应的特征，在功能价值上也呈现出不同于传统营销的优势。

（一）网络与新媒体营销的四大特征

第一，信息流高效互动。从信息经济学的角度看，市场营销过程实际就是信息交流的过程。传统的营销环境是一个“不对称”的信息场，无法传递、错误传递、无法获得反馈、传递成本较高等信息不对称导致的现象会在一定程度上阻碍交流的进行。互联网的优势在于信息传递快速、及时、高效，容量空间无限，人际交互便利，查询检索便捷，且能随时随地传递，不受时间和空间限制。信息对称，既可以让企业直接面对客户的各种反馈，及时了解需求状况与需求特征，采取针对性的行动，也可以为客户构筑实时的信息传播网络，“面对面”地与企业沟通。因此，高效、畅达、互动的信息流是网络与新媒体营销的基础和前提条件，也是最大优势。

第二，满足个性化需求。传统市场营销受到营销手段、产品生产、信息传递等多方面的限制，大体只能以满足大多数人的需求来开展营销活动，很难实现个性化营销。网络与新媒体营销则不同，可以利用互联网平台收集用户的需求，可以依据大数据对用户实施精准营销，可以利用长尾效应来提供细分市场，也可以针对单个客户或群体客户的特征和要求提供差异化服务。满足消费者的个性化需求，是网络与新媒体营销的核心目标，也是提升其价值的重要手段。

第三，营销形式和手段多样化。网络与新媒体的所有表现形式和手段都可以附着到营销之上，并能整合利用。比如H5广告营销，在H5的富媒体形式之上，还可以加载擦除、摇一摇、识别等动效，增强广告的传播效果。在手段上，目前已知的有网络广告营销、搜索引擎营销、许可电子邮件营销、内容营销、视频营销、直播营销、即时通信营销、微博营销、微信营销、问答营销、社群营销、网络事件营销等。这其中既有互联网1.0时代以内容为基础的网站类营销，又有2.0时代以用户、互动为核心的平台类营销。随着技术的发展，未来还会出现VR营销、无人机营销以及基于智能设备和渠道的各种营销手段。

第四，全球开放性减本增效。对比传统营销因时间和地域限制造成的市场封闭和渠道单一等境况，网络与新媒体营销面对的是全球市场，营销活动可以在全球范围内全天候开展，企业可以方便快捷地进入任何一国市场，直接向客户推销自己的产品和服务，减少了交易环节及销售费用，降低了成本支出，提高了产出效益。比如阿里巴巴的全球购，全球的商户都可以直接在平台上进行商品展示，用户则能买到便宜的、高品质的全球商品。

（二）网络与新媒体营销的功能

网络与新媒体营销本质上是借助互联网为促进产品销售、提升品牌价值、提高整体竞争力而开拓新的营销手段和渠道。因此，网络与新媒体营销的功能类似于企业营销的功能，包括信息发布、销售（服务）促进、客户服务、在线调研和品牌推广。

信息发布是网络与新媒体营销的基础性、广泛性功能，通过企业网站、电子邮件群发、微博和微信推送等各种渠道，运用多媒体形式将企业产品信息、营销信息、技术信息等第一时间传递给客户，搭建起企业与客户间的信息桥梁和纽带。客户主动或被动接触到企业信息，就完成了营销的第一步。

销售（服务）促进是网络与新媒体营销的主要目标，为企业直接或间接创造绩效。互联网平台之于营销最突出的优势是提供了各式各样的销售服务方式，可以在大平台开设旗舰店，在微信里建网店、开通小程序，在微博里直接推广商品，在O2O平台上推送生活服务。企业越能从网络与新媒体营销中创造出价值，就越能扎根并进一步推动网络与新媒体营销。

客户服务是网络与新媒体营销最大的优势，也是改变传统营销客户服务成本高、效率低的一个新手段。互联网提供从 FAQ（常见问题解答）、电子邮件、企业即时通信、在线呼叫到直播互动、微博微信开放窗口、智能客服机器人等多样化的客户服务。实时、全程、全面的交互不仅能提升服务效果，改善与客户的关系，而且能维持客户的满意度和忠诚度。

在线调研是企业主动了解市场、获取反馈、促进销售和树立品牌形象最高效的方式，成本低、周期短、覆盖面广，大数据时代的在线调研更能够获得全部数据，挖掘、分析出更准确的结果。

品牌推广可以说是网络与新媒体营销的终极目标，其他的营销功能也都是为树立品牌形象、建立长期的用户口碑而服务的。自建渠道如网站、App、微博和微信账号是一种品牌推广，事件营销、建立“超话”也是一种品牌推广，甚至在舆情危机事件中转危为安也能从另一个层面达到品牌营销的效果。

三 网络与新媒体的主要营销手段

网络与新媒体的营销手段丰富多样，我们选择从 PC 时代就开始采用的营销手段加以介绍。

（一）广告营销

网络与新媒体广告是营销手段中运用最广泛、最基础的工具之一，较之传统广告有多重优势，比如传播范围极广，实时快速，具有可贮存性、可重复性和可检索性，投放形式灵活多样，用户数据易收集、易统计、易细分，半强迫性传送，特别是基于专门的广告投放软件可以实时追踪广告传播路径，评估投放效果，降低广告主的投放成本。

网络与新媒体的广告营销形式，从表现形态看有文字广告、图文广告、H5 广告、视频广告和富媒体广告，从依附载体看有基于网络媒体的展示广告、基于搜索引擎的关键词广告、基于服务软件的嵌入广告和基于电子商务的分类广告，从展示位置看 PC 端有 banner（横幅）广告、button（按钮）广告、通栏广告、飘移广告、全屏广告、弹出广告和背投广告，移动端有开屏广告、插屏广告、信息流广告、底部链接广告。

当前，视频广告随着视频业务的扩展而更受广告主青睐。在视频广告形态中，除了常规的前后贴片广告、播中暂停广告、PC端角标广告外，还创新出结合视频内容的原生广告、插入广告、植入广告、电商广告、场景广告、增强现实广告等。腾讯视频曾在春节前夕推出一条名为“回家的方向”的视频，用内容触动人心。广告男主角离家前含泪吃下母亲连夜包的饺子，片尾出现湾仔码头的广告logo和真情告白“妈妈心，饺子情，湾仔码头，致敬天下每一位母亲”。广告不再僵化生硬，也不再独立存在，而是被转化为对用户来说有温度、有情感、能引发共鸣的视频内容。

有数据显示，看视频时看到感兴趣的商品，42.3%的用户表示会到电商网站搜索购买同款。因此可以在视频中植入电商伴随广告，用户如果在视频中看到主角在戴着帽子喝饮料，那么他点击帽子和饮料就可以进入电子商务购买流程，实现即时购买，这一模式即为从广电到电商的TV2O模式。视频中的每个场景、每件物品，都可以成为品牌与用户的接触点，品牌与内容形成强关联延伸，让品牌的场景营销直达受众。

（二）许可电子邮件营销

电子邮件营销（e-mail marketing），类似于传统的直销，因此又称为电子邮件直销（e-mail direct marketing，EDM），是指在用户事先知晓或许可的情况下，企业将企业资讯、产品信息、推广活动、折扣优惠、调研调查等内容以文字、图片、音视频或其他形式，通过电子邮件直接发送到用户邮箱，以达到宣传推广、和客户建立商业交流的目的。需要指出的是，许可电子邮件营销有别于垃圾邮件，因为是在用户许可的前提下发送的，用户抵触、反感和拒收的可能性要小很多。

电子邮件方便快捷、成本低廉、直接沟通发送端和接收端，用户的忠诚度比较高。许可电子邮件营销的特点是营销覆盖面大、操作简单、内容丰富多样且成本低廉。特别是用户主动订阅的电子邮件营销，针对性强，效率比较高，能收到一定的反馈效果。

日本零售业排名首位的优衣库在2008年全球金融危机时就采用了EDM营销模式，通过发送电子邮件邀请函，将对优衣库感兴趣的淘宝会员转化为优衣库的活跃用户，定期向新老会员发送电邮杂志，向客户推荐新产品，以提高客户的品牌忠诚度。电子邮件成为优衣库重要的网络营销渠道。

（三）搜索引擎营销

搜索引擎营销（search engine marketing，SEM）是利用人们对搜索引擎的依赖性和使用习惯，在人们检索信息时将营销信息同时传递给目标客户。企业利用这种被用户检索到的机会，以最小的投入，获得最大的来自搜索引擎的访问量，以实现信息传递的营销价值。

搜索引擎营销的实现方法包括搜索引擎登录、付费搜索引擎广告、关键词广告、来电付费广告、搜索引擎优化（搜索引擎自然排名）、地址栏搜索、网站链接等。最常见的主要是免费的搜索引擎优化和付费的关键词广告。

搜索引擎优化是指针对各类搜索引擎对网页的检索规则和特点，让网站建设、系统架构、网页设计、信息发布内容、标题标签等各项基本要素适合搜索引擎的检索原则，从而获得被收录并在搜索引擎自然检索结果中排名靠前的行为，最终达到信息传播和营销推广的目的。需要注意的是，一些互联网公司会利用搜索引擎检索规则，通过各种技术形式作弊，干扰搜索结果的正常排序，借以提高自己网站或内容的排名。

关键词广告是指显示在搜索结果页面的链接广告，比较简单，以文字广告为主，包含广告标题、简介、网址等要素。为了不影响正常的检索结果，一般与自然搜索结果分开。在关键词广告里，有一类特殊的竞价排名广告。当若干广告主都想购买某一相同的关键词时，搜索引擎服务商将出价高者的信息或链接放置在搜索结果的前列，通过竞价来排定“出场名次”。百度公司首创了竞价排名广告，其成本低廉、按效果付费的优点受到了中小广告主的青睐。但是，我们要辩证看待这种营销方式，一味追逐经济利益而忽略对信息的审查、对内容的审核，谁出价高就优先发布谁的信息、让谁排名靠前等，有时会产生适得其反的营销效果。

2008 年美国总统大选中，奥巴马在谷歌投入数百万美元用于发布“关键词广告”。如果一个选民在谷歌中输入奥巴马的英文名字“Barack Obama”，搜索结果的第一条会直接链接到奥巴马竞选网站，页面的右侧还会出现一个奥巴马的视频宣传广告。奥巴马购买的关键词不仅是自己的姓名，还包括热点话题的关键词，如“油价”“伊拉克战争”和“金融危机”。据美国联邦选举委员会透露，奥巴马在竞选中尤其重视搜索引擎、网络视频、博客等新营销工具的价值和使用，用在搜索引擎上的广告费用超过 300 万美元。

（四）内容营销

内容营销是指围绕企业品牌、产品、销售、服务等相关内容的包括图片、文字、影像等一切形式的创作，向相关用户进行有价值的信息传播，从而实现营销的目的。

广义的内容营销是包括所有平台和渠道上、用所有表现形式来进行的内容变现，可以是社交媒体的软文、新闻稿、音视频报道，也可以是电商图文内容、电商直播、产品生产短视频、营销排行榜等。狭义的内容营销是指自媒体利用开放平台发布图文、视频内容，对企业信息、产品销售进行营销。目前，众多的自媒体账号正在成为内容营销的原创者和集散地。

内容营销有三种实现方式：一是直接创作与企业、产品相关的软文内容，通过不同渠道传递发布，比如淘宝头条里的生活资讯、经验性指导文章，最终都会指向特定产品；二是在突发、热点、重大新闻发生后，用“蹭热点”的方式实现内容营销，比如杜蕾斯三八妇女节的创意文案“先有妳们，再有我们”，苹果产品发布会的“你的HOME，归我了”；三是社交媒体上 UGC、PGC 和 PUGC 共同进行的内容创作，比如小红书用内容构建消费闭环，当用户产生购物倾向时社区其他用户的体验测评可帮助用户进行消费决策。

Google 推出的短视频“科技在这一刻，温暖人心”，讲述了一对二战时期走散的兄弟在其孙子孙女的帮助下，利用谷歌的各种搜索技术一点一点寻找线索，最后终于重逢的故事。整个短视频不断展现谷歌的各种搜索技术，有地理位置、天气预报、网页搜索等，没有直接的品牌 logo 出现，但一切都是在围绕品牌展开，品牌无处不在。这种讲故事、讲情怀、融入人文关怀的嵌入式内容营销，被誉为“温柔的一刀”，成为实现营销价值最大化的利器。

（五）微博营销

微博营销有两个层面：一是微博平台为平台内用户策划、组织、开展的各种营销活动，比如嵌入微博超话的企业或产品品牌；二是指微博平台上的所有主体，包括企业、商家、机构、非营利组织、个人利用微博进行信息快速传递、分享、反馈、互动，从而开展产品推介、品牌传播、市场调研、客户关系管理、危机公关等营销活动。比如可以第一时间通过微博平台对外发布企业研发的新产品，并在微博中收集用户反馈意见，与用户沟通。

微博营销秉承了微博的诸多优势，呈现出多方面的特点：开设账号和运维成本低，发布简单易操作，容量无限制，信息量大，用户基数庞大且覆盖面广，转发分享快捷（裂变式传播），具有病毒式营销的效果。特别重要的一点是，运用微博开展营销的自主性强、操控性强，营销主体可以掌控从策划、发布到运维、反馈的一系列过程，能随时根据数据情况调整和改变营销方向，预测营销效果。

微博营销首先要建立微博发布原则和机制，内容真实、体现特色、坚持互动、保持热度、连续发布，这些都是微博发布的基本原则和机制要求。比如在内容编写上，要把握用户的心理，开头要吸引人，可用标签特别标识；表达要清晰，一条微博围绕一个主题内容；善用多媒体，插入图片、视频、图标或音乐；语言要简明，可借用网络语言、表情、符号等。

其次，要掌握一定的微博营销策略。目前，微博营销策略不一而足，主要有内容策略、互动策略、明星（KOL）策略、事件策略、整合策略等，每一类策略又都蕴含丰富的实操内容和操作技巧。以互动策略为例，可以借助微博平台的数据挖掘找到同类、同好的关联用户，建立微博群或微博圈；可以策划内容和设置话题，用各种手段激励、吸引用户参与讨论；可以设计各种吸引用户参与的奖励性活动；可以借助微博平台开展调查、投票与排行榜活动。

2012 年 5 月，宜家在微博上发起了一个“厨房微论坛”的话题，鼓励用户把自己在装修厨房中遇到的疑问和难题发到微博参与话题讨论，一方面由宜家的专业人士为用户出谋划策、解疑释惑，另一方面参与话题的用户之间也可以交流厨房装修经验。宜家在组织话题的过程中，推出一些奖励维持话题的热度，同时还借着这个话题，推介宜家的厨房用品。这一话题的策划设计实现了多赢：用户关注了企业品牌，在情感上有了共鸣；用户可以与专业人士、其他网友交流甚至解决实际遇到的厨房装修问题；商家借此推销了产品。

（六）微信营销

微信是一个综合性软件，集成了多种传播方式的技术应用，包括群体传播的微信朋友圈、大众传播的订阅号、组织传播的企业服务号、人际传播的微信群以及综合所有传播模式的小程序，能够承担新闻资讯、社群交互、生活服务、电商消费和企业业务等多项功能。因此，微信营销是网络与新媒体营销的集大成者，可以在所有层面开展单一或多重营销。

微信是基于强关系链而构建的内容和用户的双重聚合平台。相比微博，微信的用户基数更庞大、在线时间更长、活跃度更高，内容更加多元，这些都让微信营销拥有高覆盖面、高到达率、高接受率、高营销价值等特点，且营销成本相对较低。

微信营销也有两个层面。一个层面是微信平台利用朋友圈、支付页进行的各种营销，如朋友圈的精准广告推送，支付页的腾讯服务和第三方服务，卡包页的票证、卡券、交通卡，游戏页的各种手游、小游戏。这些营销手段由微信平台主导，大多数为腾讯自己产品或合作方产品、服务的推介，总体上比较克制，没有让营销泛滥成灾，影响用户使用微信的体验。

另一个层面是所有开通微信账号的用户、机构、企业利用微信提供的工具、软件和技术进行的营销活动，可以采用的营销手段是所有营销模式中最丰富、最全面也最多样化的。在吸引用户方面，可以开设会员卡、开通积分商城、发语音红包、玩游戏抢红包等；在推广方面，可以采用支付优惠、荐客有礼、社群团购、好友助力、拆礼盒、答题、投票等方式；在互动方面，可以采用留言、预约、机器人客服、社群直播、文章打赏、知识付费等。此外，商家小程序、微店、订阅号资讯微推送、二维码支付、O2O 的优惠折扣微活动等，为用户提供点对点的服务，这种服务的突出优势是能够进行精准营销。

星巴克在利用微信营销传递品牌价值、销售商品、沟通消费者方面取得了一定的成效。首先是利用二维码进行一对一推广，用户在线下商店购买咖啡时，扫一扫二维码关注星巴克订阅号便可以享受一定的优惠。一旦用户扫了二维码，就会成为星巴克的好友。这样星巴克就可以定期向用户发送优惠信息和新品推介，还可以提供“一对一”的开户服务，比如发送调适用户心情的专属音乐曲目、星粉专属福利等。

其次是利用 H5、漫画图、动漫视频等各种形式开展各类营销活动。比如 2020 年新年前夕，星巴克推出“新年来喝‘福满’‘锦绣’‘爱恋’一起玩旧迎新”动漫长图，结合拼图游戏，推介新品咖啡。

最后，星巴克还在微信订阅号里专门建立顾客关怀中心，一是提供智能客服在线回答顾客咨询，二是提供咖啡小课堂、咖啡烘焙等知识，三是提供门店、卡券、咖啡价格等的查询业务，四是为用户提供直接在线购买卡券、咖啡杯以及其他商品的服务。所有与用户相关的服务内容都可以在线完成，建立了与顾客无障碍、零距离的沟通机制。

星巴克充分发挥了微信营销的优势，细分目标人群，精准推送内容、信息和优惠券，实现用户的转化和直接购买。数十万的关注者不仅是星巴克的直接消费者，也是星巴克的口碑传播者。粉丝的口口相传和社群传播能达到零边际成本的营销效果。

（七）短视频营销

短视频营销是指以短视频平台为载体、借助短视频这一介质开展的所有营销活动，包括硬广告投入、内容植入、IP内容定制、话题和活动策划、网红社交引流等。随着短视频用户规模扩大，收看时间增长，交互行为频繁，短视频平台已成为互联网又一大流量入口。因此，短视频营销自然成为当下网络营销的重要手段之一。

短视频的营销价值主要表现在以下三个方面：

技术层面，短视频营销门槛低，交互性强，信息承载量大，一个普通用户都可以利用自己拍摄、创作的短视频推介产品、直播带货或植入与账号相关联的广告。在人工智能技术为短视频赋能后，观看者能获得与个人兴趣偏好匹配的短视频内容。人工智能技术使短视频营销更为精准，并成为视频营销的技术支撑。

用户消费层面，一方面短视频展现真实生活、场景多样、表达丰富等特点易于用户接受，也容易刺激用户产生消费行为，借助视频内容可以直接达到营销目的；另一方面，短视频用户互动需求高、参与度高，圈群化的传播能提高转化率。《2019短视频营销白皮书》公布的数据显示，93%的用户会点赞，84.5%的用户会评论，90.6%的用户会分享。从分享方式和路径看，短视频用户分享方式呈现圈层化的特征，66.9%的人会定向分享给朋友，64.7%的人会分享到家人/朋友群里，64.2%的人会分享到朋友圈动态里。由此可见，利用短视频平台开展营销会产生从事实到情感再到信任的共鸣效应。

营销投放层面，广告主也会看重短视频的原生、互动、场景化、创意空间大的优势。短视频兼具表现力和传播力双重效果，既可以实现展示和传达品牌/产品信息的深度，又可以实现传播范围最大化的广度，还能从品牌建设、内容营销上精准触达目标用户。

在短视频营销中，还有一个特殊的组织MCN（multi-channel network）。MCN其实是一种中介组织，或者将网红、头部账号联合在一起形成矩阵，或者将不同类型和内容的PGC组织起来，既为流量资源寻找变现机会，如找寻广告主、品牌方来投放、植入广告，也为优质内容对接短视频平台，从短视频平台的各类广告里获益。MCN是专业化、垂直化、有组织的短视频营销团队，能够将短视频简洁、轻量、精准、社交化的优势转化为营销价值，把控着内容生产和消费变现两端，在一定程度上影响着整个短视频营销的未来。

（八）网络直播营销

网络直播营销，指企业、个体或团体组织以网络直播平台为载体进行各种类型、各种方式的营销活动，以达到提升品牌形象、宣传推广新品、提升产品销量、及时聆听用户反馈等目的。当下的网络直播营销以视频直播及多媒体直播的方式为主，但在PC时代，也曾有文字直播和图片直播的营销。未来，5G的高速、低时延等特点可能会催生更多的VR沉浸式、体验式营销，同步性更高，现场感更强，视频互动更直接。

网络直播营销的对象大致有三类。第一类是事件、活动、会议的直播，如百度世界2021大会便进行了多平台同步直播，时长近4小时，宣传主题为“AI这时代 星辰大海”，整场直播既有新科技的发布、新产品的推介，也有嘉宾访谈、前沿新知，呈现了百度在AI领域的综合实力和全方位探索。这种长时间的直播能达到整体营销的效果。第二类是新品宣传推介直播，如小米公司的2021秋季新品发布会，主要推介公司研发的系列新品，围绕新品全面而详细地进行介绍，意在达到销售产品的目的。第三类是常态化的电商直播，是指在各大电商平台、社交平台、媒体平台进行的带货直播，意在直接销售产品，提升产品销量。

网络直播营销的价值和优势主要体现在四个方面。一是低廉的营销成本与广域的营销覆盖。一方面，一部手机、四五人的团队，就能完成一场直播；另一方面，理论上说，全球用户都可以通过在线直播观看、了解商品信息，并参与互动，每一场直播都可以成为一场无死角的全球营销活动。二是高频的强互动与快捷的营销反馈。以电商直播为例，在直播过程中商家就能知晓用户对产品的实时反馈，并基于此随时调整营销策略。三是情感因素强化营销效果。对品牌的归属情感、对产品的认同情感、对主播的信任情感，都会使消费者在进入电商直播间后或观看直播时产生购买欲，从而提升营销效果。四是获取一手营销数据，为数据驱动直播营销奠定基础。直播过程中，无论是单个用户的点赞、转发、分享、下单，还是用户之间的交流、评论和吐槽等，都是一手的、真实的、有效的数据，收集、整理、分析这些数据将为网络直播营销提供策略依据。

【本章思考题】

1. 结合自身的网购经历，试分析哪种营销方式会影响你的网购行为和决策。

2. 试分析数据要素与数字经济的关系。

3. 结合自身在平台中的学习、生活或消费经历，试分析平台经济及其产生的平台模式。

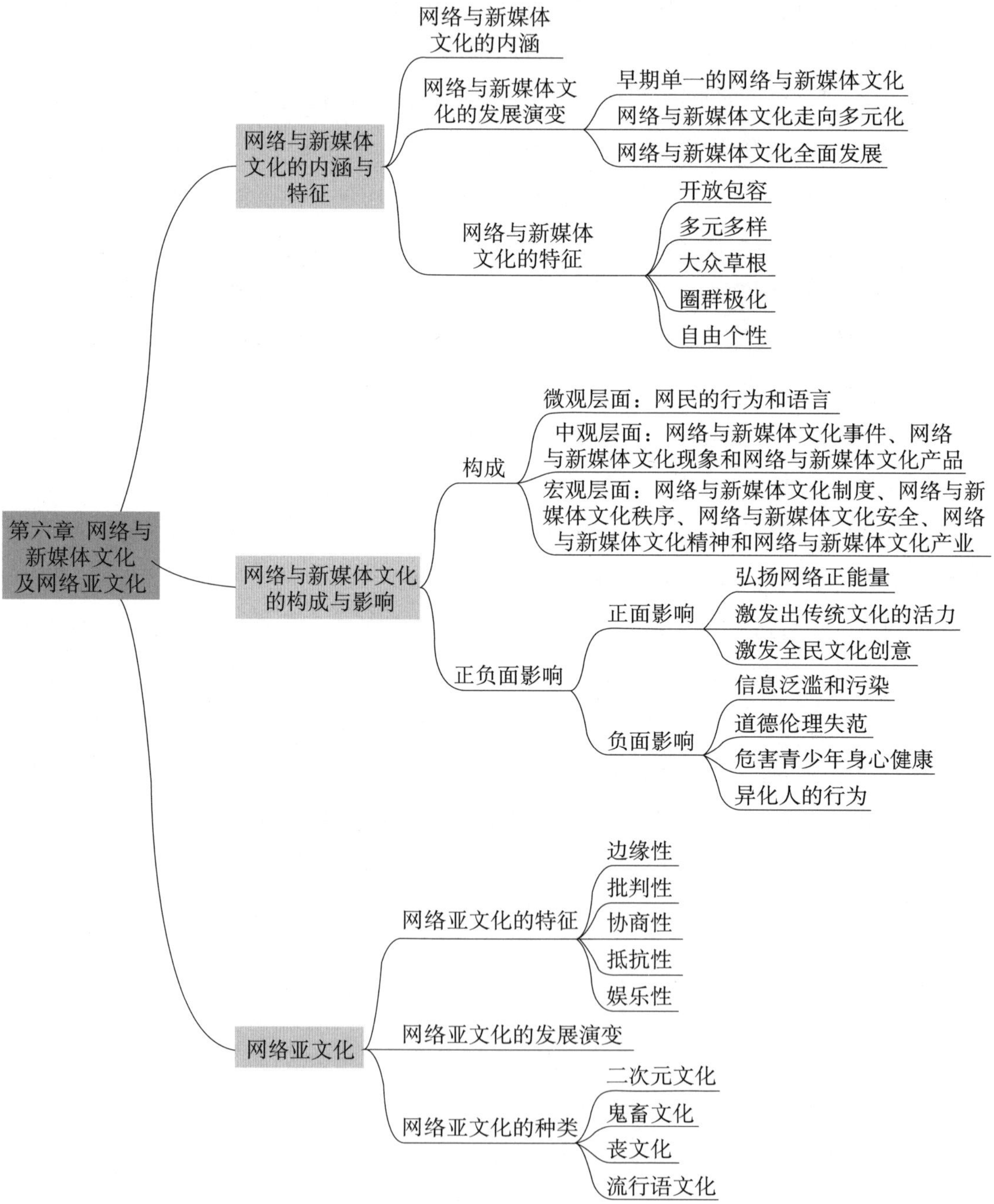
第六章 网络与新媒体文化及网络亚文化
网络与新媒体文化的内涵与特征
网络与新媒体文化的内涵
网络与新媒体文化的发展演变
早期单一的网络与新媒体文化
网络与新媒体文化走向多元化
网络与新媒体文化全面发展
网络与新媒体文化的特征
开放包容
多元多样
大众草根
圈群极化
自由个性
网络与新媒体文化的构成与影响
构成
微观层面：网民的行为和语言
中观层面：网络与新媒体文化事件、网络与新媒体文化现象和网络与新媒体文化产品
宏观层面：网络与新媒体文化制度、网络与新媒体文化秩序、网络与新媒体文化安全、网络与新媒体文化精神和网络与新媒体文化产业
正负面影响
正面影响
弘扬网络正能量
激发出传统文化的活力
激发全民文化创意
负面影响
信息泛滥和污染
道德伦理失范
危害青少年身心健康
异化人的行为
网络亚文化
网络亚文化的特征
边缘性
批判性
协商性
抵抗性
娱乐性
网络亚文化的发展演变
网络亚文化的种类
二次元文化
鬼畜文化
丧文化
流行语文化

第六章

网络与新媒体文化及网络亚文化

当互联网与文化融合，不仅赋予主流文化、传统文化新的力量和生命，更是产生了网络音乐、网络视频、网络游戏等新型的网络文化，随着移动互联网的出现，网络文化又逐渐发展为网络与新媒体文化。二次元文化、鬼畜文化、丧文化、流行语文化等网络亚文化也是不可忽视的文化类型。相应的，数字文化产品纷至沓来，数字文化消费百花齐放，数字文化产业成为数字经济的重要构成部分。

第一节 网络与新媒体文化的内涵与特征

互联网发展二十多年来，对经济、政治、社会、民生等各个层面产生了深刻影响，对文化层面的影响则更为全面、直接，文化网络化和网络与新媒体文化的诞生带来了全新的文化景观。

一 网络与新媒体文化的内涵

认识网络文化及网络与新媒体文化，首先要认识文化。站在客体角度，文化是指一个社会的知识、音乐、艺术和文学作品等物质形态；站在主体角度，文化是指一个社会的全部生活方式，包括它的价值观、态度、信念、取向，习俗、象征、体制及人际关系等。因此，文化是物质形态和生活方式的总和。

在融入互联网和移动互联网等技术要素后，网络与新媒体文化诞生了。关于网络文化的定义非常之多，分别站在不同的角度进行着相应的释义：

网络文化是指以计算机技术和通信技术的融合为物质基础，以发送和接收信息为核心的一种崭新文化——这是从技术角度来界定。

网络文化是人们在互联网世界进行工作、学习、休闲、娱乐等时形成的活动方式及其所反映的价值观念和社会心态等的总称——这是将传统的文化定义延伸到网络。

网络文化是以互联网和手机为载体，依托发达而迅速的信息传播系统，运用一定语言符号、声音符号和视觉符号，传播思想文化、风俗民情，表达看法观点，宣泄情绪意识等，以此进行相互之间的交流、沟通、联系，共同垒筑起一种崭新的思想与文化的表达方式，形成一种崭新的文化风景——这是强调载体和传播方式。

网络文化是新兴技术与文化内容的综合体，单纯强调任何一个方面都是不妥当的。从网络的角度看文化，强调从网络的技术性特点切入，突出由技术变革导致的文化范式变迁；从文化的角度看网络，则主要从文化的特性出发，强调由网络内容的文化属性引发的文化范式转型——这是从网络与文化的关系的角度来解释。

网络文化是以网络信息技术为基础、在网络空间形成的文化活动、文化方式、文化产品、文化观念的集合。它是现实社会文化的延伸和多样化的展现，同时也形成了其自身独特的文化行为、文化产品、价值观念和思维方式——这是论及网络文化的构成。

网络文化指人们在网络空间中的精神活动及其产品，是一种新的文化创作、生产、传播方式。它既包括新闻出版、广播影视、文化艺术以及文化知识传承、思想道德教育、人际沟通交流、休闲娱乐和审美活动等在互联网上的延伸，也包括网络媒体、网络出版、网络教育、网络音乐、网络文学、网络动漫游戏及网络搜索、网络社区、网络即时通信等依托互联网产生的各种文化形态和现象——这是从文化产品网络化和网络文化产品的集合角度来界定。

凡此种种定义，不一而足，可见网络文化内涵丰富、构成多样、特点鲜明。网络与新媒体文化也是如此。广义理解，网络与新媒体文化是文化的一个子集，一切以网络和新媒体为基础的文化活动及其产物，都属于网络与新媒体文化范畴；狭义理解，网络与新媒体文化有两个特指，一是借助网络传播和创新的主流文化和传统文化，二是依托网络与新媒体诞生的新型文化。

二 网络与新媒体文化的发展演变

总体上，网络与新媒体文化随着互联网技术的发展而发展，随着用户数量的增长而有了影响力，随着产品的日益丰富而逐渐形成网络与新媒体文化产业。

网络与新媒体早期的技术较为简单，因而其内涵和形态也比较单一。一类是主流文化和传统文化的数字化、网络化，比如文学作品、国学经典的电子版；另一类是依托网站和网络论坛，以个人创造为主的网络文学，网络文学网站有“晋江文学城”“榕树下”“起点中文网”等。以互联网为基地开展的文学创作是网络与新媒体文化的第一波发展潮流。

博客技术、音视频技术和游戏业务出现后，网络与新媒体文化开始走向多元化，网络影视、网络音乐、网络动漫、网络游戏等文化产品纷纷涌现，黑客、红客、维客、掘客、博客、播客、拍客等各种“客”现象伴随着文化事件纷至沓来，网络与新媒体文化产业初露端倪。以网络游戏为例，早期的网络游戏以引进海外游戏版权、复制海外运营模式为主。随着网易推出游戏产品《大话西游》后，一方面中国传统文化成为游戏内容的开发对象，另一方面游戏公司开始大规模自主研发产品，游戏开发成为当时互联网行业盈利的主要手段。在 2004 年和 2008 年的两次上市风潮中，网络游戏公司都是上市的主角。

进入移动互联网时代，网络与新媒体文化也进入了全面发展期，影响力从文化层面向舆论、舆情层面延伸，产业领域从单一产品向文化 IP 产品、网络文化产业链、生态圈扩展，二次元文化、鬼畜文化、丧文化等网络亚文化逐渐被认识、讨论和接受。同时，传统文化也在技术赋能之下“活”起来、“动”起来。例如：国家博物馆 2018 年启动“智慧国博”项目；故宫博物院开发“掌上故宫”“每日故宫”等平台，将虚拟现实技术、3D 打印技术运用于文物修复；短视频、直播平台以“短视频＋传统文化”“直播＋传统文化”方式介绍非物质文化遗产、民间艺术等内容。这些都能让用户近距离感受传统文化的内在价值。

伴随着互联网技术的发展以及网络与文化的日益融合，网络与新媒体文化一方面日渐丰富多彩、繁荣活跃，另一方面也出现了诸多新情况、新问题，如一些庸俗、媚俗、低俗的产品充斥网络空间，网络谣言屡禁不止等。营造清朗的网络文化空间，建设健康的网络文化生态是网络与新媒体文化长久、持续发展的基础与保证。

三　网络与新媒体文化的特征

网络与新媒体文化的特征是互联网的技术特性、传播特性和文化属性融合、叠加在网络空间后反映和体现出来的。因此，网络与新媒体文化具有五方面特征：开放包容、多元多样、大众草根、圈群极化、自由个性。

（一）开放包容

开放是网络与新媒体最基础的、最本质的特征，信息开放、传播开放、时空开放等与文化结合，全面地展现出网络与新媒体文化的开放性。在网络空间，多民族、多语言、多元化的文化交织并存，理论上全球所有的互联网用户都能获取、浏览、传播、分享人类的文化知识和文明成果。同时，在云存储、云翻译等技术支持下，不仅可以无限制存储各类信息，让互联网成为文化的“大百科全书”，而且可以让人类文化跨越国界与语言无障碍传播，实现全球共享和文化融合。

2017 年 5 月，中国最大的网络文学平台——起点中文网的国际版网站 Webnovel 正式上线，目前已有近百部作品被翻译成英文连载，此外还有翻译为法文、泰文、韩文、越南文等其他语种的作品。喜欢中国文化的国外用户可以直接在 Webnovel 上阅读各种类型的网络文学作品。和网络文学一样，中国的影视剧、综艺节目也被翻译成外国语言版本，通过互联网向海外用户传播、推广。抖音短视频国际版 TikTok 是网络与新媒体文化开放性的典型代表。打开 TikTok 越南版，“中国特色”随处可见，水墨画、传统汉服、传统乐器、陶艺、中国神话人物等中国文化符号随着 TikTok“出口”到了海外。

（二）多元多样

人类文化原本就是纷繁芜杂、包罗万象的，互联网的开放性强化了文化的多元多样性，体现在网络与新媒体文化上即为创作主体的多元化、内容的多样化、呈现方式的多媒体化等。特别是类型多样，传统的主流文化、大众文化、精英文化与网络亚文化更是兼容并包、共存交融。多元多样的背后体现的是价值观、思想、意识形态的交织并存和多种表达，一个世界多种声音，一个事件多种思考，一个事实多种理解，一个人物多种看法和一个陈述多种角度。

以网络文学为例，其创作主体可以是专业作家、网红写手，也可以是普通大众，其呈现方式可以是文本小说，也可以是有声读物，其内容性质可以是奇幻、武侠、都市，也可以是历史、架空、现实等。多类型、多样化的网络文学作品能够使不同品味、不同价值观的读者站在各自角度发表观点、进行解读。这又会生发源自用户群体的探索和争鸣，比如豆瓣读书里热门图书的后面一般都有成百上千的读者留下的笔记、批注和评论。

（三）大众草根

网络与新媒体文化又被认为是“大众文化”“草根文化”，这是因为每一个普通用户都可以在互联网平台上自由创作小说、音乐、视频、动漫等文化产品。互联网与新媒体一方面成为普通网民创作、宣泄、狂欢甚至施暴的舞台和空间，另一方面又能成就普通网民，让他们拥有话语权、影响力，甚至成为“网红”“大V”。草根性不仅仅指用户群体庞大，占据了网络空间的中心位置，更表现为草根的能量得到释放，草根的力量得到彰显，草根的价值得到认同，草根的思想得到传播。一首网络歌曲一夜爆红，一条网络视频获得上亿流量，一句简单的“世界这么大，我想去看看”瞬间刷屏，都是网络与新媒体文化草根性的体现。

2020年11月，四川甘孜20岁藏族小伙子丁真在微博上的走红，是网络彰显草根性的典型案例。首先，是网民发现了丁真，一段“野性与纯真并存”的短视频让网民在喜爱丁真淳朴纯真的笑脸和纯净阳光的气质的同时，也对当地的风土人情产生了兴趣；其次，是网民捧红了丁真，他们通过微博上的点赞、转发、评论等分享互动让话题＃丁真＃迅速登上热搜榜，且一直保持着较高的热度。尽管丁真并未在微博上时时亮相，回应网民的关注，但这并不妨碍网民对他的喜爱和对四川甘孜淳朴民风的向往。从丁真微博账号的留言中可以看出，网民看似在向丁真表达心绪和情感，其实更是在寄托自己的思想和价值观。

（四）圈群极化

网络与新媒体文化既具有大众化、草根性的特征，又同时具有分众化、小众化、圈群性的特征。但这两者并不矛盾，大众化、草根性强调网络与新媒体文化的根本和基因，分众化、小众化、圈群性强调网络与新媒体文化的社交和关系属性。

传统文化原本就有条块特征，不同的群体、不同的行业、不同的地域、不同的阶层都有各自的文化、思想、价值取向和精神追求。互联网的便利化建群、低成本交互让传统的条块文化更易形成圈群，并使圈群越分越细，最终形成偏好某一类文化产品、某一种文化的小众群体。比如豆瓣小组里，大的分类有影视、读书、生活、闲趣、时尚、娱乐、兴趣、情感、美食等十几类，在读书小组里，有“外国中短篇小说”小组，有“三天读完一本书”小组，有“王小波门下走狗”小组，有“经典短篇阅读”小组，各种各样的读书小组成为网络与新媒体文化圈群的典型代表。

在网络与新媒体文化圈群形成的过程中，网络与新媒体文化表现出群体极化的特点。圈群里的用户很容易受群体内的观点和思想的影响，而且彼此之间还会相互影响，有时也会一致对外，排斥不同观点，最终导致群体整体偏向某一极端的观点和思想，产生强大的群体极化效应。网络与新媒体文化的“群体极化”具有双重性：积极的一面是促进群体意见一致，提高群体的凝聚力，弘扬文化正能量；消极的一面是放大群体的错误判断和决策，混淆是非标准和文化价值判断准则。

（五）自由个性

自由、开放、平等、共享是互联网的本质，同时网络的匿名性、虚拟性让每一个网民不仅能自由创作、表达和分享，而且能在自由表达中充分显现出个性和自我，生产力、想象力和创造力得到无限释放。因此，我们看到互联网上的内容产品琳琅满目，但也良莠不齐；热点焦点源源不断，但也瞬息万变；文化创新层出不穷，但也难以长青。自由个性让网络与新媒体文化呈现出多样性、多元化，但也把网络与新媒体文化带入发展困境。

“客”现象、“体”现象是网络与新媒体文化自由个性特征最有力的证明。从早期的“黑客”“红客”“博客”“播客”到后来的“威客”“创客”“掘客”，既有专业人士能力的体现，也有各类人士的知识创作、娱乐生产和技能发挥。跟随社会热点、文化现象和舆论话题源源不断出现的各种“体”现象，如“甄嬛体”“凡客体”“淘宝体”“元芳体”等，让网络自由开放的精神和网民个性创作的活力在网络与新媒体文化中表现得淋漓尽致。

第二节 网络与新媒体文化的构成与影响

网络文化是一个内涵与外延均十分丰富的概念。因此，网络与新媒体文化的构成也是多层面、多样态的，需要从微观、中观和宏观三个层面来解析、认知；每一个层面又内含多个组成部分，它们交织并存、相互影响，构建了网络与新媒体文化的完整图景，并对社会、政治、经济、文化产生影响。

一 网络与新媒体文化的构成

文化是人类在社会历史发展过程中所创造的，凝结在物质之中又游离于物质之外的，能够被传承的国家或民族的物质财富和精神财富的总和，包括显性的风土人情、传统习俗、文学艺术等，也包括隐性的生活方式、行为规范、思维方式、价值观念等。网络与新媒体文化的根基来自现实社会，同时又因为在网络空间中承载了网络的基因而有了新的发展。因此，可以从微观、中观和宏观三个层面来认识它的构成，如图 6-1 所示。

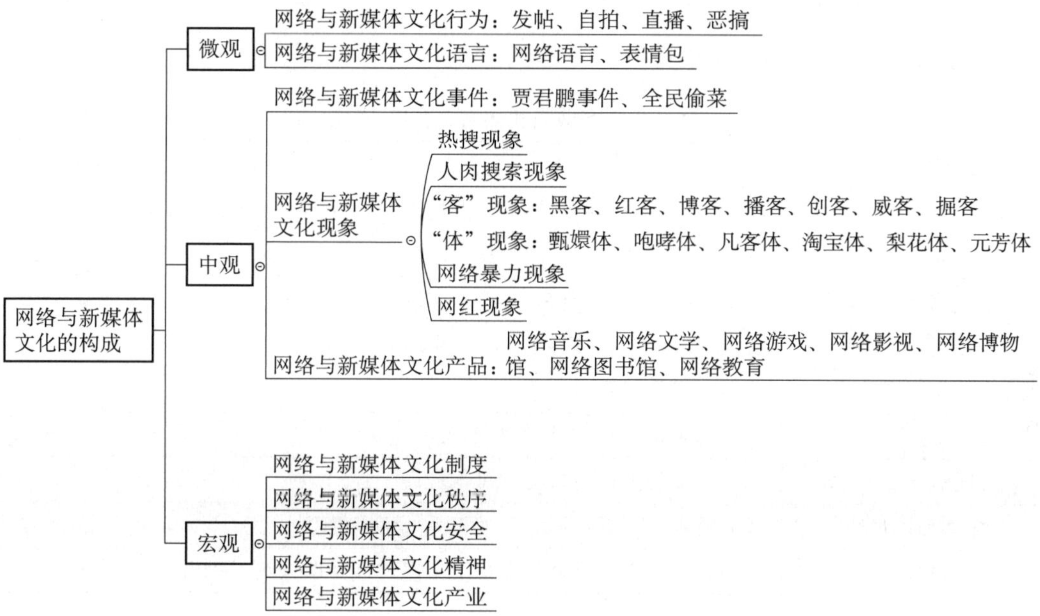

图 6-1 网络与新媒体文化构成思维导图

（一）微观层面的网络与新媒体文化构成

网民是网络与新媒体文化的主体，网民的行为和语言是其在网络与新媒体中的一种显性表现，微观层面的网络与新媒体文化构成就是指从网民的行为和语言来观照、认知网络与新媒体文化。

互联网的参与机制和众多的互动工具给予了网民较大的展现自我、自由表达的空间，网民在互联网中的行为有浅度的浏览、搜索、点赞、转发、扫一扫、打赏，中度的上传、发布、跟帖、评论，重度的参与话题讨论、参与互动活动、主动设置话题、主动引导舆论。不同程度、不同方式的网络行为都会产生相应的网络与新媒体文化事件、现象或产品，比如“搜索变成热搜”“评论形成超话”“分享产生热词”“围观改变中国”等等。可以说，网民行为是网络与新媒体文化构成的基础。

网络语言是互联网土壤里诞生的用于在线交流的一种语言，是与个体的情感、情绪、情怀相关的一种符号化表达。据统计，网络语言多达九类，且还在不断增加，有些已经固化下来，成为人们日常交流中的一种重要的表达方式。比如图画型的网络语言，已经发展成为互联网非常流行的表情符号，并被植入到输入法中。这种简洁、形象、传神、有趣的网络语言不仅能节省聊天时间，而且能生动明了地传递出情感和心绪，让接收者容易感知和理解，使聊天时的感情色彩更浓厚。网络语言是网络与新媒体文化最典型的表现，也是网民主体对文化最肆意、最张扬、最情绪化的一种表达。表 6-1 汇总了不同类型网络语言的部分示例。

表 6-1　不同类型网络语言及部分示例汇总

网络语言类型	示例
字母型	PK（“player kill”，挑战、对抗之意），PFPF（佩服佩服）
数字型	9494（就是就是），520（我爱你），886（拜拜啦）
字母数字混合型	me2（me too，我也是），3q（谢谢你）
谐音词意变异型	粉丝（fans），果酱（过奖），稀饭（喜欢）
口语型	呵呵，亲，酱紫，有木有
图画型	^_^（微笑），：D（张嘴大笑）
词汇演变型	屌丝，高富帅，白富美，房叔
缩略和扩张型	喜大普奔，人艰不拆，累觉不爱，不明觉厉
网络流行语	待我长发及腰；重要的事情说三遍；世界那么大，我想去看看

（二）中观层面的网络与新媒体文化构成

中观层面的网络与新媒体文化构成包括网络与新媒体文化事件、网络与新媒体文化现象和网络与新媒体文化产品。

网络与新媒体文化事件是网民个体或群体在网络与新媒体中的语言、行为和活动在文化层面引发的具有一定影响力的事件。互联网与新媒体已成为网民聚集、生活、互动的主要空间。网民一方面会在这一空间分享、交流现实社会中的事件、现象，另一方面也有专属于互联网的言行和活动，这两者都会生发出网络与新媒体文化事件。2018 年初，一篇名为《我卖掉北京 500 万的房产，回老家生活了 2 年》的自述体文章走红网络，这一事件不仅引发了多篇讲述“逃离”大城市的同类故事的出现，而且挑起了网络上关于“逃离北上广”话题的大讨论。这其实是对现实生活中“北上广”漂族生活状态的映射，也是对群体焦虑、都市文化、乡村城市冲突等社会问题的反映。微博热搜中上榜的话题、关键词大多都是现实社会与网络舆论生态交织后呈现出的网络与新媒体文化事件。

网络与新媒体文化现象大多是通过网络与新媒体文化事件表现出的、具有一定的共同趋向或表征并为网民所感受和认知的风气、观念等。这种现象，某些是线下社会文化现象向线上的延伸和反映，比如中央电视台推出多档文化类节目如《中国诗词大会》《见字如面》《朗读者》等，“火”遍电视屏幕和社交网络，凸显出公众对高质量精神文化产品的旺盛需求；某些是没有现实社会“因子”的、网络独有的文化现象，比如2018年由动画形象“小猪佩奇”衍生出的“小猪佩奇社会人”，使“社会人”一词爆红网络；还有些是网上网下两者相互影响形成的文化现象。2017年3月，电视剧《人民的名义》中一群长期游离在市场边缘的老戏骨，凭借精湛的演技和敬业的态度引来了网民的赞誉，但他们出席线下活动时却没有高额的出场费；与此同时，网络平台上的“流量明星”却是动辄千万的出场费。两相对比引发了网民对大众审美、网络炒作、饭圈文化等现象的讨论。

网络与新媒体文化产品是指通过互联网及移动互联网生产、传播和流通的文化产品。根据2017年修订的《互联网文化管理暂行规定》，网络文化产品分为两种：一种是专门为互联网而生产的网络音乐娱乐、网络游戏、网络演出剧（节）目、网络表演、网络艺术品、网络动漫等；另一种是将音乐娱乐、游戏、演出剧（节）目、表演、艺术品、动漫等文化产品以一定的技术手段制作、复制到互联网上传播的产品。一方面，网络与新媒体文化产品种类繁多，内容丰富，创作新颖，效益显著。比如故宫博物院创设的“故宫文化创意馆”，已研发了9 000多种文创产品，有PS版雍正皇帝耍宝卖萌、VR版《清宫美人图》、Q版乾隆勋章等，每年的销售额超过10亿元。另一方面，网络与新媒体文化产品成为网民的主要消费应用。《第48次中国互联网络发展状况统计报告》显示，截至2021年6月，网民十大互联网应用中，网络文化产品占据五席，分别是网络视频（含短视频）、短视频、网络音乐、网络直播和网络游戏。

（三）宏观层面的网络与新媒体文化构成

宏观层面的网络与新媒体文化构成主要包括网络与新媒体文化制度、网络与新媒体文化秩序、网络与新媒体文化安全、网络与新媒体文化精神和网络与新媒体文化产业。

网络与新媒体文化制度、秩序、安全是网络与新媒体文化发展的“源头”“活水”，是网络与新媒体文化创新的保障和驱动力。为推动网络与新媒体文化建设、发展和创新，国家已经出台多项法规、制度、条例和意见，维护网络与新媒体文化秩序，保障网络与新媒体文化安全。同时，网络与新媒体文化的发展和创新又反过来影响社会制度、秩序和国家安全，并在相应层面反映出来。比如网络实名制作为一种互联网管理方式，可以有效保护网络用户权益，防止一些人匿名在网上散布谣言，净化网络环境；但随着实名制的推行，网民的监督权是否受到影响、网络的言论空间是否被限制等问题，则同样影响着网络与新媒体文化。

网络与新媒体文化在思维、态度和情感上呈现出多样性，在思想观念和价值取向上呈现出多元性。网络与新媒体文化精神是网络与新媒体文化的内核和思想支撑，主导和引领网络与新媒体文化的运行与方向。不同的网络与新媒体文化具有不同的精神价值取向：优秀的传统文化、红色文化以及改革开放以来的先进文化可以营造出向善的网络与新媒体文化氛围，激发网络正能量；恶意炒作、追求商业利益的低俗文化则反映出传播主体价值观的扭曲。互联网中多元价值观念共时传播，形成冲突、碰撞、博弈，因此要用社会主义核心价值观引领网络与新媒体文化精神、整合网络价值观念和文化思潮。

网络与新媒体文化产业是以文化创意内容为核心，依托数字技术、网络技术进行的创作、生产、传播和服务。2017 年文化部发布《关于推动数字文化产业创新发展的指导意见》，提出优化数字文化产业供给结构、促进优秀文化资源数字化、推进数字文化产业与相关产业融合发展、扩大和引导数字文化消费需求的网络文化产业发展方向。网络与新媒体文化产业发展质量的好坏关乎网络与新媒体文化产品是否丰富、精彩，关乎网民的文化精神生活能否得到满足，关乎网络舆论生态是否健康，关乎数字经济能否成为社会经济转型的新增长点。网络游戏一直是网络与新媒体文化产业的重要支柱，现在有大量融入传统文化元素的网络游戏，让游戏玩家以寓教于乐的方式获得相应的文化知识，感受到积极正向的文化价值观，同时还能在游戏中不断发现和挖掘民族风格、民族特色、民族审美的元素及内容，使中华优秀传统文化得到激活。

二 网络与新媒体文化的正负面影响

20 世纪 90 年代，美国学者约瑟夫 • 奈（Joseph Nye）提出了“软实力”的概念，旨在衡量一国在文化、精神、价值、意识形态等维度上的实力。进入互联网时代，网络与新媒体文化已成为文化软实力的一个重要组成部分。但是，网络与新媒体文化是柄双刃剑，在逐步渗透到文化生活领域的各个层面、改变人们生产生活方式的同时，也存在着一些负面影响，如信息泛滥、泛娱乐化、低俗化、浅薄化等等。

（一）正面影响

首先，网络与新媒体为改变主流文化的话语方式、全渠道传播主流文化、扩大主流文化影响、弘扬网络正能量创造了条件。24 字的社会主义核心价值观在网络平台上有着图画版、动漫版、视频版、手绘版、故事版、微电影版等多种版本，通过多媒体的传播手段形象、直观地解读 24 字的内涵，更易于网民认知、接受并记忆。在中国文明网上，“感动中国”系列活动、“五个一百”网络正能量精品评选活动、身边好人、红色文化等多种活动和栏目发挥了引导并传播主流文化的作用和价值。特别是网络的互动、参与特征，有利于广大网民积极主动、快速便利地发现、传播、分享身边正能量，形成全民推动、共建网络与新媒体文化精神和文明的格局。

其次，网络与新媒体激发出传统文化的活力，挖掘出民族文化的特色，推动传统文化的广泛传播。一方面，网民可以通过网络课堂了解、学习传统文化知识，通过社交媒体与同好者建立圈群，让小众的民族文化释放出群体宣传的效应；另一方面，可以对艺术品、文物、非物质文化遗产等文化资源进行数字化转化和开发，建立网上博物馆、数字图书馆、虚拟艺术馆等，实现文化资源与用户的零距离接触。在以青少年群体为对象的 B 站里，搜索“汉服”两个字就可以看到很多汉服爱好者制作的视频。他们不仅自己在线下穿汉服，而且会将自己穿汉服的样子制作成视频与其他人分享，力图发扬光大中国传统服饰文化。

最后，丰富的网络与新媒体文化产品有助于网民接触各种文化知识，提高文化素养。近几年，网络读书活动异常活跃，几家主要的互联网公司都在网站上创建读书频道、栏目或开发专门的读书 App，设置读书激励机制，开启云端读书模式，意在倡导、鼓励全民读书。“有声书”是网络与新媒体文化的特色产品，比如在喜马拉雅 App 上，既有经典文学名著、优秀文学作品的有声书，也有网民自创、自制的有声读物，使这个 App 成为读书人的一方净土。网课、慕课、在线教育冲破了时间、地域、环境的限制，满足了不同年龄、不同阶层、不同群体对知识的需求，实现了真正意义上的全民教育、终身教育。互联网众筹、众包平台里，有大量网民发起的文化、戏剧、影视创作项目，众筹、众包平台为广大网民参与文化产品创作提供了可能，有助于激发全民文化创意，为网络与新媒体文化注入新鲜血液。

（二）负面影响

网络与新媒体文化的负面影响，主要是指网络上那些会为主流意识形态、社会价值观念、公民道德思想带来混乱或危害的消极文化内容所产生的负面的、不良的影响，如信息泛滥和污染、道德伦理失范、危害青少年身心健康、异化人的行为等。互联网的技术特性附着在消极面上，会让危害面更广、危害传播速度更快、危害成本更低廉和危害结果更严重。

当互联网成为亿万网民可以自由参与、发挥的空间后，网上的信息就时刻处于过载、泛滥和失控的风险中。海量信息的狂轰滥炸使用户将大量时间耗费在虚无的、价值密度低的信息上，无效信息、垃圾信息增加了用户获取、利用有益、有价值信息的成本和判断信息质量的难度，且低俗、庸俗、媚俗的信息更是造成了网络生态环境的污染，看似是在信息海洋里自由遨游、获得某种文化滋养但却在无意识地被不良的信息、文化“病毒”侵蚀。目前，用户在网络新闻、网络音乐、网络视频等文化产品上的消费时间越来越长，如果环境“毒性”很强，则意味着遭受的消极、负面影响也严重。

打开互联网，黄色、血腥、暴力的画面充斥其中，网络赌博等流氓软件挥之不去，版权侵犯、黑客骚扰等问题屡禁不止，道德失范问题频频出现。道德伦理底线失守不仅影响互联网生态，而且会直接影响现实生活中人们的行为、社会关系和公序良俗等文化规范。一些社会热点事件发生后，一些人会对事件当事人进行“人肉搜索”，将其真实身份、姓名、照片、生活细节等个人隐私公之于众，甚至进行网络谩骂、攻击、诽谤等网络暴力。这些行为既对当事人的名誉、权益与精神状况造成损害，也触及社会道德底线，甚至出现侵权和违法犯罪。

青少年群体是网络与新媒体应用和文化产品的主要使用者，网络文化的消极内容对这一群体的影响更为直接和深远。当前不同社会思潮、不同价值取向的人们都在极力争取网络话语权，不同国家、不同民族的文化都得到了呈现，在这样的互联网环境中，青少年是非判断力弱，自我控制能力不强，面对价值观多元化、文化多样性时民族认同、民族意识会受到不同程度的影响，甚至会出现道德意识弱化、思想观念混乱。同时，网络与新媒体文化影响着青少年的行为方式、生活方式、交往方式，进而影响着成长期青少年的心理状态和身心健康。长期沉迷于互联网，打游戏、聊天、看影视剧，会导致一些人孤僻、冷漠、不合群，患上“网络自闭症”，出现“数字化”人格障碍。

网络异化是指由互联网的超时空、匿名性、虚拟性等特征带来的人的行为异化，即人在使用、利用网络技术的过程中为技术所控制，成为网络技术链条上的一个环节，而技术成为支配、奴役人的异化力量。异化的表现是人类既利用技术的便利性做出违法犯罪行为，比如网络诈骗、发布虚假信息、制黄贩黄、虚假交易、暗网操作等，又在心理上、思想上、情感上被技术控制，沦为技术的奴隶，混淆现实世界与虚拟世界，在互联网中挣脱责任的约束，异化本我存在的意义和价值，最终在符号化的世界里迷失自我。

第三节　网络亚文化

网络亚文化是与网络主流文化相对、存在于网络虚拟空间中的边缘文化，它诞生于小众群体。网络与新媒体文化的开放包容、多元多样、大众草根特征是网络亚文化诞生的外部条件，自由个性、圈群极化则是内部动因。每一类网络亚文化都蕴含有各自的文化价值体系、思维模式和生活方式。网络亚文化或为主流网络文化所包容、接纳，或昙花一现，逐渐淡出网络世界。

一　网络亚文化的特征

认识网络亚文化，首先要认识亚文化，两者有内在承续和逻辑关联。亚文化，是相对于主流文化、主文化而言的非主流文化、次文化，大多数是青年群体个性化、娱乐和反常态的文化表达，背后隐喻着对社会主流价值观、主流文化的现实批评和反抗。亚文化的形成受经济、地域、民族、种族、阶层等多方面因素影响。进入互联网时代，技术工具、连接分享、网络青年群体推动了网络亚文化的诞生，并随着互联网应用的深入、网络小众群体的细分，衍生出多种类型。

网络亚文化具有边缘性、批判性、协商性、抵抗性和娱乐性等特征。

边缘性指网络亚文化游离于网络主流文化之外，表现为弱势、次要、不被关注与认同，导致网络亚文化往往只在小众群体里流行，很难被主流社会、精英群体接受，甚至不被看作大众草根文化的构成部分。

批判性是青年群体以质疑眼光看待传统和现代社会、不认同传统价值观念、不墨守成规的批评思维在网络文化上的映射。这种批判性在现实社会中可能不被接受，但在互联网上不仅可以被包容、接纳，甚至还会形成潮流、时尚，被追捧、被传播。

协商性也称妥协性。网络亚文化的发起者、参与者大多是青年群体，他们生活在自我空间里，与同好者形成圈子进行交流、分享，并不苛求其他群体认同自己的价值观、思想和精神追求，因而很容易与其他亚文化达成妥协，以一种“井水不犯河水”的姿态各自生存在网络文化世界里。

抵抗性则主要是指对主流文化、精英文化的对抗、对立，例如恶搞的鬼畜文化是对解构权威、娱乐至死的极化，丧文化是对积极、健康、向上的主流精神的背离，二次元文化虽然存在着对现实世界的投射，但更多包含的是一些超越现实或与现实截然不同的元素。

娱乐性被看作网络亚文化的本质属性，这是因为网络亚文化总呈现出一种“大众狂欢”“无厘头”“吐槽”的姿态。现实社会中人们工作节奏快、生存压力大、人际关系紧张、焦虑情绪蔓延，这些问题都需要得到舒缓和疏解，因此，娱乐性网络亚文化成为青年群体自我调节、释放情绪和压力的选择。

三 网络亚文化的发展演变

2006 年初，一条由网民胡戈原创的、反讽电影《无极》的恶搞视频“一个馒头引发的血案”出现在网络上，让网民第一次认识了恶搞文化。其实在此之前，互联网上就有了火星文、表情符号、流行语、段子等非主流文化，它们隐匿于论坛、QQ 群、聊天室之中。2005 年，湖南卫视“超级女声”比赛中李宇春夺得冠军，“春哥”及由此衍生出的恶搞段子、图片和视频频繁出现在各大论坛中。

2008 年，来自日本弹幕网站 niconico 的“鬼畜视频”“最终鬼畜蓝蓝路”传入中国，其后，类似的视频在国内弹幕网站上日渐增多，“鬼畜”一词逐渐被大众了解并在网络上流传开来，影响范围逐渐扩大，最终形成网络亚文化中的“鬼畜文化”。

互联网带来的跨国信息传播和文化交流让国外一些小众而分散的二次元文化、弹幕文化、宅腐文化等逐渐聚集起来，贴吧、微博、B 站等网络互动平台成为网络亚文化诞生和传播的土壤。2011 年，“屌丝”一词流行起来，这个由自嘲发展而来的自我矮化称谓，成为自认为出身草根、生活平庸、不被主流价值观认同的群体的代名词。出乎意料的是，2012 年 11 月 3 日，“屌丝”一词登上《人民日报》，由此，所谓“亚文化”与“主流文化”之间的界限日益模糊，网络亚文化开始向积极面转型。

2016 年 1 月 20 日，一篇名为“帝吧今晚七点出征 fb 讨伐台独！帝吧出征，寸草不生!”的帖子引发了一个网络热门事件，网络亚文化社群和他们的价值观开始为主流社会所认识到，网络亚文化开始对主流社会的事件进程、舆论思想产生影响。2016 年里约奥运会，运动员傅园慧的一句“洪荒之力”及其率性本真的表情被做成各种表情包，这一事件既体现出了大众对运动员的喜爱，也透视出对唯金牌论的摒弃和对体育精神的追求。透过这些事件可以看到，网络亚文化作为一种新兴且充满恶搞、自黑、批评、戏谑色彩、娱乐至死的群体文化，也可以得到传播、表达，参与社会主流话题的讨论，展现其积极的一面。

抖音、快手等短视频平台出现以后，三、四、五线城市或大城市里并非主流的小镇青年、“草根”青年，经常会在此类平台中发布一些片段化的日常生活记录或表演性的“土味”视频，被网民追捧。这种短视频的爆发被认为是“草根”的突然主流化，它所传播的正能量能够和主流文化相兼容，是青年群体喜闻乐见的且能够成为一种具有一定表现力的独特大众文化新形式。此类文化又被称为新生亚文化。

网络亚文化过去总是以一种被抨击的状态出现。然而，随着网络群体趋向多元，其个性被逐渐释放，社会对网络亚文化的重视程度逐渐提高，同时对网络亚文化的包容度得到极大提升。

三 网络亚文化的种类

纵观网络亚文化出现、发展和演变的历程，可以看到网络亚文化的种类有很多，包括二次元文化、鬼畜文化、流行语文化、迷文化（饭圈文化）、丧文化、腐女文化、客文化、弹幕文化、废柴文化等。它们中有些被逐渐淡忘，如废柴文化、客文化，有些被接纳并融入了主流文化，如流行语文化、弹幕文化，还有些依然介乎主流与边缘之间，但影响力和影响范围都在不断扩大。下面我们介绍几种主要的网络亚文化种类。

（一）二次元文化

“次元”是一种“维度”的表示，二次元即是“二维”平面，是相对于“三次元”

的三维世界而言的。二次元具有“架空”“假想”“虚构”之意，动画（animation）、漫画（comic）、游戏（game）、网络小说（novel）（缩写为“ACGN”）是二次元文化的主要载体和表现形式。二次元文化指使用二次元产品的群体所形成的独特的价值观与理念，以及独有的话语体系和表达方式。二次元产品不限于 ACGN，还包括手办、cosplay 等衍生品。

20 世纪 90 年代，二次元文化随着国外动漫作品进入国内，“80 后”成为最早接受并受其影响的一代人。在得到了互联网文化的浸润后，二次元作品更加丰富多元，类型各异的题材让二次元文化越来越被年轻群体接受，并逐渐形成一个个二次元文化群落。由于二次元文化的消费群体主要为年轻人，以动漫、游戏等 IP 资源为核心，通过与电影、音乐、综艺等产业深度结合，二次元文化走向兴盛。

2018 年，英国动画片《小猪佩奇》中佩奇成熟的为人处世、轻松的待人接物引发热议，成为“社会人”的标志。社交媒体上小猪佩奇的表情包风靡一时，视频网站中各种二次创作甚至恶搞视频持续占领首页。“小猪佩奇身上纹，掌声送给社会人”的段子让小猪佩奇贴纸、挂件等周边产品大卖，一些服装厂商及时尚品牌也迅速跟进，推出相关产品。除此以外，还有很多类似小猪佩奇的二次元人物形象也逐渐“入侵”三次元现实世界，二次元与传统主流文化有走向融合的趋势。

（二）鬼畜文化

“鬼畜”是国内对日本弹幕网站 niconico 中一部视频作品的简称，后被用于指代一种视频制作手法，即通过视频（或音频）剪辑，用高度同步、快速重复的画面配合背景音乐的节奏制作而成的一种有抽搐感的视频。

鬼畜视频的创作几乎是一种“盗猎”，制作者从已有的视频和音频中择取相关的素材，通过拼贴、戏仿文本，以及调音、贴图、剪辑视频等手法，重新拼合出一部由新的对话、歌曲或故事等构成的视频短片。互联网上海量的音频、视频文本为鬼畜视频制作者提供了庞大的素材源。大量的画面不停地重复，有时再加上不断变化的颜色，配合一些急促凌厉又有强烈节奏感的音乐，让人看后忍俊不禁，产生莫名的喜感。

B 站是国内最早引入鬼畜视频并首个建立鬼畜分区的弹幕网站。在 B 站，可以看到“洗脑”的鬼畜、营销的鬼畜、明星的鬼畜以及各种搞怪的鬼畜。比较知名的鬼畜视频有“上上上上××二手车”（搞怪“中国好声音”）、“琅琊榜看剧指南第二篇”、“局座之歌”（军事专家张召忠的鬼畜短片）等，特别是中央电视台体育频道为乒乓球世界锦标赛所制作的主题曲《乒乒乓乓 天下无双》，由乒乓球国家队队员演唱，歌词诙谐幽默，节奏感极强，被称为洗脑神曲。

鬼畜文化是一种消解权威、戏谑精英、颠覆传统的网络亚文化。在鬼畜视频中，没有什么是不能成为素材的，小到一些综艺节目、电影、电视剧的片段，大到企业家、明星，都有可能被做成鬼畜视频。同时，为了迎合市场，赚取用户眼球，鬼畜视频又极尽搞怪之能事，娱乐至上，因此，也存在着一些将经典影视作品片段的声音和画面重新剪辑，甚至是恶搞红色经典及英雄人物的鬼畜视频。2018 年《关于进一步规范网络视听节目传播秩序的通知》发布，明确“所有视听节目网站不得制作、传播歪曲、恶搞、丑化经典文艺作品的节目；不得擅自对经典文艺作品、广播影视节目、网络原创视听节目作重新剪辑、重新配音、重配字幕”。

鬼畜视频的生产和传播背后潜藏着的是社会文化形态变迁，是社会意识逐渐“狂欢化”“娱乐化”的表达与诉求。B 站 2019 年推出的新年晚会、2020 年推出“后浪”都在用一种新姿态为鬼畜文化正名，力图将鬼畜的非主流亚文化融入社会正能量的传播中。

（三）丧文化

丧文化源起于 2016 年出现的名词“北京瘫”和一张来自 1993 年播出的电视剧《我爱我家》中的剧照。照片中葛优所饰演的角色季春生，无所事事、游手好闲，瘫躺在舒适松软的大沙发上，不想奋斗，不在意成功与否，只希望不劳而获、坐享其成。“北京瘫”变身“葛优躺”，并成为丧文化的代名词。

丧文化，是指流行于青年群体当中，在互联网空间通过图片、文字、视频等多媒体符号，营造出的一种带有颓废、绝望、悲观等情绪的文化形式，是网络亚文化的一种。早期的“屌丝”“废柴”等词语，以及“葛优躺”“咸鱼”等的出现，将这种充满自嘲、自我否定的丧文化推到极致。

丧文化产生、流行的原因有青年群体面临的生存压力、精神迷茫和价值幻灭，也与虚拟网络的传播环境、群体心理等因素有关。“当颓废和玩酷成为一种为时下青年所崇尚的亚文化资本时，会催生出一系列与颓废、玩酷相关联的文化产业链和场景”①，网络丧文化就在这样的现实语境中滋生并蔓延。

① 施蕾．无力颓废与抵抗消解：网络“丧文化”现象解读［J］．福建师范大学学报（哲学社会科学版），2007（6）：168－174．

丧文化形成了一套自己独特的话术和行为，借助影视作品、表情包、段子来表达情绪，借助丧文化符号调侃生活，获取群体认同。丧文化总体上跟所有年代所提倡的积极、健康、向上的主流精神相悖，但在看似悲观、颓废的背后也展露出一些同压力重重的生活对抗的自嘲、自黑、乐观的心态。

（四）流行语文化

流行语是一种词汇现象，具有新型性、高频性和底层性的特点，反映了一个时期人们普遍关注的热点、问题或事物，透过不同时期的不同流行语可以观照社会的发展与变化。网络流行语是诞生于互联网，并先在网上流行，而后扩散到全社会的词语。早期的网络流行语主要是在QQ、论坛中使用的一些符号、词语和句子，随着互联网普及率越来越高，大众化、草根化的特征赋予了网络流行语社会标签、社会情绪和社会舆情的价值，使其有了特殊的文化意义和内涵。

流行语既是社会生活的镜像，也是大众心态的缩影，但不能算是严格意义上的亚文化。从2008—2020年十大网络流行语（见表6-2）中可以看到，其中的一部分是社会热点事件的标识与符号，一定程度上反映了社会主流的趋势与方向，比如2020年的“逆行者”“后浪”，2019年的“文明互鉴”“区块链”，2018年的“命运共同体”，2017年的“不忘初心”“砥砺奋进”“共享”“有温度”，2015年的“获得感”“互联网＋”等等；另一部分是戏谑、搞笑、反讽、自嘲甚至无厘头的语言，带有明显的网络亚文化印记，如“坑爹”“拼爹”“高富帅”“高大上”“蓝瘦香菇”“压力山大”等。

大多数的网络流行语是网民为了释放压力、宣泄情绪而创造出来的，既是社会现象、社会事件和社会变化的浓缩与概括，也是社会文化的折射，社会心态的外化。当前，网络流行语已成为一类社会文化符号，在某种程度上能够追踪到网络亚文化的思潮与取向。

表6-2　2008—2020年十大网络流行语

年份	十大网络流行语
2020	逆行者；甩锅；后浪；打工人；爷青回；凡尔赛/凡尔赛文学；你品，你细品；有内味儿了；内卷；社会性死亡
2019	文明互鉴；区块链；硬核；融梗；××千万条，××第一条；柠檬精；996；我太难/南了；我不要你觉得，我要我觉得；霸凌主义
2018	命运共同体；锦鲤；店小二；教科书式××；官宣；确认过眼神；退群；佛系；巨婴；杠精

续表

年份	十大网络流行语
2017	不忘初心；砥砺奋进；共享；有温度；流量；我可能××了假的××；油腻；尬×；怼；打 call
2016	洪荒之力；吃瓜群众；工匠精神；小目标；一言不合就××；友谊的小船说翻就翻；供给侧；葛优躺；套路；蓝瘦香菇
2015	获得感；互联网+；颜值；宝宝；创客；脑洞大开；任性；剁手党；网红；主要看气质
2014	顶层设计；新常态；打虎拍蝇；断崖式；你懂的；断舍离；失灵；神器；高大上；萌萌哒
2013	中国梦；光盘；倒逼；逆袭；微××；大 V；女汉子；土豪；奇葩；点赞
2012	正能量；元芳你怎么看；舌尖上的××；躺着也中枪；高富帅；中国式××；压力山大；赞；最美××；接地气
2011	亲；伤不起；Hold 住；反正我信了；坑爹；卖萌；吐槽；气场；悲催；忐忑
2010	给力；神马都是浮云；围脖；围观；×二代；拼爹；××控；××帝；达人；穿越
2009	不差钱；躲猫猫；低碳；被就业；裸×；纠结；钓鱼执法；秒杀；蜗居；蚁族
2008	山寨；雷；囧；和；不抛弃不放弃；口红效应；拐点；宅男宅女；不折腾；非诚勿扰

【本章思考题】

1. 写出你印象深刻的一个网络与新媒体文化事件，并分析互联网对该文化事件的影响。

2. 写出你常用的三个网络与新媒体文化产品，并对其进行介绍和分析。

3. 写出你印象深刻的三个网络流行语，并谈谈对网络流行语的看法。

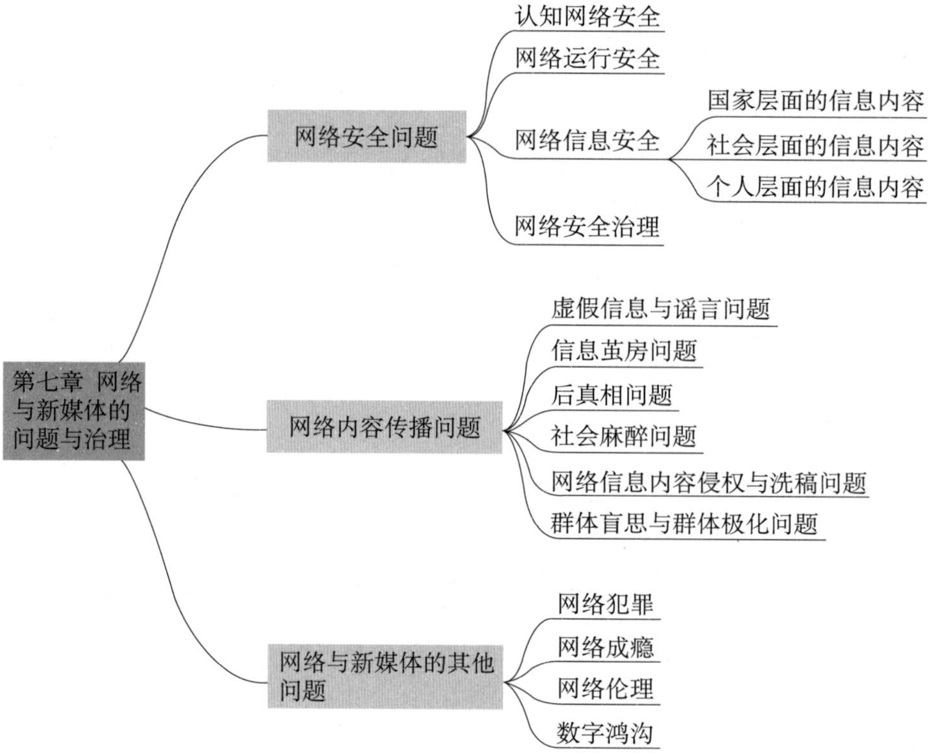
第七章 网络与新媒体的问题与治理
网络安全问题
认知网络安全
网络运行安全
网络信息安全
国家层面的信息内容
社会层面的信息内容
个人层面的信息内容
网络安全治理
网络内容传播问题
虚假信息与谣言问题
信息茧房问题
后真相问题
社会麻醉问题
网络信息内容侵权与洗稿问题
群体盲思与群体极化问题
网络与新媒体的其他问题
网络犯罪
网络成瘾
网络伦理
数字鸿沟

第七章

网络与新媒体的问题与治理

信息化、网络化、移动化已经成为整个世界发展的潮流和趋势，但毫无疑问，互联网越是深度渗透到日常生活中，人们越是依赖网络与新媒体，网络与新媒体出现的问题涉及面就越广，包括网络安全问题、网络内容传播问题、网络犯罪、网络成瘾、网络伦理和数字鸿沟等。而网络与新媒体的空间治理已成为全世界都需要面对的挑战性难题。

第一节 网络安全问题

2014 年 2 月 27 日，习近平总书记在中央网络安全和信息化领导小组第一次会议上讲话时指出，“网络安全和信息化是事关国家安全和国家发展、事关广大人民群众工作生活的重大战略问题”，“没有网络安全就没有国家安全”。《世界互联网发展报告 2017》指出，“网络安全已成为全球性挑战，任何国家和地区都难以独善其身”。网络安全不仅关乎社会、政治、经济、文化、民生等各个方面，更对网民的在线活动、交流产生直接而深刻的影响。

一 认知网络安全

网络安全是指通过采取必要措施，保护网络系统的硬件、软件及关键基础设施，不因偶然的或者恶意的原因而遭受攻击、侵入、干扰、破坏和非法使用，以及避免其发生意外事故，使网络处于稳定运行的状态，防止系统中的信息、数据不因技术或人为因素发生更改、泄露，保障网络数据的完整性、保密性、可用性。

一直以来，国际、国内的网络安全事件层出不穷，网络安全威胁无时不在。例如，梳理2019年网络安全事件时可以看到，网络安全的涉及面越来越广，有求职简历数据泄露，有政府遭勒索软件袭击，有黑客入侵服务器、撞库攻击、恶意散播病毒，有隐私信息在地下暗网被售卖，有密码盗窃，有购物平台优惠券漏洞遭恶意利用等。

2019年3月，相关网络报告披露，脸书在没有加密的情况下存储了数亿用户的密码，并且以明文的方式展示给数万名公司职员。据调查，将近2亿～6亿脸书用户的账户密码可能是以纯文本形式存储的，并且随时可被2万多名脸书员工搜索并获取，可能已被查看900万次。

2019年3月和5月，分别发生了两起黑客组织攻击事件：一是国外黑客利用勒索病毒对国内部分政府部门和医院等公立机构展开邮件攻击；二是易到用车服务器遭到黑客连续攻击，官网瘫痪，App无法正常使用，攻击者索要了巨额的比特币。

针对网络安全这一全球性挑战，全球多个国家和地区都制定了网络空间国家安全战略：

2003年2月，美国公布《国家网络安全战略》报告，正式将网络安全提升至国家安全的战略高度。2014年2月，美国总统奥巴马宣布启动《网络安全框架》，颁布了40多份与网络安全有关的文件。

2011年5月，印度出台《国家网络安全策略》，目标是“安全可信的计算机环境”。

2013年6月，日本出台《网络安全战略》，明确提出“网络安全立国”。

2018年5月，欧盟出台《通用数据保护条例》，该条例的适用范围极为广泛，任何收集、传输、保留或处理涉及欧盟所有成员国内的个人信息的机构组织均受该条例的约束。

中国在2014年2月27日成立中央网络安全和信息化领导小组，着眼于国家安全和长远发展，统筹协调涉及经济、政治、文化、社会及军事等各个领域的网络安全和信息化重大问题，研究制定网络安全和信息化发展战略、宏观规划和重大政策，推动国家网络安全和信息化法治建设，不断增强安全保障能力。2017年6月《中华人民共和国网络安全法》实施。

在中国浙江乌镇召开的世界互联网大会每年都会发出倡议，呼吁各国加强网络安全领域的沟通协作，建立常态化应急响应机制，并深化在技术研发、规则制定、信息共享等方面的交流合作，加强关键信息基础设施的安全防护。2018年第五届世界互联网大会更是针对发展迅猛的云计算、大数据、人工智能，提出了保障从云到端的安全，保护好用户个人信息，构建集约、智能、泛在、随需的安全防护能力的问题。

二　网络运行安全

在《中华人民共和国网络安全法》中，网络运行安全是重点论述的两类安全问题之一。

网络运行安全主要是指网络平台和网络产品、服务的提供者要制定内部安全管理制度和操作规程，采取防范计算机病毒和网络攻击、网络侵入等危害网络安全的技术措施，保护关键信息基础设施，对数据分类，重要数据备份，网络产品和服务不得设置恶意程序，不恶意收集用户个人信息等。

互联网是基于计算机技术、网络技术而建立的一个开放的、无控制机构的网络。技术既然是由人类开发、编程和研制的，自然也就存在技术漏洞或不完善之处。网络运行安全存在的风险既有来自外部的，如技术黑客侵入网络中的计算机系统使系统功能得不到充分发挥直至瘫痪，计算机病毒侵入计算机系统导致网络瘫痪、数据和文件丢失；也有来自内部、人为操控的，如软硬件设置后门、窃取用户的数据、监听审查用户的讯息等。

每年都会发生多起因技术漏洞、病毒入侵而导致的网络运行安全事件。例如：2018年微软共为其产品（Windows、IE/Edge、Office等）发布了874个补丁，修复了728个漏洞，平均每月要修复60个左右的漏洞；Intel芯片存在的漏洞致攻击者可以直接访问包括用户密码在内的内存数据，由于全球90%的服务器都采用Intel CPU，该漏洞的影响范围非常广；印度的国家身份认证系统Aadhaar被黑客入侵，事故共泄露11亿人的包括指纹、虹膜在内的生物识别数据；芯片厂商台积电（TSMC）被勒索病毒软件入侵，病毒快速扩散至TSMC的三个生产基地，使生产线全数滞停，导致台积电两日损失87亿新台币。

2013年，前美国情报人员斯诺登曝光的“棱镜门”事件就是一起人为操控的监控计划。据斯诺登向英国《卫报》和美国《华盛顿邮报》透露，美国国家安全局和联邦调查局于2007年启动了一个代号为“棱镜”的秘密监控项目，直接进入美国网际网络公司的中心服务器里挖掘数据、收集情报。受到“棱镜”监控的主要有10类信息：电子邮件、即时消息、视频、照片、存储数据、语音聊天、文件传输、视频会议、登录时间和社交网络资料。这些信息的细节都被政府时刻监控。通过“棱镜”项目，美国情报部门甚至可以实时监控一个人正在进行的网络搜索。情报部门和包括微软、雅虎、谷歌、苹果等在内的 9 家国际网络巨头有着说不清、道不明的合作关系，有时甚至直接利用这些公司的技术和设备进行监控，对象涉及外国、本国公民，甚至商业领袖和许多重要部门的决策者。

网络运行安全是网络空间繁荣、稳定和良好运行的基础和保障。网络运营者和平台、产品、服务提供商担负着保护网络运行安全的首要职责。首先要知道网络运行安全的风险在哪里，特别是对于新技术出现后的新的安全问题，如物联网漏洞、加密货币劫持、应用程序漏洞、云服务/托管基础设施 bug 等。其次要知道网络运行安全整体态势，增强网络安全技术防御能力，切实履行网络安全和个人信息保护义务。《网络安全法》还明确规定，国家对公共通信和信息服务、能源、交通、水利、金融、公共服务、电子政务等重要行业和领域，以及其他一旦遭到破坏、丧失功能或者数据泄露，可能严重危害国家安全、国计民生、公共利益的关键信息基础设施，在网络安全等级保护制度的基础上，实行重点保护。

三 网络信息安全

目前，互联网已经成为人们获取新闻信息的重要途径，根据《第 48 次中国互联网络发展状况统计报告》，截至 2021 年 6 月，75%以上的网民都是通过互联网浏览新闻。因此，保护网络信息系统正常运行，防止网络信息丢失、泄露以及未经授权访问、修改或者删除信息，保护信息的机密性、完整性、可用性、可控性和可靠性，不仅关乎公民和公众的信息安全和利益，而且关乎国家政治、文化和意识形态的安全问题。

网络信息安全，涉及以下三个层面的内容。

一是国家层面的信息内容，包括国家主权、政权、政治制度、意识形态、民族、宗教等诸多方面的网络内容。美国政治学家亨廷顿曾表示：“对于一个传统稳定的社会来说，构成主要威胁的并非来自外国军队的侵略，而是来自外国观念的入侵，印刷品比军队和坦克推进更快、更深入。”[①] 若将语境换成当下的互联网，则互联网之于内容、

---

① 亨廷顿．变化社会中的政治秩序［M］．王冠华，刘为，等译．上海：上海人民出版社，2008：129.

思想、价值观的入侵更直接、更广泛、更高效。

二是社会层面的信息内容，涉及网络言行暴力、垃圾邮件、黄色淫秽信息、非法广告、网络盗版等信息内容，不仅严重影响人们的身心健康，对未成年人造成严重的损害，而且会扰乱正常的社会秩序，危害经济和文化安全。

三是个人层面的信息内容，主要关涉个人身份的注册信息、金融信息、个人隐私、个人名誉和形象，以及个人在网上的浏览、交流、购物、消费、互动、行踪等活动产生的信息内容和数据。

随着大数据时代的到来，数据安全成为网络信息安全的重中之重。2017 年 12 月，习近平总书记在中央政治局第二次集体学习讲话中指出："要切实保障国家数据安全。要加强关键信息基础设施安全保护，强化国家关键数据资源保护能力，增强数据安全预警和溯源能力。……要制定数据资源确权、开放、流通、交易相关制度，完善数据产权保护制度。要加大对技术专利、数字版权、数字内容产品及个人隐私等的保护力度，维护广大人民群众利益、社会稳定、国家安全。"

网络信息安全问题，一方面是网络信息本身存在的淫秽、色情、庸俗、非法等问题，另一方面是由于信息泛滥、信息污染连带造成的政治、经济、文化、民生等更广泛范围的社会问题。比如垃圾邮件问题，欺诈类、推广类和病毒类垃圾邮件，不仅消耗用户处理、清除垃圾邮件的时间和资源，而且影响正常的邮件营销，进而影响网络营销经济。对于前者，国家、政府通过立法及"净网""扫黄打非"等专项行动予以严厉打击，清朗网络空间；对于后者，则需要网络运营商、平台、网民等多方共同努力，共同营造一个良好有序的网络环境。

在网络信息安全问题中，个人信息保护是痛点也是难点。信息泄露的主体涉及各类人群和机构：有地方卫生系统"内鬼"泄露 50 余万条新生婴儿和预产孕妇信息；有员工私自转让公司权限给朋友，致使 30 余万条医生数据泄露；有地方公务员利用职务之便，泄露 82 万条公民信息；有科技公司"内鬼"窃取 500 余万条个人信息在网上售卖；有知名酒店集团 5 亿条客户数据被泄露；有快递驿站 1 000 余万条快递数据被非法窃取。这些信息的泄露既有内部人员的非法操作，也有外部黑客的入侵、技术漏洞的威胁。

在《网络安全法》中，特别完善了个人信息保护规则，明确网络运营者在收集、使用个人信息时应当遵循合法、正当、必要的原则；在发生或者可能发生个人信息泄露、毁损、丢失的情况时，应当立即采取补救措施；个人具有对其信息的删除权和更正权；依法负有网络安全监督管理职责的部门及其工作人员，必须对在履行职责中知悉的个人信息、隐私和商业秘密严格保密，不得泄露、出售或者非法向他人提供。

四 网络安全治理

“积极利用、科学发展、依法管理、确保安全”是中国互联网的基本政策。依法进行互联网治理是维护网络安全的基础与根本。目前，国家已经出台多部法律法规来保障网络安全，有《网络安全法》《中华人民共和国电信条例》《互联网信息服务管理办法》等，特别是《网络安全法》，是“建设、运营、维护和使用网络，以及网络安全的监督管理”的基本法律。《网络安全法》在第六章规定了详尽的法律责任，大致规定了14种惩罚手段，分别是约谈、断网、改正、警告、罚款、暂停相关业务、停业整顿、关闭网站、吊销相关业务许可证、吊销营业执照、拘留、职业禁入、民事责任、刑事责任。这些惩罚手段，针对不同对象、不同情形进行分层、分级处置，有力地提高了依法监督管理的效能。

互联网的复杂性决定了任何单一主体都难以全面地解决网络存在的问题，这就需要政府、互联网管理机构、互联网企业、国际组织、社会团体组织和个人等主体一起努力，多方参与、共同治理。同时，要充分利用技术手段，规范互联网基础资源的监管，采取过滤、屏蔽、标签标识、年龄认证、内容分级等技术来保障、维护网络运行安全和信息安全。

互联网企业，作为网络空间的核心节点和平台，担负着保障网络安全的全方位责任。要采取技术措施和其他必要措施，保障自己提供的网络平台、产品与服务的安全和稳定运行；要维护网络数据的完整性、保密性和可用性，严格约束自身行为，不得收集与其提供的服务无关的个人信息；要有效应对网络安全事件，防范网络违法犯罪活动，避免网络安全负面问题在网上扩散传播。

当前，App违规收集、使用用户个人信息的问题较严重。2020年5月工信部公布21款App涉嫌超范围采集个人隐私信息，包括自如、途牛旅游、同程旅游、携程旅行、去哪儿旅行、云际会议等移动应用。有的是未向用户明示申请的全部隐私权限，有的是未说明收集使用个人信息的规则，还有的是未提供有效的更正、删除个人信息及注销用户账号的功能。互联网企业理应在保障网络安全上担负更大的责任，发挥更大的作用，而不是自身成为网络安全的危害者。

第二节 网络内容传播问题

互联网多样化的内容生产主体意味着信息爆炸、信息过载，海量的空间意味着复制、存储信息没有边界，自媒体无节制的转发和发布信息意味着事实与观点时刻发生着博弈，无所不在的社交平台、群体传播意味着众声喧哗背后存在着群体盲思和群体极化。这一切都与网络内容传播有关，其所带来的问题是当下网络与新媒体空间治理的重点。

一 虚假信息与谣言问题

互联网成为虚假信息和谣言滋生的土壤，究其原因如下：一是内容生产成本低、生产主体没有限制，造成虚假信息和谣言的概率提高；二是网络传播渠道多样、隐秘以及传播者匿名，造成难以掌握和控制虚假信息和谣言的传播范围和路径；三是微博、微信朋友圈等社交平台的关系属性和信任基础，造成用户对流传在其中的虚假信息和谣言的接受度比较高，从而导致这些内容的分享率也比较高。

除了互联网技术特性为虚假新闻和谣言的滋生“创造”了条件外，网民参与机制直接加剧了虚假信息和谣言的传播速度和广度。一方面，网民不能客观、完整地“直播”或者“转播”新闻，发布和转载信息时往往有很强的个人倾向性，重视第一感受，对接收的信息缺乏理性的分析和深入思考，充当了虚假新闻的二传手；另一方面，网民在自己无法确定信息真假的情况时，会用“求证实”“求真相”“求辟谣”的标签进行转发，看似提出了质疑，却给虚假信息和谣言戴上了一个若隐若现的光环。另外，随着中老年网民数量越来越多，这一群体受教育程度低、谣言鉴别力弱、传播意愿强，因此更具传谣倾向，也成为传播虚假信息及谣言的一支“主力军”。

《2019 年网络谣言治理报告》公布了网络谣言的三类高发领域（医疗健康、食品安全、社会科学）和十大套路。其中医疗健康类谣言主要有三大套路，比如用“偏方”炮制“药方”的谣言“疟原虫治癌症”，恶意用“经验”替代“科学”的谣言“人体真有最佳睡眠时间表”，以及用害人标题引发公众恐慌的谣言“长期服用维 D 和钙片会致癌”；食品安全类谣言的套路则包括曲解科学、夸大其词和错误归因，例如“红枣可以养肝补血”；社会科学类谣言的套路有杜撰捏造、哗众取宠，有捏造事实、消费热点，也有无中生有、错误解读。其中传播最广的社会科学类谣言“贵州毕节儿童被性侵”，便是使用了杜撰捏造的套路制造出来的。

2020 年 4 月南都大数据研究院发布“新冠肺炎疫情相关谣言报告”，发现“傍疫情”的谣言生长极快，日均 67 条信息被权威机构证伪。报告对“2 498 条不重复的被证伪信息”进行了分析，发现谣言主要集中在各地防控措施、国内疫情现状、预防和治疗办法三个方面，而且有“时令性”和套路。

中央网信办主办设立的中国互联网联合辟谣平台已将辟谣工作常态化、专业化，设立有“权威发布”“媒体求证”“专家视角”“辟谣课堂”“真相直击”“读图识谣”等多个栏目，正在成为辨识谣言、举报谣言的权威平台和治理网络谣言、打造清朗网络空间的主阵地。同时，由于微信朋友圈是虚假信息和网络谣言扩散的主要渠道，微信公众平台联合公安部门及数千家权威媒体机构建立了联合辟谣合作机制。

二 信息茧房问题

凯斯 • R. 桑斯坦（Cass R. Sunstein）在著作《信息乌托邦：众人如何生产知识》中提出了“信息茧房”这一概念——因公众自身的信息需求并非是全方位的，公众只注意自己选择的东西和使自己愉悦的通信领域，久而久之，会将自身桎梏于像蚕茧一般的“茧房”中。数字化的互联网给予了个人挑选信息的权利，个体常常通过关注感兴趣的新闻媒体、自媒体来了解世界，或者通过个性化的信息算法推荐来获取信息。“今日头条”“红板报”等应用都采用了这种模式向用户推送感兴趣的内容。

与信息茧房相关的另一个问题是“信息回音室”效应问题。这一概念由桑斯坦在《网络共和国：网络社会中的民主问题》中提出，即网络“会增强人们听到自己回音的能力，让自己和他人隔绝”[①]。回音室效应是指在一个网络空间里，若你听到的都是对你意见的赞同，那么你会认为自己的看法代表主流，从而扭曲你对一般共识的认知。此效应的存在常常同信息选择密切相关：个人总是倾向于接受协调的信息而避免那些会带来不协调认知的信息。与信息茧房相比，信息回音室突出的是“人们听到和自己类似的声音”，也就是所谓“回音”。

① 桑斯坦．网络共和国：网络社会中的民主问题［M］．黄维明，译．上海：上海人民出版社，2003：32.

推荐算法是信息茧房形成的主要技术因素。基于内容的推荐算法（content-based recommendations，CB）与基于物品的协同过滤算法（item-item collaborative filtering，ICF）相比，更容易使使用者陷入信息茧房之中。基于物品的协同过滤算法的基本思路是计算用户兴趣爱好的相似程度，把东西推荐给有相似爱好的人。基于内容的算法的逻辑则是根据用户过去喜欢的内容，为用户推荐和他过去喜欢的内容相似的内容。因此，互联网公司采用推荐算法可能会比较严重地窄化用户的视野。

对于个人来说，当一个人被长期禁锢在自己所建构的信息茧房中时，个人生活就会呈现出一种定式化、程序化。长期处于过度的自主选择，沉浸在“个人日报”的满足中，就会失去了解不同事物的能力和与不同事物的接触机会。对于信息而言，信息茧房带来的直接影响是真实信息得不到广泛的传播，有限的信息导致舆论的狂欢。当大众的注意力被有限的信息吸引时，这种信息就会不停地刺激着大众的感官，虽然大众会感到愉悦，但是这种愉悦对于自我的认知和发展并无益处。

三 后真相问题

2016 年底，《牛津词典》将“后真相”（post-truth）评为英语世界年度热词，并将其定义为“诉诸情感及个人信念，相较于客观事实更能影响民意”。“后真相”一词是在英国脱欧与美国总统大选之后出现的。在这两起极具争议性的事件中，一方面信息泛滥、情绪传染、群体极化，各种观点被操控，偏见被放大，真相难以寻觅；另一方面用户在被情感左右后不再追求真相，宁可相信、接受与自己思维模式和思想信念一致的意见。

《后真相时代》一书中提出，许多时候，你可以通过许多方式描述一个人、一起事件、一种事物或者一项政策，这些描述可能具有同等的事实性。这被称为“竞争性真相”。社交媒体时代，每个人都从某一个点去认知、思考事物并产生态度和观点，这并非不是真相，只是带有片面性、主观性，也被称为片面真相和主观真相。当我们选择相信这些真相时，也就意味着我们不会在意真正的真相。事实和真相的虚无化为情绪的泛滥、偏见的形成提供了外部条件，社交媒体的圈群又会传染、加剧这种情绪和偏见。

与“后真相”相伴随的是“新闻反转”“舆情反转”现象。所谓“新闻反转”是指对同一新闻事件的报道中，事实出现一次或多次的变化，甚至走向最初报道的反面。所谓“舆情反转”是指舆情随着事件的发展而出现前后期不一致的表达，逐渐呈现逆向转化的态势，甚至与初始舆论完全相反。互联网提升了新闻时效，加快了传播速度，扩大了传播范围，这种技术特性让媒体易于迷失在事实真相和传播力之间，在缺失事件真相分析和挖掘的情况下，急于曝光或炒作热点。但事实终归是事实，真相终究会得到揭示，因此，新闻反转、舆情反转就成为必然。

2018 年发生的泳池冲突导致医生自杀事件，就是一起强大的网络舆论风暴压力导致的惨剧。8 月 20 日，一名女医生与丈夫在泳池与两个男童发生冲突，冲突现场被微博博主“@一手 video”拍摄并发布了出去，后博主“@澎湃视频”转发了该条微博，并配文“疑因妻子被撞，水务局人员泳池内打男童”。澎拜新闻的权威性让不明真相的网民迅速相信此即为事实，并“人肉搜索”当事人，一时舆情沸腾。8 月 25 日，女医生不堪网络暴力自杀身亡。8 月 27 日，《新京报》曝光了当日监控录像，还原了事实真相：两个男生在泳池中冒犯医生，医生让其道歉，男生拒绝并朝医生吐口水、做鬼脸，还做出一系列侮辱性动作。新闻和舆论由此反转。

在社交媒体掌握着一定话语权的当下，后真相、新闻反转、舆情反转不仅是网络新闻传播的问题，还会引发网络新闻伦理和网络暴力问题。例如网民在宣泄情绪、进行网络表达的时候，还可能通过人肉搜索侵犯当事人隐私，造成悲剧。在情感压倒事实的后真相时代，无论是媒体机构还是网民个体，都应该保持客观和理性：媒体机构应以其专业性、权威性和公信力为背书来探究和挖掘事实真相，生产出高品质的“稀缺内容产品”；网民应提高自己的新闻辨识能力和网络素养，谨慎、负责任地在网络上表达情绪和态度。

四 社会麻醉问题

拉扎斯菲尔德和默顿在 1948 年共同发表的《传播研究》一书中，提出了大众传播失调后的四个负面功能或消极作用：把人变成丧失辨别力和顺从现状的单面人，导致审美情趣及文化素养的普遍平庸化，廉价占用人的自由与时间，使人处于虚幻的满足状态从而丧失行动能力。这四种负面作用被他们形象地命名为“社会麻醉”功能。

互联网作为集多种传播形式于一体的媒介，其“社会麻醉”问题表现得更为突出。一是用户长期生活在社交媒体圈群，从群体盲思到群体极化，背后都是个人丧失辨识力和盲目顺从；二是网络上或显性或隐性存在的低俗、庸俗、媚俗内容正在让用户审美鉴赏能力退化，情趣低下，他们从阅读中获取的知识越来越流于肤浅；三是微博中碎片化的信息内容、微信中他人生活琐事等表层信息分散了用户宝贵的注意力，降低了专注度，看似知晓天下大事，但实质上只是一种虚幻的满足，满足于毫无目的的知识积累和信息传播；四是过度沉溺于网络社群，读、听、看、思考等成为日常主要活动，宅文化盛行，用户参与的社会实践越来越少，社会行动力逐渐丧失。

社会麻醉带来的更大问题是思维懈怠、钝化，自主创新能力减弱，思想和信仰迷失。美国科技作家卡尔（N. G. Carr）认为，“选择网上阅读，我们牺牲了实现深度阅读所需要的条件。我们回到了‘单纯的信息解码’状态。在全神贯注地深度阅读时，我们形成了建立丰富的神经连接的能力，现在这种能力基本上被闲置了”①。2015 年，一项“纸质阅读与数字阅读理解效果的实验”显示，对于同一阅读材料，相比纸质阅读，数字阅读更倾向于跳读和略读。在理解认知方面，两者对简单信息的处理加工无差别，但数字阅读对于复杂信息的认知加工效果略差。在长期记忆方面，数字阅读表现逊于纸质阅读，内化材料的能力较弱。

五　网络信息内容侵权与洗稿问题

互联网海量的存储空间、内容产品复制的低成本高收益、保护网络版权意识的淡漠、网络侵权处罚力度不够等导致网络信息内容侵权现象屡屡发生，除了数字音乐、网络小说、网络视频、学术论文等成为侵权对象外，大量的新闻报道和独家、原创文章、评论被非法复制、转载，成为主要网络侵权对象。最典型的是 2007 年《新京报》发现，浙江在线网站于 2003 年至 2007 年间，在双方未签署转载协议的情况下，非法转载了 7 706 篇自己的文章。

2006 年《信息网络传播权保护条例》公布，2013 年修订，其中包括了合理使用、法定许可、避风港原则、版权管理技术等一系列内容，区分了著作权人、图书馆、网络服务商、读者各自享有的权益，明确了使用者可以在什么样的条件下无偿使用版权，版权人发现被侵权后应该采取什么行动维护自身利益。条例的出台在一定程度上遏制了网络侵权的泛滥，为著作权人与公众利益之间、著作权垄断与信息分享之间的博弈提供了良好的平衡点。

但是，随着自媒体的出现、大量用户生产内容的兴起，网络信息内容侵权又出现

① 卡尔．浅薄：互联网如何毒化了我们的大脑［M］．刘纯毅，译．北京：中信出版社，2010：133.

了新情况、新问题。

2019 年 1 月，自媒体“呦呦鹿鸣”的文章《甘柴劣火》刷屏，文章开头指出“本文所有信息，均来自国内官方认可、可信赖的信源，敬请诸君知悉”。但随后，财新网记者在社交媒体指出：“文中主要内容均出自财新的几篇报道，自媒体时代就可以不采访不花成本，躺着吃别的媒体的报道了吗?”由此，“洗稿”一词从幕后走到台前，成为公众关注的焦点。

所谓洗稿，是指对他人的原创内容进行篡改、删减、重新编排、“移花接木”，形成新内容，新内容看似面目全非，但最有价值的部分、最核心的观点、逻辑与构成等与他人的原创内容实质性相似。洗稿是否侵权，需要司法实践进行认定，需要与时俱进修订网络作品版权保护的相关法律法规来进一步对其进行规范。抛开侵权的法律问题，洗稿更大的危害在于对原创的伤害。越来越多自媒体依靠流量变现来维持运营，通过洗稿可以快速吸引用户眼球且成本较低，但这种方式会让专业内容生产得不到尊重，内容价值被随意轻贱，追踪新闻、挖掘真相的新闻使命也会因此被践踏。

六 群体盲思与群体极化问题

社群传播是互联网传播的重要方式，社群导致的集群效应是社群传播产生群体盲思和群体极化的主要外因。

集群效应来自法国社会心理学家古斯塔夫·勒庞（Gustave le Bon）的著作《乌合之众》，勒庞在书中描述集体的特点时指出，当单独个体集结成群体后会有不同于个体独处时的心理和行为表现。成为群体后的心理特征有群体更冲动、易变和急躁，群体更易接受暗示和轻信等各种不理智的行为。

群体盲思（group think）就是指网络群体在社群里汇聚后，在群体心理作用和社群压力下，个体的思考能力、对事实和道德水准的判断能力会退化，个体的批判性思维被非理性思维代替，群体会做出集体性的或愚笨或疯狂或盲从的行为，又被称为群体性迷失。微博中的“饭圈”“超话”都易出现群体盲思。因为饭圈具有高凝聚力、强势领导以及不太容易接触到不同意见的特点，饭圈成员容易盲目追随意见领袖，拒绝不同意见，产生一致的错觉，甚至进入思维偏见、自我隔离的境况。

群体极化主要体现在三个方面：一是个体在组织群体中因为受到群体的影响，容易做出比独自一人时更极端的决定；二是群体成员中原有的某种倾向性得到加强，使一种观点或态度从原来的群体平均水平上升到具有支配性地位；三是群体成员一开始即有某些偏向，如群体原来支持某一意见，在经过集体讨论后会变得更为支持这一意见，原来反对某一意见，在经过集体讨论后对该意见的反对程度也会变得更强，最终形成极端的观点。

群体极化具有双重意义。从积极的一面来看，群体极化能促进群体意见的统一，提高群体内聚力和群体行为的一致性。从消极的一面来看，它能使错误的判断和决定更趋极端。

2020 年 2 月出现的“肖×”事件是群体盲思和群体极化现象的典型案例。事情起源于该明星的粉丝在对某国外创作平台上的一部以其为主角的同人小说产生不满后，举报了该网站。在收获举报“战果”后，粉丝又陆续使用“人肉搜索”“网络暴力”“举报”等过激手段对付一切和自己持有不同意见的人。4 月，在听闻该明星因这场舆论大战而失去工作机会后，粉丝群体在意见领袖的鼓动下，疯狂、反复购买他的一首售价 3 元的数字单曲，创下了 93 小时 35 分钟突破 1 亿元销售额的极端纪录。整个事件中，粉丝的各种思想、决策、行为深受饭圈的群体影响，这种一致性的行动反映出群体对个体的渗透和浸染，让个体在群体环境下失去了理智和思考能力，个体似乎获得了认同感和归属感，但也越发走向群体盲思和群体极化。

第三节　网络与新媒体的其他问题

当网民数量达到 9 亿之众，当未成年人中有 90%以上都是网民时，网络生活已然与现实生活无异，现实生活中的犯罪问题在互联网的虚拟性、匿名性之下部分演变为高智商的网络犯罪，而网络成瘾、网络伦理是互联网带给现实社会的诸多问题中较为突出的两个新问题。因技术掌握程度、信息拥有状况不同而存在的数字鸿沟是会缩小还是会扩大？接下来，我们将讨论一下在网络安全问题与网络内容传播之外，还存在着的网络犯罪、网络成瘾、网络伦理和数字鸿沟等问题。

一　网络犯罪

网络犯罪，是对利用计算机技术和网络通信技术，对互联网、移动网络的系统、信息进行破坏、攻击的所有犯罪行为的总称。网络犯罪具有成本低、隐蔽性、复杂性、跨国性、匿名性和高智商犯罪等特点。其中的隐蔽性、跨国性、匿名性让网络犯罪取证困难。行为人利用计算机专业知识，向计算机或网络输入错误指令，篡改软件程序，作案时间短且不会对计算机硬件和信息载体造成任何损害，作案不留痕迹，使一般人很难觉察到计算机软件上发生的变化。

网络的普及程度越高，网络犯罪的危害就越大，而且网络犯罪的危害性远非一般传统犯罪所能比拟，不仅会造成财产损失，而且可能危及公共安全和国家安全。当前，利用计算机网络犯罪的类型可谓五花八门，根据危害对象的不同大致可归纳为四类：

第一种是通过入侵网络，危害计算机信息网络运行安全的犯罪。包括入侵政府机构、国防军事部门、尖端科学技术研究机构等的计算机信息系统；故意制造、传播计算机病毒，攻击计算机网络系统，造成计算机网络不能正常运行等。2016 年 10 月，恶意软件 Mirai 控制的僵尸网络对美国域名服务器管理服务供应商 Dyn 发起 DDoS 攻击，从而导致许多网站在美国东海岸地区宕机，如 GitHub、推特、PayPal 等。宕机后，用户便无法通过域名访问这些站点。

第二种是以计算机网络为手段和工具，危害国家安全和社会稳定的犯罪。包括利用互联网造谣、诽谤或发表、传播其他有害信息，煽动颠覆国家政权、破坏国家统一；通过互联网窃取、泄露国家秘密、情报；利用互联网煽动民族仇恨、破坏民族团结，组织邪教、联络邪教成员举行非法活动等。2011 年“7·23”甬温线特别重大铁路交通事件之后，微博“大 V”“秦火火”编造“赔偿外籍人员 2 亿元”的谣言，引发公众对政府不满，一度造成现实社会秩序的混乱。

第三种是利用计算机网络系统危害经济秩序和金融市场、管理的犯罪。包括利用互联网销售假冒伪劣产品，对商品、服务做虚假宣传，在网上损害他人商业信誉和商品声誉，侵犯他人知识产权；利用互联网编造并传播扰乱金融市场和金融秩序的虚假信息，在网上建立淫秽网站、网页，传播淫秽书刊、影片和图片等。2011 年，一个拥有 1 000 多万名会员的全球最大中文淫秽色情网站联盟——“阳光娱乐联盟”，在公安部与美国警方的合作下被摧毁。涉案人在境外操控 48 家中文淫秽色情网站，通过传播、贩卖色情内容坐拥千万身家。

第四种是利用计算机网络危害自然人、法人及其他组织的人身、财产权的犯罪。包括在网上侮辱他人或捏造事实诽谤他人；非法截取、篡改、删除他人电子邮件或其他数据资料，侵犯公民通信自由，或利用互联网进行盗窃、诈骗、敲诈勒索等。2016

年8月，准大学生徐玉玉遭遇电信诈骗，近万元学费被诈骗分子卷走，导致其伤心过度，郁郁离世。

二 网络成瘾

网络成瘾是指无节制地花费大量时间和精力，过度使用网络，在网上聊天、玩网络游戏、沉溺于社交和网络购物，从而影响生活质量，降低学习和工作效率，损害身体健康。网络成瘾可能会导致各种行为异常、人格心理障碍和神经系统功能紊乱等消极后果，有时甚至会引发犯罪行为。

2005年11月，16岁的安徽少年胡彬（化名）离家出走后在一个乡镇网吧里连续上网11天，在控制不住的网瘾与内心愧疚之感的矛盾之下选择服毒自杀。2013年10月，沉迷于网络游戏的黄阳（化名）因没钱上网，绑架一名7岁孩童，向其母勒索钱财，后将男童勒死。2017年5月，苏州金阊区一个16岁左右的少年沉迷于网吧上网，被父亲好不容易找回后，父母把他关在家里，不让他上网，他在冲动之下从家中跳楼自杀。

沉迷于网络游戏是网络成瘾的典型表现之一，即网络游戏成瘾。按照《网络成瘾临床诊断标准》，网络成瘾还有四种类型，即网络色情成瘾、网络关系成瘾、网络信息成瘾和网络交易成瘾：

一是网络色情成瘾，指沉迷于成人网站里的话题聊天，浏览色情信息、图片、视频和购买网络色情产品。

二是网络关系成瘾，指沉溺于社交平台，过度使用聊天工具，热衷网上交友。

三是网络信息成瘾，指无目的地浏览网页或刷新屏幕，无节制地搜索、过度查询下载各种数据或资料。

四是网络交易成瘾，指强迫性地、冲动地在互联网购物平台上“买买买”，例如每年“双十一”都会出现一些“剁手族”。网络交易成瘾主要表现为不合理的购物冲动意念和购物行为，其完成交易后会对负债累累的账单后悔不已，陷入窘境，严重地影响社会活动。

游戏成瘾是网络成瘾中最为严重的一种类型。2018年，世界卫生组织（WHO）将游戏成瘾列入精神疾病范畴，希望通过此举使游戏成瘾问题受到更多社会关注，在治疗时能得到保险支持。游戏成瘾主要发生在青少年群体中，其原因是多方面的，如青少年群体相对缺乏自我控制能力，未能形成完整稳定的世界观、人生观和价值观，对新鲜事物的好奇与探究欲望十分强烈。少数人经受不住其他玩家的蛊惑、宣传，在猎奇心理的驱使下，往往因为自制力薄弱而深陷其中。

《2020 年全国未成年人互联网使用情况研究报告》相关数据统计，我国小学生在学龄前首次使用互联网的比例达到 33.7%，比初中生多 14.8 个百分点，这表明未成年人首次触网时间大幅提前，青少年上网年龄越来越趋于低龄化。一方面，网络游戏能够使青少年获得现实世界无法获得的存在感、成就感和满足感；另一方面，青少年能够通过游戏进行情感宣泄和释放，暂时忘却孤独和抑郁，这就让青少年更加沉迷于网络游戏之中而无法自拔。

当前，互联网在未成年人成长过程中扮演着丰富的角色。未成年人网络保护不仅仅是互联网领域的问题，更是各种现实问题的客观反映。建设网上网下有机衔接的未成年人综合保护机制，出台未成年人网络保护条例等相关法律法规，可以为防止未成年人网络成瘾提供良好的制度和法律保障。

三 网络伦理

2015 年第二届世界互联网大会开幕式上，习近平主席在主旨演讲中指出："要加强网络伦理、网络文明建设，发挥道德教化引导作用，用人类文明优秀成果滋养网络空间、修复网络生态。"

伦理是指人与人相处时的各种道德准则，以及处理人与社会之间关系的行为规范；网络伦理则是指在数字虚拟环境下，互联网空间里的人们应该遵守的道德准则和行为规范。一方面是如何处理人与网络、技术的关系，即人应该怎样使用网络，怎样合理、善意地使用互联网技术而不是利用其制造危险；另一方面是如何处理人与人、人与群体的关系，即人如何约束自己的行为，尊重他人的隐私等权益，唤起行为主体道德感，树立网络世界正确的价值观，共建良好的网络秩序等。

2018 年 5 月，微信公众号"二更食堂"发布了一篇文章，内容涉及备受关注的"空姐遇害"事件。文章对该事件进行了不堪入目的低俗描述，虽获得超高的点击率，却引发全网声讨，民众纷纷指责此文传播的内容恶意消费死者，发布文章的公众号为了流量不惜兜售"人血馒头"。监管部门及时封停该公众号，约谈公司，最终二更食堂创始人道歉，并宣布永久关停"二更食堂"公众号并解雇主要负责人。

发达的现代科技本身并不会自觉地为自己加入相应的道德关怀。网络伦理就是要超越技术层面，在道德价值观念层面上考察和研究网络现象、网络行为，建立相应的网络伦理规范。

近几年的一系列社会热点事件中，暴露出了各种网络失范的行为：

一些网络“大V”不负责任、唯利是图，通过传播低俗、侵权内容掌握用户和流量资源，挑战公众理性和社会法治。

一些网络主播无视法律、漠视规则、冲破伦理，在直播间着装不雅、言语污秽，传播各种不健康甚至不合法的色情内容。

一些电商卖家知假卖假、非法经营，一些网络用户制谣、传谣，还有一些视频用户污名化革命烈士、红色经典，恶搞社会名人、明星艺人等。

规范网络时代自媒体发布者和平台的伦理道德，需要政府、企业、个人等多种主体共同行动，接受法律法规、社会伦理法则、企业自律公约和个人行为准则等的规范，并接受社会和公众的监督。

美国计算机伦理协会（Computer Ethics Institute）发布过有关计算机伦理的十条诫律；新加坡有《网络行为法》；英国有《五条信息伦理法则》；我国有《中华人民共和国网络安全法》《全国青少年网络文明公约》《微信个人账号使用规范》，以及首都互联网协会发布的坚守“七条底线”倡议书等。这是改善网络道德伦理问题的根本性的方法。

互联网赋权让每一个普通用户都有了借助网络创造财富的机会，但在运用网络工具的过程中，由于网络伦理教育缺失，用户往往急功近利，追求一夜爆红，失去对自身行为的规范和社会责任担当。2019年，网络红人“咪蒙”旗下公众号发布的文章《一个出身寒门的状元之死》刷爆朋友圈，但该文章因编造故事、刻意煽动泪点引发负面舆论风波。有学者批评咪蒙的文章“带毒营销”，“毒”性集中在三个方面：倾斜的“三观”、非理性、话语暴力。“容易让人产生堕落的快感，在下沉中失去正确的价值方位。”[①]《人民日报》官微就咪蒙事件发表评论：“当文字商人没错，但不能尽熬有毒鸡汤；不是打鸡血就是洒狗血，热衷精神传销，操纵大众情绪，尤为可鄙。若不锚定健

① 张涛甫．观察｜咪蒙，是一种什么“毒”［EB/OL］．（2017-04-10）［2022-01-04］．https：//www.jfdaily.com/news/detail?id=49684.

康的价值坐标，道歉就是暂避风头，‘承担起相应的社会责任’就变成一地鸡毛。”① 因此，无论是网络“大V”、意见领袖还是普通用户，都要有底线意识，坚守网络道德规则和行为规范，从社会责任出发，认识网络伦理，守正自律。

四 数字鸿沟

2020年3月，多地学校在新冠肺炎疫情发生后开展线上直播教学，即“上网课”。当人们认为在线教育将成为互联网时代教育的新方向、新模式的时候，一条“四川广元贫困村一学生悬崖蹭网学习”的视频暴露出农村地区网络不普及的互联网数字鸿沟问题。

数字鸿沟（digital divide），是指不同国家、地区、群体、个体等在信息、网络技术的拥有程度、应用程度以及创新能力方面的差别，造成的“信息富有者和信息贫困者之间的鸿沟”，以及在思想意识、经济、文化和政治等方面的两极分化。

美国商务部把数字鸿沟概括为：“在所有的国家，总有一些人拥有社会提供的最好的信息技术。他们有最强大的计算机、最好的电话服务、最快的网络服务，也受到了这方面的最好的教育。另外有一部分人，他们出于各种原因不能接入最新的或最好的计算机、最可靠的电话服务或最快最方便的网络服务。这两部分人之间的差别，就是所谓的‘数字鸿沟’。”②

联合国2019年宽带状况报告指出，全球仍有一半人口未能享受互联网服务，阻碍发展中国家人口使用移动互联网的主要因素并非经济因素，而是低下的识字能力和欠缺的数字技能。报告同时还指出，“网络上的个人或许不能严格地以‘用户’和‘非用户’来划分。相反，人们如今正采用一系列广泛的方式来与互联网互动，并从中受益。人们也越来越意识到与技术运用有关的潜在不利因素和风险，尤其是对包括妇女和儿童在内的弱势群体而言，这些群体可能成为网络跟踪、网络攻击、仇恨言论的受害者，或因互联网成为虐童、剥削、霸凌的对象”③。这表明，数字鸿沟问题已经从拥有网络基础设施、网络软硬件工具问题发展为使用网络技术、拥有网络技能、利用网络获益、

---

① 人民微评：自媒体不能搞成精神传销［EB/OL］.（2019-02-01）［2022-01-04］. https：//weibo.com/2803301701/HeDcswEpu? filter=hot&root_comment_id=0&type=comment#_rnd1641278539160.

② 曹荣湘．数字鸿沟引论：信息不平等与数字机遇［J］. 马克思主义与现实，2001（6）：17-22.

③ Broadband Commission. The State of Broadband 2019［EB/OL］.（2019-09-22）［2022-01-04］. https：//www.broadbandcommission.org/Documents/Presentation_SoB19.pdf.

避免网络危害的深层次问题。

目前，网络世界存在着三类居民。第一类是“数字难民”（digital refugees），指那些因为经济、社会、文化等原因远离数字技术、数字文化的群体。在中国尚有几亿用户因各种原因没有上网，他们不仅缺少网络软硬件设备等上网的基本条件，而且不具备上网的基本技能。第二类是“数字原住民”（digital natives），指那些在数字时代成长的、易如反掌地吸收和使用数字工具和通信方法的群体。他们充分掌握互联网工具，能够运用互联网技术创造财富，还能够调动网络社群，拥有一定的网络话语权。第三类是“数字移民”（digital immigrants），指那些有能力、有条件购置网络设备、利用宽带上网，但需要艰难地学习互联网知识和技术以顺畅使用互联网的群体。

数字鸿沟的背后是数字机遇。无论是一个国家、地区、企业还是普通用户，都可以通过信息技术、数字技能发展新经济、获得新机会。仅以个人为例，普通教师在网上开设网课、专家学者在线开设有声知识课堂、网络写手创作网络文学、电商卖家售卖地方特产，甚至网络游戏玩家在线直播，都可以创造出财富，闯出个人品牌，走出一条创业、创新之路。但是，数字鸿沟的另一方则很难有机会参与以信息为基础的新经济，难以从互联网获得教育、培训、娱乐、购物和交流等机会，难以享受互联网带来的便利。

缩小数字鸿沟，一方面要保障每个人都能够平等地享用现代通信和网络基础设施，拥有大体平等的教育机会；另一方面要培训数字难民、数字移民的网络技术接入技能、信息运用技能，开展多种形式的教育、学习和交流活动，加强“代际互动”“数字反哺”，促使数字原住民对其他两类人群进行帮助，让所有人都不畏惧互联网、新技术，而是真正走进互联网、拥抱互联网。

【本章思考题】

1. 查询网络资料，找出三条本年度产生了较大影响的网络安全事件并分析其类型。
2. 结合自己的新闻信息浏览经历，谈谈你对信息茧房的认识和看法。
3. 试调研分析你周围存在的数字鸿沟现象。

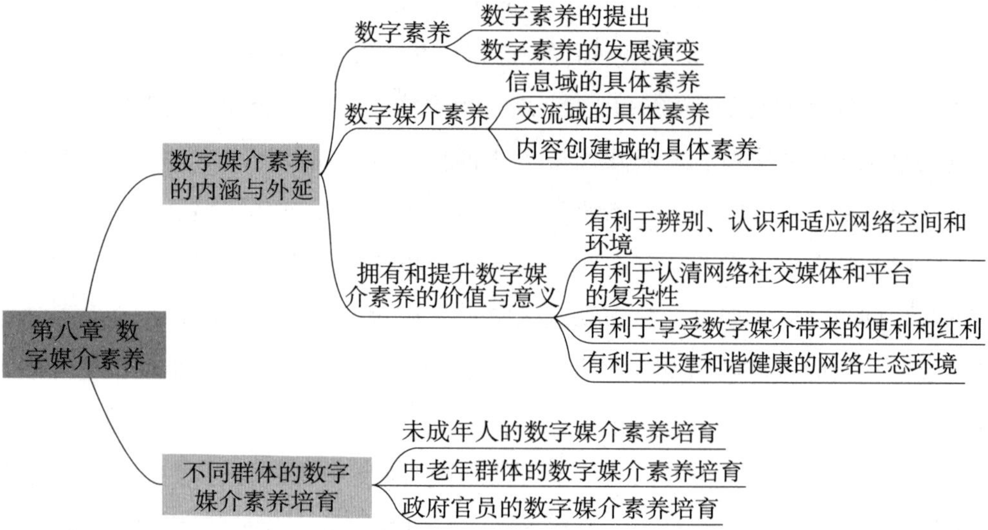
第八章 数字媒介素养
数字媒介素养的内涵与外延
数字素养
数字素养的提出
数字素养的发展演变
数字媒介素养
信息域的具体素养
交流域的具体素养
内容创建域的具体素养
拥有和提升数字媒介素养的价值与意义
有利于辨别、认识和适应网络空间和环境
有利于认清网络社交媒体和平台的复杂性
有利于享受数字媒介带来的便利和红利
有利于共建和谐健康的网络生态环境
不同群体的数字媒介素养培育
未成年人的数字媒介素养培育
中老年群体的数字媒介素养培育
政府官员的数字媒介素养培育

第八章

数字媒介素养

面对有着复杂的数字技术，充满了数据追踪、社群交互的网络环境，公众的生活方式、消费方式、行为方式、交流方式、沟通方式和思考方式等都在不知不觉中发生改变。数字化生存方式下的数字公民只有具备一定的数字媒介素养，才能更好地获取、判断、辨识、解析各类信息，才能有效地利用互联网工具、技术创造价值和财富。同时，数字时代的媒体人也面临着全媒体、融媒体的机遇与挑战，需要致力于成为一个全能型的媒体人。

第一节 数字媒介素养的内涵与外延

媒介素养是指公众面对大众媒介传播的各种信息时应具备的选择能力、判断能力、质疑能力、评估能力、思辨能力以及创造和制作媒介信息的能力。进入数字时代，大众传媒正在被重新定义，公众需要在数字媒介环境下建构数字素养和数字媒介素养，以适应数字化生存和发展。

一 数字素养

在认识数字素养之前，应先了解数字素养的提出和发展演变。

“数字素养”这一术语最早于1997年由保罗·吉尔斯特（Paul Gilster）在其著作《数字素养》（*Digital Literacy*）中提出，他将数字素养描述为对数字时代信息的使用与理解，强调数字技术作为基本生活技能的重要性。

1994年，以色列学者发文首次提出数字素养的概念并建立框架，具体包括“图片-图像素养”“再生产（创造）素养”“分支素养”“信息素养”“社会-情感素养”等内容，其含义分别为“学会理解图形图像信息的能力”“创造性‘复制’、重新整合信息的能力”“非线性的信息搜集、在零散的信息中建构知识的能力”“检索、筛选、辨别、使用信息的能力”“共享知识、进行数字化情感交流的能力”。

2011年，欧盟实施的“数字素养项目”广义地定义数字素养为“在工作、学习、就业、休闲和社交参与、社交活动中，自信、批判及创造性地使用信息通信技术的能力”，并建立“数字素养框架”，涉及信息域（information）、交流域（communication）、内容创建域（content creation）、安全意识域（safety）和问题解决域（problem solving）等五个领域21个具体素养。2017年，欧盟提出“数字素养框架2.1”，将所涉及领域进一步明确为“信息和数据素养”“交流和协作素养”“数字内容创造”“安全和问题解决”四个领域。

加拿大数字与媒体素养中心从教育角度出发，明确了数字素养的内涵——学生在数字时代的行为能力，包括使用数字技术进行工作、学习、沟通、消费、获取信息和服务等，并于2015年发布“数字素养教育框架”（Digital Literacy Framework），提出数字素养的三个层次：使用层——使用数字工具的能力和技巧，要求对计算机和互联网等技术的应用达到熟练程度，核心是熟练使用常见的或专门的技术、软件和平台的能力；理解层——批判性地理解数字媒体工具和内容的能力，了解数字媒体工具如何反映、塑造、增强或操控人类对真实世界的感知或感受，从而有效规避数字生活带来的危害；创造层——使用数字技术进行创造和沟通的能力，包括使用软件和工具进行创意工作，根据不同情景和对象使用不同工具进行适应性交流，使用富媒体技术进行创造和沟通，有效和负责地使用信息、参与社交、分享资源等。

从20世纪90年代提出数字素养概念到将数字素养与教育结合，数字素养逐步从学术术语具体到能力框架，再进一步被细分为三个层次以及被列入中小学生的素养教育课程中。由此可以看出，数字素养是一个整体性概念，涉及与数字世界相关的方方面面，内涵会随着技术的发展、公众的使用、环境的变化与时俱进、不断深化，外延也从信息、内容、社交扩展到创意创造、安全防护和实际解决问题，从有限技能延伸到数字意识、批判性思维等各个层面。

2017 年 9 月联合国教科文组织发布的报告“Working Group on Education”讨论了全民数字素养，指出数字技能“包括行为、专门知识、实用知识、工作习惯、性格特质、倾向和批判性理解”，是“从基本使用技能到通用数字技能，再到高阶、专业技能的一系列渐变技能”。基本使用技能包括获取和使用数字技术；通用数字技能是指以有意义和有益的方式使用数字技术；高阶、专业技能是指以能给人赋权和带来变革的方式使用数字技能。其中，“高阶技能是指对数字社会和数字经济的、政治的一系列理解以及表现出来的意向。个人必须能够认清数字空间参与者的动机，能够分析数字技术的政治特点和利用这些特点达成具体目标”①。

二　数字媒介素养

《网络素养：数字公民、集体智慧和联网的力量》一书指出，“如果我们不知道如何吸收、过滤、评估和消化消息，也不知道如何通过参与和协作完善信息，更不知道何时何故应该关上电子设备、拒绝接受信息，信息对我们将有百害而无一利”②。

数字媒介素养是在信息素养、数字素养、媒介素养的基础上提出的，是数字素养在媒介、社交与信息领域的体现。2010 年，美国奈特基金会发布的《数字媒介素养行动计划白皮书》给出了“数字媒介素养”的定义：“‘数字媒介素养’一词用于涵盖所有认知、情感和社会能力，包括使用文本、工具和技术，批判性思维和分析的技巧，信息构成和创造力的实践，参与反思和道德思考的能力以及积极参与团队合作和协作。”这一概念暗含了使用、分析与评价、创造、反思和协作行动五种能力。

在欧盟数字素养框架提出的五个素养域中，信息域、交流域和内容创建域基本上属于数字媒介素养范畴。每一个素养域都包含若干具体素养。

信息域的具体素养如下：有效地选择、识别资源、信息，收集、处理、理解、质疑和批判性地评价信息，检索和存储信息，有效地组织信息和数据。比如能够运用搜索引擎的高级搜索、垂直搜索等工具快速、有效地查询到所需要的数据、资料，并评估和验证所获信息的真实性和可靠性等。

---

① Broadband Commission. Working Group on Education [EB/OL]. (2017-09-17) [2022-01-04]. https://www.broadbandcommission.org/Documents/publications/WG-Education-Report2017.pdf.

② 莱茵戈德．网络素养：数字公民、集体智慧和联网的力量［M］．张子凌，老卡，译．北京：电子工业出版社，2013：5.

交流域的具体素养如下：掌握和了解各类网络互动技术与工具，选择合适的互动手段进行交流，积极主动与他人共享信息、内容，参与网络社会活动提升自我，开展团队合作，规范交互行为，维护个人数字信誉，保护自己免受网络的伤害等。

内容创建域的具体素养如下：创建和编辑文字、图像图形、视频，整合、提炼已有知识和内容并创造出新的创意式表达，设置应用程序进行内容输出和编程，了解应用于内容版权和使用许可的知识产权规定。

随着数字世界场域的扩大和数字化生活的常态化，具备一定的数字媒介素养是数字公民的基本素质和要求。但是，数字媒介素养关乎的不只是工具、技术，更是思维、意识，也是批判性思考、习惯性质疑和有效性使用。未来，随着人工智能技术的发展，数字媒介素养还将包括人对机器生产的判断、人与机器的互动、人对机器的使用等。

三 拥有和提升数字媒介素养的价值与意义

数字素养已成为数字化时代公民的核心素养，是公民生存的基本能力，是 21 世纪劳动者和消费者的首要技能。提高数字素养既有利于数字消费，也有利于数字生产，是数字经济的关键要素和重要基础。[①] 国家发展改革委等 19 部门联合发布的《关于发展数字经济稳定并扩大就业的指导意见》针对数字化人才教育明确指出：到 2025 年，我国国民的数字素养达到发达国家国民数字素养的平均水平。

目前，国内网民已超过 10 亿，人均周上网时长 26.9 小时，公众已然进入数字化生存时代，每天都面临着以下问题：如何与网络、新媒体打交道，如何在与数字媒介的接触、应用中获取、理解、整合和评价数字资源，如何在社交媒体中交流、互动，如何有效地接受数字资源和为数字世界贡献自己的知识和资源。因此，一定的数字媒介素养是数字公民的必备能力。

拥有和提升数字媒介素养，有利于辨别、认识和适应网络空间和环境，有效保护自我，免受网络中不良信息的侵害。比如在日常网络工具的使用中，我们如果具备一些最基本的数字媒介素养，就能识别搜索结果中的第一条是内容还是广告，就能知道 cookie 会记录个人网络行为而且可以被随时删除，就能设置比较复杂的密码而防止密

---

① 古天龙. 数字化社会需要补上数字素养教育［EB/OL］.（2019-09-24）［2020-07-19］. http://news.gmw.cn/2019-09/24/content_33181731.htm.

码被盗，就能了解谣言、标题党的常用套路而不再被谣言和标题党欺骗，就能审慎地在社交媒体平台发言以避免在网络中留下不良形象，就能明了算法推荐可能会产生的信息茧房而主动选择多样化信源，就能在不同的平台采用不同的账号名和密码以保护隐私不被泄露。如此等等，不一而足。

拥有和提升数字媒介素养，有利于认清网络社交媒体和平台的复杂性，适度、合理地参与网络社交，在借助社交工具实现自我价值的同时，避免网络社交成瘾，或避免因在社交媒体中的不良表现影响工作、学习和生活。据新华社报道，2017 年 6 月，哈佛大学取消了至少 10 名已经收到录取通知书的新生的入学资格，原因是校方发现这些学生在脸书的一个私人聊天群里发布含有性或暴力内容的帖子和淫秽表情包，或拿性侵、虐童开玩笑，或发布种族歧视言论。现在，有不少企业都会在招聘时选择查阅应聘者的社交媒体内容，包括已发表的内容、使用频率、关注与被关注的对象等，来辅助判断应聘者的性格、价值观和人生观。有人会因被发现利用社交网站寻找违禁药品而丢掉工作机会，有人会因在图片共享网站发布了裸照而与自己梦想的工作失之交臂，当然也有人因为社交媒体上的自然、真实、善良的日常行为而获得更好的机会。

公民拥有和提升数字媒介素养，有利于享受数字媒介带来的便利和红利，通过有效利用网络资源和技术为自己创造价值和财富。在网络与新媒体已经渗透、融入每一个公民的日常生活后，数字媒介素养的内涵已经从获取、选择、辨识和理解信息发展为如何有效利用文本、工具和技术生产信息并创造价值的深度层面。对于具备一定数字媒介素养的公民来说，“科技改变生活，信息创造价值”已经不是一句口号。一个了解抖音、快手等短视频平台运营模式、激励机制和流量变现等相关规则的人，就可以利用此类平台实现从个人创造到商业价值的转变。一方面他可以借助平台的传播力和影响力扩大自己的知名度，树立形象，获得粉丝，吸引广告主投放广告；另一方面他也会获得平台的经济补贴，在这种激励下进行更有价值的原创内容生产，形成良性循环。

公民拥有和提升数字媒介素养，有利于共建和谐健康的网络生态环境。2020 年初发生新冠肺炎疫情后，疫情谣言的数量和传播速度不亚于疫情相关的真实信息，南都大数据研究院发现“傍疫情”的谣言生长和传播速度都极快，各地防控措施、国内疫情现状、预防和治疗办法是谣言集中、高发地带，2020 年 1 月 20 日至 3 月底期间，日均辟谣 67 条。疫情谣言在一定程度上成为抗击疫情的“拦路虎”。因此，拥有和提升公众的数字媒介素养不仅是打破谣言困局的第一利器，更是网络社会治理的根本之道。拥有一定数字媒介素养的公众，会主动辨识、选择和理解信息，会谨慎转发、慎重评论、主动辟谣，会降低信谣、传谣的概率，会减少新闻反转、舆情反转，会生产、创建有价值、有意义的内容，为建设清朗的网络空间贡献出自己的力量。

第二节 不同群体的数字媒介素养培育

数字媒介素养是数字化时代公民的必备能力。但是，不同年龄、不同身份、不同阶层的公民对数字世界的认知、理解和状态、行为显然是不同的，数字媒介素养的培育要有针对性，有侧重点。尤其是公民中的三类特殊群体——未成年人、中老年人和政府官员，需要接受除数字媒介素养公共知识和常识之外的进一步教育和培养。

一 未成年人的数字媒介素养培育

未成年人是互联网时代的原住民，在互联网中成长，已形成了其自身独特的互联网使用行为和习惯。同时，未成年人在成长阶段的生理、心理和人格特质又直接影响他们对信息的辨识、选择和理解能力。因此，未成年人的数字媒介素养培育不仅关乎个人的健康成长，更关乎国家和民族的未来。

（一）未成年人互联网使用情况①

共青团中央维护青少年权益部联合中国互联网络信息中心发布的《2020 年全国未成年人互联网使用情况研究报告》展示了 2020 年我国未成年人网络使用的基本情况：

在网民规模方面，截至 2020 年，我国未成年网民规模为 1.83 亿，未成年人互联网普及率达到 94.9%，远远高于 70.4%的整体网民互联网普及率。其中，城镇未成年人互联网普及率达到 95%，农村为 94.7%，并无太大差别。

在首次触网年龄方面，高中和中职学生首次使用互联网在学龄前的比例为 17.6%和 14%，初中生增长至 18.9%，小学生首次使用互联网在学龄前的比例最高，达到 33.7%。互联网对于低龄群体的渗透能力日渐增强，越来越多的未成年人在学龄前就

① 此部分内容主要来自共青团中央维护青少年权益部联合中国互联网络信息中心发布的《2020 年全国未成年人互联网使用情况研究报告》。

开始使用互联网。

在上网时长方面，未成年网民在工作日和节假日的上网时长差别较大，工作日日均上网时长在2小时以上的为11.5%，节假日日均上网时长在5小时以上的为12.2%。

在互联网应用使用方面，网上学习、听音乐、玩游戏、聊天、看短视频占据未成年网民上网经常从事的各类活动的前五位。其中，网上学习的比例高达89.9%，听音乐、玩游戏、看短视频作为主要的网上休闲娱乐活动，分别占64.8%、62.5%和49.3%。超一半的未成年网民（55.1%）将网上聊天作为网上沟通社交的主要方式。

在玩游戏方面，62.5%的未成年网民会经常在网上玩游戏，且以手机游戏为主；未成年手机游戏用户中，工作日玩手机游戏日均超过2小时的达到13.2%，节假日达到23.8%。

在收看短视频的时长方面，未成年网民在工作日收看短视频超过2小时的占比为10.6%，在节假日收看的占比为19%。

在使用社交媒体方面，未成年网民的网上社交活动包括网上聊天、使用社交网站、逛微博、逛论坛和粉丝应援，分别占比55.1%、30.9%、11.3%、10.4%和8%。网上聊天是未成年网民最主要的网上社交活动。

从上述统计数据中可以看到，未成年人的互联网使用普及率高，对互联网的应用相对集中，但无论是利用互联网学习、娱乐还是社交，在线时间都较长，存在过度使用的情况，这也说明互联网对青少年的渗透性很强。

（二）培育未成年网民数字媒介素养的重点

处于成长阶段的未成年人有其自身的生理、心理和人格特点，有好奇心和求知欲，学习能力和可塑性强，但认知和行为尚处在发展阶段，心理上不成熟，世界观和人生观尚未形成，易受周围环境和他人影响，自我防护意识弱。因此，要根据未成年人的身心特点进行有针对性的数字媒介素养培育。

首先，网络安全防范与自我保护，是未成年人数字媒介素养的首要内容。网络安全是当前网络与新媒体所面临的最大风险和隐患。未成年网民缺少一定的网络技术知识和安全常识，自我保护和防范意识薄弱，同时又易受好奇心驱使，也易受情绪影响，盲目冲动，在网络上很容易成为被攻击和被欺骗的对象。因此，有必要在中小学课堂开设网络安全课程，讲授基础的网络安全知识和隐私保护常识，辨析网络上存在的各种安全问题和陷阱，从主观上建立起网络安全的“防火墙”。

其次，要指导未成年人文明上网、文明用网。未成年人的生活相对单一，网上学习、网上聊天和游戏成为其校园学习之外最主要的活动方式。因此，要指导未成年人预防网络沉迷、网络成瘾，合理安排上网时间，适度使用网络应用。未成年人学习能力强，对新技术、新工具接受、适应快，要让未成年人树立积极利用网络工具和资料辅助学习的意识，学习网络中的各种技能，发挥出网络知识数据库的价值。

再次，要引导未成年人思辨性地看待网络亚文化的各种现象。文化的影响是长久而深远的，青年时期形成的文化思想和价值取向甚至会影响人的一生。网络文化鱼龙混杂、良莠不齐，未成年人的文化价值观处于形成阶段，脆弱、善变，极易受二次元文化、鬼畜文化、饭圈文化等各种网络亚文化的侵蚀和渗透，甚至成为实施网络暴力、网络侵权中的一员。因此，应加强未成年人对网络文化的认知，批判性接受网络文化狂欢，避免走向网络群体极化和群体盲思。

最后，要引导未成年人正确对待网络社交，减少网络社交依赖。未成年人若长期沉溺于网络社交就会产生诸多问题：或造成语言交流障碍，影响线下面对面的沟通；或使语言文字能力减弱，碎片化的语言、表情包会影响理解和阅读；或造成圈群社交以致形成“信息茧房”，只接受相同、相近的意见而不再进行质疑和反思；或造成心理障碍，长时间隐藏于虚拟的网络世界而拒绝真实的现实生活。如何在未成年人的成长过程中引导未成年人有效地利用互联网建立良好的社交关系和社交礼仪而又不深陷于网络社交，是数字媒介素养培育的一大难点。

二 中老年群体的数字媒介素养培育

中老年群体是互联网时代的“难民”，几乎是被移动互联网发展的浪潮裹挟着成为网民一族的。但是这一群体的数量在逐渐上升。根据《第 48 次中国互联网络发展状况统计报告》，截至 2021 年 6 月，50 岁及以上的网民群体占比为 28.1%，即大约有 4 亿的中老年网民。相比 2020 年 12 月的 26.3%，互联网持续向中老年群体渗透。

（一）中老年群体互联网使用情况[①]

2018 年，人民网舆情数据中心与腾讯联合开展了针对 50 岁以上的中老年群体用网

① 此部分内容主要来自公安部刑侦局、全国老龄办宣传部指导，人民网舆情数据中心、腾讯联合发布的《中老年人上网状况及风险网络调查报告》。

情况和网络安全问题的调查。

在上网工具和时间上，手机是中老年群体上网的主要工具，占比高达95.6%。近三成的中老年人每天上网时长超过3小时，近一成每天上网6小时以上。

在上网偏好上，聊天、看新闻、听歌追剧是中老年群体的三大喜好，分别占比71.3%、68.2%、50.4%。此外，网购、查信息、订票、地图导航、上网学习、阅读电子书、网上理财、网约车等服务应用也成为中老年人的网络生活内容。超过75%的中老年人开通了移动支付。

在社交互动上，家庭联络和熟人交际圈维系是中老年人网络社交的主要动力，超八成的中老年人常通过社交软件与子女联系。77.1%的中老年网民通过微信、微博等社交平台获得网络知识，还有44.1%的中老年网民通过人际传播分享和获取信息。

在触网障碍方面，中老年人面临的问题包括输入法运用不熟练（52.8%）、对互联网软件功能不熟悉（45%）、担心误操作造成损失（38%）、存在视力不好或手脚不便等身体健康问题（37.7%）、手机功能设计复杂（30.2%）。

在上网风险方面，中老年网民群体最常遭遇的四大风险是网络谣言（66.2%）、虚假广告（52.7%）、网络诈骗（37.4%）、低俗色情内容（29.6%）等。其中，在网络谣言方面，年龄越大，遭遇网络谣言的比例越高，甚至高学历知识阶层的老年人也同样容易受到谣言的危害；在网络诈骗方面，中老年群体极易遭遇保健品、红包、彩票中奖、网络传销、理财欺诈/非法集资、仿冒公检法、网购等七大类诈骗。

从以上调查数据中可以看到，中老年网民群体有充足的上网时间，在线时间较长，但网络活动较为简单，与家人和熟人交流、联络是其最初的上网动机，移动支付的快捷和便利一定程度上加速了中老年群体使用移动互联网的进程。但是，他们有较大的技术障碍，缺乏对谣言的辨识能力，盲目跟从、轻信谣言，又通过社交媒体传播谣言，被动成为网络内容生态的“污染源”之一。有条件上网的中老年群体具有一定的消费力，但缺乏对网络风险的判断和甄别能力，因此极易成为网络诈骗的对象。

（二）培育中老年网民数字媒介素养的重点

中老年群体虽然是互联网世界的“难民”，但他们有较强的上网意愿，喜爱通过互联网提高与家人、朋友的亲密度。站在中老年群体的角度来看，利用互联网拓展信息、获取知识、关注社会话题和热点，以及享受互联网提供的生活服务便利，都能增强他们的幸福感。因此，应积极鼓励中老年群体上网，但要培育他们的数字媒介素养，以规避网络风险。

对于中老年网民群体，应有针对性地进行防范网络诈骗、网络风险的网络安全素养教育，如免费开设各种线上、线下的网络安全讲座、培训、知识课堂，进行网络风险知识科普，强化用网安全意识等。家庭是中老年网民群体线下教育的最佳场所，年轻家庭成员的亲人的身份让他们更愿意相信和接受相关知识，手把手的讲解和指导也有助于他们快速掌握和熟练运用相关知识。对于中老年网民群体来说，子女的网络反哺教育，对于帮助他们树立网络安全意识、了解各种网络诈骗手段和方式而言更为切实有效。

中老年网民群体对信息缺乏足够的分析、辨别能力，是谣言的易感人群。信谣、传谣是中老年网民的一大痼疾，有时甚至会将自己都不相信的谣言转发到朋友圈、微信群里，虽然表达了关心，但事实上加速了谣言的病毒式传播。我们要引导中老年网民群体认识谣言的各种制造手法、套路和易发区域，要指导他们防范谣言信息中存在的非法链接、可能发生的网络诈骗及网银账号被盗等风险，要向他们科普数字媒介的基本常识，增强信息分析和辨别能力。

中老年人的生活相对简单，互联网上丰富的信息内容、便捷的生活服务、多样的娱乐游戏为中老年人打开了一片新的生活空间。尽管互联网存在诈骗、谣言等诸多危害，但不能因噎废食，而要引导中老年网民群体积极用网，如学习新知识充实生活、在线缴费便利生活、高效搜索信息、掌握新技能等，真正缩小数字鸿沟，提升他们的获得感、存在感和幸福感。

三 政府官员的数字媒介素养培育

政府官员是互联网群体中的一类特殊群体。一方面，他们是网民中的一员，接收并发布信息、参与互动交流、使用生活应用，看似与普通网民无异，但一旦出现差池，政府官员的身份就会成为负面标签，甚至引发网络舆情；另一方面，他们中的部分人是建设者、管理者、监督者，担负着监管网络建设、发展的职责，他们的一言一行、一举一动都会成为网民关注的焦点。因此，政府官员是数字媒介素养培育的重要对象。

（一）政府官员数字媒介素养缺失的表现

当前，中国社会正处于转型期，一方面群体性事件、民生类话题时有爆发，另一方面各类社交平台繁多，网络舆论活跃，网络舆情一触即发。政府官员在处理一桩桩具体事件时，时不时就会暴露出数字媒介素养缺失的问题，具体表现在以下几个方面。

一是不了解网络与新媒体的特点和传播规律，以“雷人雷语”引爆网络舆情。2009年，郑州市一经适房土地上建起别墅，之后有记者采访了时任郑州市规划局副局长的逯军。逯军一句“你是准备替党说话，还是准备替老百姓说话?”语惊四座，成为“雷语第一人”，在论坛、微博上形成病毒式传播，快速发酵成网络舆情。2011年“7·23”甬温线特别重大铁路交通事故发生时，当时的铁道部新闻发言人王勇平的一句“至于你信不信，我反正信了”成为当年的网络流行语。

二是不了解全球语境下的信息公开和透明，不了解任何试图隐瞒事实真相的做法最终都有可能被曝光。在遇到突发、重大事故时，部分政府官员不及时发布事实真相，虚报、瞒报、谎报或对信息进行封堵，不仅损害政府形象，而且会掉入“塔西佗陷阱”，影响政府的权威和社会公信力。

三是不熟悉网络技术、网络环境和网络工具的运用。曾有政府官员、公务员把公开的网络空间当作私聊场所，把经过“PS”的虚假图片发布到网上，或将微博、微信等公共区域用于泄私愤。2013年10月，安徽宁国民政局网站发布的一张疑似该市领导慰问百岁老人的照片有明显的“PS”痕迹，这种脱离群众的官僚作风遭到了网民的抨击。

四是不了解网络舆论传播规律，不懂得运用前沿技术掌握网络舆情，有效引导网络舆论。突发事件发生后，部分政府官员总是被动地为网络评论所左右，而不是主动、积极地利用大数据或相关监测工具掌握舆情发展变化，及时了解网民情绪，因而不能对网络舆情做出准确的判断和预警，导致舆情处置失当、措施不力。

（二）提升政府官员数字媒介素养的价值和意义

政府官员的数字媒介素养内涵显然有别于一般公众，有学者构建了移动互联网时代政府官员媒介素养指标框架体系，包括媒介认知与意识素养、媒介消费与使用素养、社会参与与交流素养、制度建设与保障素养。[①] 从这一内涵出发，提升政府官员数字媒介素养有着多方面的价值和意义。

政府官员具备了一定的媒介认知和意识素养，就可以利用数字媒介表达和传播自

① 蒲信竹，刘悦坦．互联网时代政府官员的媒介素养研究［J］．人民论坛，2017，5（下）：84－87.

己，从而树立国家和政府形象，特别是可以借助一些全球性的互联网平台，提高中国的国际传播能力和话语权。2020 年新冠肺炎疫情期间，外交部新闻发言人利用推特，介绍中国抗击疫情的相关信息，并与国际上的各种质疑声论战。比如：2020 年 3 月 12 日，外交部发言人赵立坚在推特上用中英双语连发 5 条推文，要求美方就“零号病人”做出解释；3 月 20 日，外交部发言人华春莹连发 6 条推特，回应美国无端的指责。

政府官员具备了一定的媒介消费与使用素养，就能合理地使用数字媒介和数字技术，提高执政能力和服务水平，树立政府形象。比如在应对突发负面事件产生的网络舆情时，知晓何时以观望为主、何时进行回应、何时要积极主动表态、何时要开线上线下发布会、何时形成网络传播合力等，从而快速化解舆情危机，引导舆论，避免陷入困境。

政府官员具备了一定的社会参与与交流素养，就能通过互联网和新媒体渠道从容地与网民打交道，问计于民、问政于民、问需于民，不仅能够了解民情、汇聚民智，而且可以激发网民参政议政的热情，有利于营造一个健康、和谐的社会环境。每年“两会”召开之前，很多媒体都会开设“我有问题问总理”栏目，收集成千上万条网民意见和建议，网民成了“两会”的编外代表。

政府官员具备了数字媒介素养，了解了各种互联网和新媒体的特征、属性、优劣势、传播规律等，就能主动传播、主动设置议程，掌握话语权和主导权。来自政府的消息拥有天然的权威性和公信力，政府官员应主动、及时发布消息、发起话题、设置议题，在面对争议性社会问题或小道消息蔓延扩散，以及一些新政策、新举措推行之时，更应主动传递信息，控制、引导舆论。

（三）培育政府官员数字媒介素养的重点

互联网时代，数字媒介素养应成为领导干部、公务人员的“必修课”。政府官员数字媒介素养培育的出发点和落脚点是提高与互联网和新媒体打交道的能力和水平，宣传政策、引导舆论，通过网络与新媒体更好地为人民服务。

客观上，政府官员也是互联网时代的“难民”，但他们必须要面对网络舆论的压力。因此，首先要帮助政府官员克服网络和新媒体恐惧症，改变逃避和拒绝的心态。特别是在处理突发公共危机事件时，更要直面互联网，不能惧怕网民的言论和压力，不能一味地推卸责任，更不能采取删除、封堵信息等简单粗暴的做法。俗语说：“水能载舟，亦能覆舟。”面对网络与新媒体中汹涌的舆情民意，客观真实地披露事实，直面现实问题，真诚解决问题，政府便能借助互联网声名远播。

不同于一般公众的数字媒介素养，政府官员尤其需要认识网络技术、工具的双面性，了解网络与新媒体的特征、传播规律和舆论规律，不仅要学会与新媒体机构、网站打交道，还要学会与网民沟通、交流，学会在社交平台上进行网络舆论引导的技巧和策略。如此，才能避免“雷人雷语”“神回复”，才能在突发事件发生后主动设置议题、引导舆论，才能合理地运用不同的网络传播渠道快速传播真相，实时辟谣。政府官员平时就要主动开设社交账号，学习新媒体的内容生产运作流程和运营策略，甚至成为有影响力的“大 V”“网红”，在树立个人良好形象的同时，为主动应对舆论奠定基础。

要培养政府官员新闻发布的专业素养和能力。当前，新闻发布已列入突发事件应急管理的流程中，正在成为一项常规性制度。2016 年国务院办公厅印发《关于在政务公开工作中进一步做好政务舆情回应的通知》，文件中明确指出：对涉及特别重大、重大突发事件的政务舆情，要快速反应、及时发声，最迟应在 24 小时内举行新闻发布会，对其他政务舆情应在 48 小时内予以回应并根据工作进展情况，持续发布权威信息。

政府官员的新闻发布能力包括分析、研判网络事件的情绪、动向，撰写新闻稿，准备新闻发布会的筹备工作和各种预案，掌握新闻发言人的发布方式、技巧和现场答问策略等。当然，这些专业素养需要通过专门的教育和培训进修来提升，甚至可以将其列入政务考核指标，督促政府官员从根本上提升数字媒介素养。

【本章思考题】

1. 试分析媒介素养与数字媒介素养的关系。
2. 结合数字媒介素养的内涵，试谈谈大学生群体应具备怎样的数字媒介素养。
3. 试谈如何提升家中老人或身边老年群体的数字媒介素养。

参考文献

［1］喻国明，等．传媒经济学教程［M］．北京：中国人民大学出版社，2009：153.

［2］桑斯坦．网络共和国：网络社会中的民主问题［M］．黄维明，译．上海：上海人民出版社，2003：32.

［3］孟笛．美国数据新闻发展的开放与变革［J］．编辑之友，2016（2）：100－104.

［4］蒲信竹，刘悦坦．互联网时代政府官员的媒介素养研究［J］．人民论坛·学术前沿，2017（10）：84－87.

［5］唐维红．聚五洲讯息 展华夏风采：写在人民网创办五周年之际［N］．人民日报，2002－01－06（1）.

［6］熊剑辉．中关村风云 40 年［EB/OL］．（2018－07－21）［2020－07－11］．https：//www.sohu.com/a/242550139_505837.

［7］艾瑞发布 2005 年网络广告报告 新浪份额第一［EB/OL］．（2006－02－09）［2020－02－15］．http：//www.techweb.com.cn/news/2006－02－09/39647.shtml.

［8］互联网实验室．中国新媒体发展研究报告（2006—2007）简版［EB/OL］．（2018－08－22）［2020－02－17］．https：//max.book118.com/html/2018/0818/8133103065001120.shtm.

［9］2019 数字用户研究报告：10 亿规模，用户日均使用超 5 小时［EB/OL］．（2019－12－09）［2020－03－17］．https：//www.sohu.com/a/359397376_695183.

［10］霍玮，梁丽娟，贾晓霞，等．新华社组国家奥林匹克摄影队报道奥运屡战屡胜［EB/OL］．（2008－08－28）［2020－04－17］．http：//news.sohu.com/20080828/n259257684.shtml.

[11] 1 800 万人观礼直播背后：解密腾讯新闻航天年超级报道计划[EB/OL].(2016－09－16)[2020－05－17]. https：//www. sohu. com/a/114451649_465296.

[12] 新华社“现场云”面向智能化在线生产传播全面升级 [EB/OL].（2018－02－19）[2020－06－17]. http：//www. xinhuanet. com/2018－02/19/c_1122429745. htm.

[13] 特别策划：守正创新、持续发力 五年来八家媒体这样推进媒体融合 [EB/OL].（2019－08－18）[2020－06－17]. http：//media. people. com. cn/n1/2019/0818/c120837－31301454－3. html.

[14] 胡锦涛总书记在人民网同网友在线交流 [EB/OL].（2008－06－20）[2020－06－17]. http：//politics. people. com. cn/GB/8198/125402/index. html.

[15] 殷敬淇，赵星云．政务新媒体引导网络舆论的问题与对策 [EB/OL].（2017－09－01）[2020－06－19]. http：//media. people. com. cn/n1/2017/0901/c414068－29510198. html.

[16] 探访：云南最后一个马背上的派出所 [EB/OL].（2019－01－16）[2020－06－19]. https：//haokan. baidu. com/v? vid＝15319513052883105774&pd＝bjh&fr＝bjhauthor&type＝video.

[17] 古天龙．数字化社会需要补上数字素养教育 [EB/OL].（2019－09－24）[2020－07－19]. http：//news. gmw. cn/2019－09/24/content_33181731. htm.

图书在版编目（CIP）数据

网络与新媒体概论 / 詹新惠著 . -- 北京：中国人民大学出版社，2022.4（2025.9 重印）
普通高等学校应用型教材 . 新闻传播学
ISBN 978-7-300-30449-6

Ⅰ. ①网… Ⅱ. ①詹… Ⅲ. ①计算机网络-传播媒介-高等学校-教材 Ⅳ. ①G206.2

中国版本图书馆 CIP 数据核字（2022）第 044676 号

普通高等学校应用型教材 · 新闻传播学
网络与新媒体概论
詹新惠　著
Wangluo yu Xinmeiti Gailun

出版发行	中国人民大学出版社		
社　　址	北京中关村大街 31 号	**邮政编码**	100080
电　　话	010－62511242（总编室）		010－62511770（质管部）
	010－82501766（邮购部）		010－62514148（门市部）
	010－62511173（发行公司）		010－62515275（盗版举报）
网　　址	http://www.crup.com.cn		
经　　销	新华书店		
印　　刷	涿州市星河印刷有限公司		
开　　本	787 mm×1092 mm　1/16	**版　　次**	2022 年 4 月第 1 版
印　　张	14.75 插页 1	**印　　次**	2025 年 9 月第 9 次印刷
字　　数	259 000	**定　　价**	39.90 元